MON JARDIN POTAGER ET FRUITIER

MON JARDIN POTAGER ET FRUITIER

ANNA PAVORD

Sélection du Reader's Digest

PARIS - BRUXELLES - ZURICH

Un livre Dorling Kindersley

Pour Vanessa, qui a planté un jardin de mauvaises herbes

MON JARDIN
POTAGER ET FRUITIER
est l'adaptation française de *The New Kitchen Garden*

Édition originale

Responsable éditoriale : Pamela Brown
Responsable artistique : Thomas Keenes
Assistante éditoriale : Claire Benson
Graphiste : Kylie Mulquinn
Assistantes graphistes : Rachana Devidayal, Deborah Swallow
Reportages photographiques : Steven Wooster
Illustrations : Valerie Hill, John Lawrence
Direction éditoriale : Susannah Marriott
Direction artistique : Toni Kay
Production : Maryann Rogers
Graphiste DTP : Karen Ruane
Assistante à la direction éditoriale : Daphne Razazan
Supervision de la direction artistique : Carole Ash

Adaptation française

sous la direction éditoriale de Sélection du Reader's Digest
Direction éditoriale : Gérard Chenuet
Responsable de l'ouvrage : Elizabeth Glachant
Révision des textes : Marie-France Brun-Cottan
Lecture-correction : Béatrice Omer
Fabrication : Frédéric Pecqueux

Réalisation de l'adaptation française :
AMDS (Atelier Martine et Daniel Sassier)
Traducteurs : Florence Maruéjol, Martine Sassier, Daniel Sassier, Remi Simon
Conseillère de la rédaction :
Catherine Ruetschmann, ingénieur horticole
Montage PAO : Atelier Michel Ganne

PREMIÈRE ÉDITION
ÉDITION ORIGINALE

ÉDITION FRANÇAISE

ISBN : 2-7098-0788-2

SOMMAIRE

INTRODUCTION

Les plus beaux potagers allient l'ordre et la profusion. Si vous y éprouvez en outre la sensation d'être à l'abri du monde extérieur, vous aurez une idée du paradis. Un mur ensoleillé le long duquel s'épanouissent des poires vous procurera un bonheur supplémentaire. Même si votre jardin n'est pas clos de murs et ne couvre qu'une petite surface, vous l'embellirez sensiblement si vous en modulez l'espace avec des écrans d'arbres fruitiers palissés. Et si vous plantez des laitues aux formes exotiques et du persil frisé dans une bordure de fleurs ou une jardinière, vous accentuerez encore l'impression d'abondance.

FRAISES D'ÉTÉ
Existe-t-il goût plus délicieux que celui d'une fraise tout juste cueillie, encore chaude de soleil et qui fond dans la bouche ?

DE L'ORDRE DANS LES RANGS
Avec ses bras étendus contre un mur de pierres chaud et abrité, ce pommier, soigneusement palissé, renforce la géométrie d'une parcelle au dessin strict.

Tout jardinier amateur parvient à faire pousser des fleurs. Les légumes demandent un investissement personnel plus grand. En oubliant les traditions séculaires de la culture vivrière, nous perdons de très anciennes et très fortes racines. Même si vous ne vous nourrissez pas de vos seules récoltes, vous vous priveriez d'un des grands plaisirs du jardinage en renonçant à la culture des fruits et des légumes. Sans parler de la juste fierté que vous éprouverez en présentant à des amis, lors d'un dîner, les produits de votre jardin.

Ce n'est qu'assez récemment que les légumes et les fruits ont reçu une place bien distincte dans les jardins et que les potagers se sont limités aux tomates ou aux haricots verts. Aujourd'hui, les fleurs reviennent peu à peu dans cet univers monotone, et nombreux sont ceux qui associent de nouveau fleurs, fruits et légumes, redécouvrant ainsi des charmes oubliés. Dans le passé, plusieurs auteurs ont célébré la poésie d'annuelles, exubérantes, courant le long des allées, mêlées à des rosiers, à des palmettes d'arbres fruitiers, à des fraisiers, à des carottes, dans un délicat équilibre d'odeurs et de couleurs. Pourquoi refuseriez-vous cette apparente – et si agréable – anarchie ? Abandonnez simplement l'idée préconçue que chaque plante doit être là et pas ailleurs.

Peut-être avez-vous sous les yeux une triste plate-bande qui se découpe sur l'arrière-plan d'une vieille clôture colonisée par un jasmin d'hiver ? L'ensemble n'est pas très engageant. Pour réveiller cette composition, vous projetez d'introduire quelques plantes

LE BONHEUR À PROFUSION
Des vagues de hautes verveines ondulent au-dessus de vertes laitues. Leurs riches teintes sont renforcées par les feuilles sombres d'un carré de betteraves. Une allée de pierre divise nettement les parcelles.

à forte personnalité. Des acanthes, par exemple... Et si vous préfériez des groseilliers à maquereau, taillés en boule et installés au milieu de campanules ? Avec leurs tiges bien droites de 1 m de haut, ils ont toutes les qualités des topiaires, et deviennent superbes lorsqu'ils laissent pendre leurs fruits mûrs et gonflés, d'une couleur ambrée. Votre plate-bande sera également métamorphosée par la présence d'un artichaut. Son feuillage focalisera l'attention et vous profiterez en prime d'une délicieuse récolte. Or, jamais aucune acanthe ne vous en donnera autant.

ARTICHAUTS CISELÉS
Tels des sculptures de rêve, les artichauts attirent le regard dans les parcelles plantées de fleurs et de légumes. Si vous ne les mangez pas, les boutons délicatement ciselés s'ouvrent en une grande fleur duveteuse, d'un violet bleuâtre.

Peut-être disposez-vous, au fond du jardin, de deux petites parcelles réservées aux légumes. Là poussent, en rangées tirées au cordeau, des choux à côté des laitues, des carottes à côté du persil. Réveillez cette disposition rigide en jouant sur les contrastes de forme et de texture des feuillages. Faites cohabiter, par exemple, les feuilles frisées d'une laitue rouge comme 'Lollo Rossa' et les bannières bleues des poireaux, les feuilles gaufrées des choux de Milan et les fanes plumeuses des carottes.

Bien d'autres astuces permettent d'embellir un coin de terrain. La première consiste à privilégier des cultivars plus décoratifs que les variétés habituelles, mais sans excès toutefois. La plus grande qualité d'un poireau est de pouvoir se transformer en une soupe réconfortante par une froide et triste journée d'hiver. Un fruit ou un légume doit d'abord être bon..., ce qui ne lui interdit pas d'être beau. Ainsi, la très belle variété de poireau 'Bleu de Solaise' est non seulement résistante et délicieuse, mais elle possède en outre de superbes feuilles vert bleuté qui relèveront la pâleur d'une chicorée frisée. Pensez aussi aux haricots d'Espagne. À l'origine, les haricots grimpants, découverts en Amérique, ont été introduits en Europe pour leurs qualités décoratives. Certaines variétés ont en effet une floraison digne d'illuminer une arche surplombant une allée ; associez-les éventuellement avec les fleurs blanches d'une clématite. Même la prosaïque poirée peut devenir un élément fort du jardin. 'Charlotte', notamment, baigne tout son environnement d'un rouge profond, qui sera magnifiquement mis en valeur par les cônes dressés et clairs des choux chinois.

BRILLANTES POIRÉES
Dans un potager, les feuilles crispées et brillantes de la poirée à cardes rouges s'associent à merveille avec les plumes duveteuses dressées au-dessus des bulbes blancs du fenouil de Florence.

La présence des fleurs dans le potager est un autre atout. Bordez les allées avec des touffes bien nettes de fraises des bois. Disposez juste derrière un ruban d'œillets, en retenant par

SUPERBES POIREAUX
Plantés avec des soucis, de la ciboulette, des laitues romaines et des poirées à cardes rouges, ces poireaux sont montés à fleur. Leurs têtes rondes se balancent sur une longue tige.

Haricots décoratifs
Les haricots grimpants ont été introduits en Europe comme plantes décoratives. Ici, une variété à fleurs blanches est associée à des haricots d'Espagne à fleurs rouges et blanches.

exemple la variété 'Hidcote', aux fleurs rouge sang. Leur couleur contraste audacieusement avec le gris pâle de leur feuillage herbu, et se marient très bien avec la teinte des fraisiers. Lorsque vous vous pencherez pour cueillir un fruit, l'odeur entêtante et épicée des œillets flottera juste sous votre nez.

Les photographies réunies dans ce livre illustrent d'innombrables façons d'associer fruits, fleurs et légumes dans une seule parcelle. Vous choisirez peut-être de planter des aulx à tête argentée avec des poireaux (leurs cousins), de disposer des ancolies mauves au milieu de choux rouges, de cultiver des soucis avec des choux frisés, de tracer des lignes de bleuets entre des rangs de fenouils et de carottes, de répandre des graines de pavot de Californie, *Eschscholzia californica,* parmi des oignons, ou d'associer le bleu brillant des buglosses et le pourpre des feuilles de sauge. Certaines fleurs annuelles, comme les soucis ou les capucines, ont des affinités particulières avec les plantes potagères, car elles se mangent aussi : les pétales des premiers, finement ciselés, peuvent être parsemés sur une salade verte, les feuilles et les graines des secondes apportent une légère amertume épicée aux sandwiches.

Au XVIIe siècle, à Versailles, Jean-Baptiste La Quintinie édifie pour Louis XIV le Potager du Roy, près de l'orangerie du château.

Cinq ans de travaux gigantesquers (drainage, assainissement, fertilisation) vont transformer un marécage en prestigieux verger-potager de 9 h : un grand carré, entouré de 29 petits enclos, avec au centre bassin et jet d'eau. Tout autour, une terrasse permet de surveiller – et d'admirer – le jardin, auquel on descend par des escaliers répartis dans les angles. Le long des terrasses et de tous les murs, des arbres fruitiers sont conduits en espalier. Le carré central est subdivisé à l'aide de bordures à la française et de pommiers et poiriers en cordons. Un enclos est réservé aux prunes, un autre aux melons, et un vaste espace, très abrité, aux figuiers. Pour hâter la récolte et rentrer en hiver les 700 figuiers en caisse du jardin, une figuerie est construite.

Récolte d'or
Parmi les nombreuses plantes originaires d'Amérique latine qui ont gagné les jardins d'Europe, le maïs sucré a été sélectionné pour s'adapter à des climats plus frais. En été, ses hautes tiges forment d'excellents brise-vent.

La couleur des soucis
Des tomates buissonnantes, dont les fruits ne sont pas encore mûrs, partagent un pot en terre cuite avec des œillets d'Inde à fleurs simples. Derrière, de soucis ponctuent du même orange clair un lit de basilic.

Tous les légumes classiques sont cultivés dans ce jardin : choux, choux-fleurs, oignons, poireaux, épinards, cardons, toutes les variétés de salades et les espèces dont le roi est particulièrement friand : asperges, petits pois, concombres, fraises et melons, avec des prouesses de techniques culturales pour l'époque : fraises en décembre, laitues en janvier, figues en juin... Quelques années plus tard, on y cultiva même avec succès le café et l'ananas ! Depuis trois siècles, ce potager n'a cessé de produire et, aujourd'hui encore, 5 000 arbres fruitiers présentent toutes les formes de taille et 10 tonnes de légumes y sont récoltés chaque année. Le potager photographié pages 16-17, celui du domaine de Saint-Jean-de-Beauregard, dans l'Essonne, ou les jardins du château de Villandry, qui se visitent en Touraine, illustrent la vigueur d'une tradition très riche en enseignements.

Si vous aimez les bons produits, vous aurez naturellement envie de cultiver vos fruits et vos légumes. En gastronomie, la qualité repose d'abord sur celle des ingrédients. Or, aujourd'hui, on s'attache souvent moins au goût des produits qu'à leur aspect et à leur calibre. En les cultivant, vous apprendrez à privilégier goût et saveur. Pour être parfaits, asperges, maïs sucré ou brocolis doivent passer directement du jardin à la cuisine. Les mêmes asperges, tout comme les haricots verts, les fraises ou les framboises, sont d'autre part souvent chers sur les marchés.

Toutes ces invitations à cultiver un potager seraient déjà suffisantes. Mais il en existe une autre, la meilleure de toutes : c'est le plaisir que vous en retirerez, et la beauté que ces plantes donneront à votre jardin. Peu d'arbres sont aussi spectaculaires au printemps qu'un poirier adulte tout fleuri de blanc sur un ciel bleu. Peu de plantes sont aussi odorantes qu'un prunier palissé contre un mur et chargé de fruits. Peu de plantes ornementales sont aussi décoratives qu'un chou comme le 'Chou Palmier', dont les feuilles presque noires se dressent et retombent en fontaine. Tous ces bonheurs vous attendent. Pour recréer un paradis, il suffit de planter, d'observer et d'attendre.

LUMINEUSE FLORAISON
Protégé du gel dans le cocon d'une serre, ce pêcher fleurit déjà, alors que dehors l'hiver règne encore sur le jardin. Un arbre a besoin de soins attentifs pour fleurir et fructifier dans des situations aussi confinées.

AUDACIEUSES COURGETTES
Dès que les courgettes commencent à grossir, vous pouvez en cueillir les fleurs et les déguster après les avoir farcies. Dans un potager décoratif, faites-en pousser deux variétés : à fruits verts et à fruits jaunes.

Anna Pavord

1

LES TYPES DE JARDINS

La première partie de ce livre vous propose des idées pour associer de multiples façons dans votre jardin les fruits, les légumes et les fleurs. Vous créerez des effets délicieusement exubérants, comme ici, ou beaucoup plus ordonnés, sur le modèle du carré de salades et d'herbes des pages 36-37. Après chacune des grandes photographies, un dessin vous montre comment interpréter, dans votre propre espace, leur style particulier. Ces schémas présentent un monde imaginaire, où tout fleurirait et fructifierait en même temps. Votre jardin, lui, évoluera différemment, en suivant les lois de la nature. Les dessins ne montrent pas non plus le nombre exact de végétaux plantés dans chaque rang. Les données qui vous permettront de les espacer correctement pour leur assurer une croissance idéale sont réunies dans la deuxième partie de ce livre.

UN POTAGER EXUBÉRANT

AU SENS LE PLUS LARGE, un potager est un jardin où les légumes ne constituent qu'une partie d'un ensemble végétal réunissant aussi des fleurs, des fruits et bien d'autres plantes, à la fois décoratives et utiles. Le meilleur exemple en est celui de Villandry, en Touraine. Le potager de ce célèbre château Renaissance est divisé en neuf carrés égaux, qui accueillent chacun des cultures différentes, mais qui ont en commun d'être bordées par des buis. Cette conception du potager a été reprise dans le monde entier. Quand vous commencerez à tracer les plans du vôtre, ne prévoyez pas trop de vivaces, qui vous empêcheraient rapidement de modifier vos arrangements. Mêlez des légumes et des fleurs annuelles, tels les bleuets ou les pavots de Californie, et bordez vos planches de pensées plutôt que de buis. Vous pouvez dresser un wigwam de haricots grimpants, ou tailler en boule un laurier, comme dans ce foisonnant potager irlandais. Ici, des capucines sur un bord de l'allée et des pensées sur l'autre voisinent avec des laitues à couper ; un houblon doré grimpe sur une tonnelle, créant un lieu de repos ombragé.

CRÉER UN POTAGER EXUBÉRANT

LA CRÉATION D'UN POTAGER doit être précédée par le dessin d'un plan qui en prévoit les différentes parcelles. Méfiez-vous des projets trop compliqués. Un élément central fort vous aidera à construire l'ensemble ; ce pourra être une gloriette, un treillis décoratif ou une plante architecturale, tel un artichaut (à gauche et sur le schéma). Trois types de plantes entreront dans votre composition : celles qui bordent les planches, celles qui les occupent, et celles qui donnent de la hauteur à l'ensemble. L'exubérance nécessite de la générosité, mais elle ne doit pas conduire à un fouillis incontrôlé de légumes et de fleurs. Sachez rester dans des limites raisonnables. Choisissez chaque élément comme s'il s'agissait d'un objet destiné à un salon. Dans ce plan, tous les végétaux se complètent et se mettent en valeur – la betterave, aux feuilles pourpres, dessine des bandes sombres dans les rangs de carottes, aux fanes plumeuses, et les tomates sont tapies sous les gerbes de maïs sucré. Les bordures renforcent la symétrie de ce canevas. Recherchez aussi un bon équilibre entre les légumes et les fleurs. Ici, des pavots de Californie *(Eschscholzia californica)* animent la planche d'oignons, et des bleuets se mêlent aux haricots verts.

DES COURGETTES COUVRANTES
Les grandes feuilles découpées des courgettes couvrent vite le sol, et les fleurs étoilées les éclairent de belles taches jaune vif. Si vous récoltez régulièrement, les pieds de courgette fructifient plus longtemps. Plantez ensuite des choux orientaux, avec lesquels vous préparerez des salades fraîches en hiver.

MAÏS, TOMATES ET SOUCIS
Une bordure lumineuse de soucis cerne un angle où se mêlent les hautes tiges des maïs sucré et des pieds de tomate buissonnants, qui ne nécessitent pas de tuteurage.

LES ÉLÉMENTS-CLÉS

LUMINEUX SOUCIS
Des bordures de soucis orange conservent à la parcelle sa fraîcheur et son éclat lorsque les légumes qui l'occupaient viennent d'être cueillis. Un laurier-sauce en arbre, taillé en boule, assure une touche verte permanente et donne de la hauteur.

UN POINT FOCAL
Un wigwam en osier, ou un arceau en fer forgé, couvert de haricots grimpants et de pois de senteur, peut devenir l'élément vertical d'une parcelle. Dans un petit jardin, disposez-le au centre du potager : il le structurera.

COURGETTES, HARICOTS ET CAPUCINES *Au centre d'un triangle de courgettes, cerné par une bande de capucines rouges et jaunes, se dresse un wigwam de haricots grimpants.*

POIREAUX, VERVEINE ET PENSÉES *Les pensées délimitent une parcelle de poireaux plantés parmi les longues tiges ramifiées et les fleurs roses de la verveine* Verbena bonariensis.

OIGNONS, LAITUES ET PAVOTS *Des laitues romaines bordent ce mélange d'oignons et de pavots de Californie. Plantez les bulbilles d'oignon, puis semez entre eux, à la volée, les graines de pavot.*

POTIRONS, HARICOTS ET CAPUCINES *Cette planche répond à celle qui lui fait face, mais ici, les potirons remplacent les courgettes. En début de saison, de la roquette et de la mâche occupaient cet espace.*

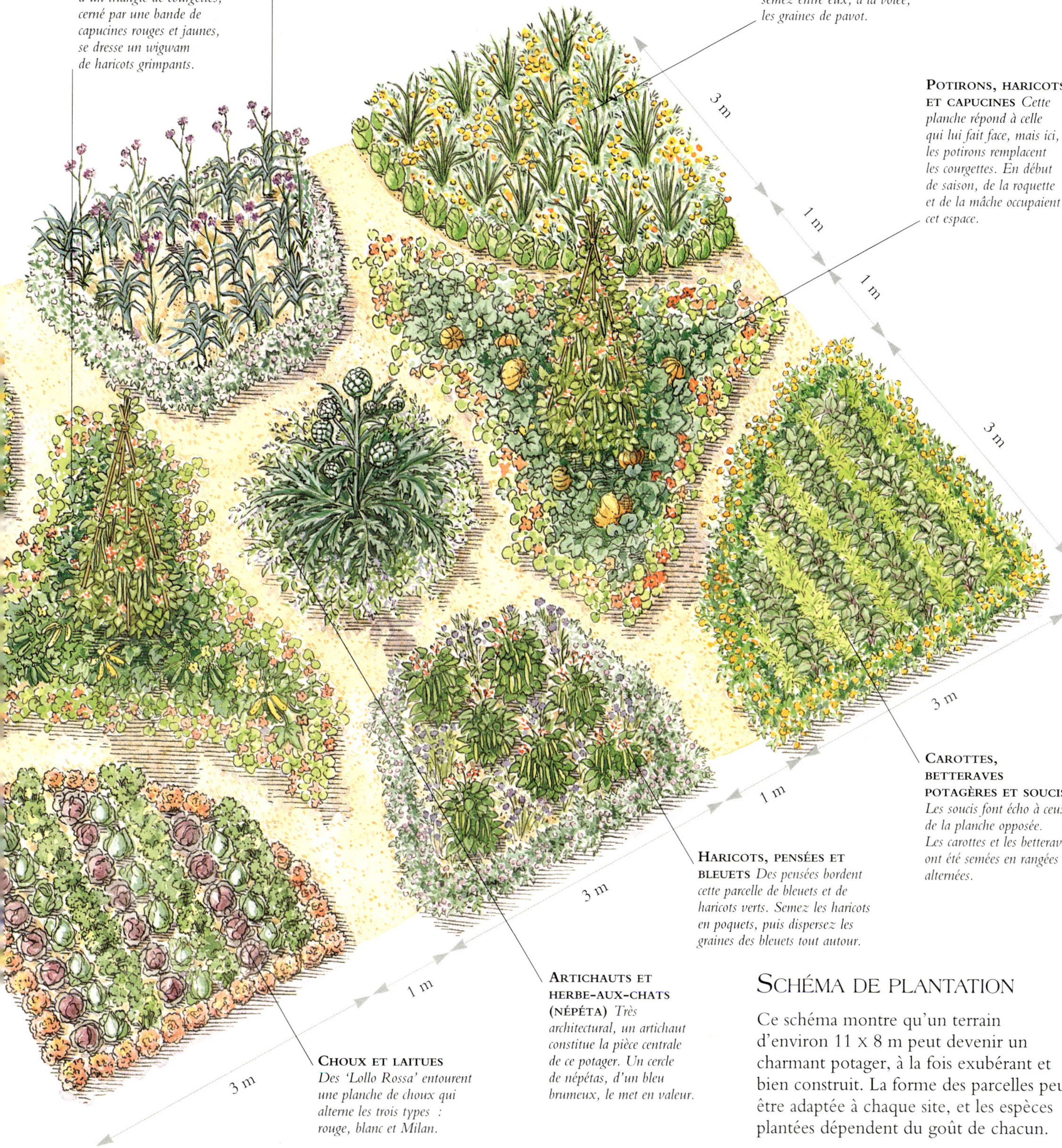

CAROTTES, BETTERAVES POTAGÈRES ET SOUCIS *Les soucis font écho à ceux de la planche opposée. Les carottes et les betteraves ont été semées en rangées alternées.*

HARICOTS, PENSÉES ET BLEUETS *Des pensées bordent cette parcelle de bleuets et de haricots verts. Semez les haricots en poquets, puis dispersez les graines des bleuets tout autour.*

ARTICHAUTS ET HERBE-AUX-CHATS (NÉPÉTA) *Très architectural, un artichaut constitue la pièce centrale de ce potager. Un cercle de népétas, d'un bleu brumeux, le met en valeur.*

CHOUX ET LAITUES *Des 'Lollo Rossa' entourent une planche de choux qui alterne les trois types : rouge, blanc et Milan.*

SCHÉMA DE PLANTATION

Ce schéma montre qu'un terrain d'environ 11 x 8 m peut devenir un charmant potager, à la fois exubérant et bien construit. La forme des parcelles peut être adaptée à chaque site, et les espèces plantées dépendent du goût de chacun.

UN POTAGER TRADITIONNEL

CLOS PAR UN MUR DE PIERRES ou de briques, le potager classique est une oasis où règne l'ordre dans un monde agité. Ici, des allées bien droites divisent l'espace en planches tracées au cordeau. Les haricots et les choux-fleurs, les oignons et les pois poussent en rangs alignés du nord au sud pour profiter au maximum du soleil. Si cet endroit est avant tout destiné à une production vivrière, les fleurs n'y sont pas interdites. Sous des guirlandes de rosiers grimpants, les allées sont bordées de larges bandes de népétas. Des fleurs à couper y sont aussi les bienvenues. On y trouvera également des arbres fruitiers étendant largement leurs branches palissées le long d'un mur ensoleillé ou allongées en cordon entre deux planches. En pénétrant dans un tel lieu, vous oublierez aussitôt tous les impératifs et les contraintes de la vie quotidienne. Planter, faire pousser, récolter, puis planter à nouveau rythmera désormais agréablement votre emploi du temps.

Créer un potager traditionnel

La plupart des potagers classiques sont clos de murs, et leur taille nécessite un fractionnement en plus petites surfaces. Ce schéma présente l'une des parcelles d'un jardin qui a été divisé en quatre. Chacun organisera à sa façon ces différents espaces. Ici, les légumes poussent en planches classiques, mais vous préférerez peut-être les installer sur une série de planches surélevées, séparées par d'étroits passages en terre battue... Des arbres fruitiers en espalier, aux branches noueuses couvertes de lichen, sont caractéristiques de ces vieux potagers. À l'instar des pruniers en palmettes, ils sont faciles à tailler chaque été une fois qu'ils ont été palissés. Vous pouvez aussi créer des écrans de pommiers ou de poiriers palissés sur deux côtés de la parcelle. Des plantes annuelles, des pieds-d'alouette par exemple, fourniront des fleurs à couper. Les allées sont recouvertes de gazon, de graviers ou de cendres, qui peuvent provenir de la chaudière de la serre. Celle qui est présentée ici n'est pas un jardin d'hiver ni une pièce à vivre, mais un lieu pour le forçage des plantes, une remise, un espace de culture. Elle sera cependant un abri agréable au début de l'année, quand vous vous y attarderez pour préparer vos semis et rêver aux futures récoltes.

Serre *Elle peut être à la fois belle et pratique. Un sol de briques ou de pierres sera plus facile à laver au jet en été. Vous lutterez ainsi plus efficacement contre les araignées rouges et les aleurodes.*

Géraniums *Dans la serre, comblez les espaces vides avec de vieux pots en terre cuite plantés de géraniums ou d'élégants clivias orangés.*

Tunnel de haricots *Lancez des haricots grimpants sur de longues perches souples plantées et courbées en arceau au-dessus d'un passage. Vous obtiendrez une tonnelle colorée, ombragée et productive.*

Les éléments-clés

Délicat printemps
La floraison des pêchers est l'un des plaisirs qu'offre la serre. Autrefois, la production de fruits aussi délicats était l'une des tâches essentielles des jardiniers.

Bordures de buis
Des haies de buis, géométriques, rompent la monotonie d'une longue parcelle. Chaque losange peut accueillir des fleurs d'espèces ou de couleurs différentes.

De l'ordre dans les rangs
Ici, des rangs ordonnés de poirées et de choux rouges sont associés à des nigelles, moins robustes. Leurs fleurs bleu pâle, si vous ne les coupez pas pour en faire un bouquet, produiront un curieux fruit rond, très utilisé en bouquet sec.

Schéma de plantation

Ce schéma présente une parcelle de 7,50 m², soit un quart de la totalité du jardin. Choisissez les espèces qui correspondent à vos goûts (ici les quantités et les proportions ne sont pas exactes). Ce type de composition peut également être adapté à un espace plus réduit.

LES PLATES-BANDES

DANS LES BORDURES D'HERBACÉES, certaines plantes sont toujours les bienvenues pour réveiller les touffes molles de géraniums ou d'élégantes campanules. Légumes et fruits peuvent, au même titre que les fleurs, être à l'origine de ces coups de théâtre. Les jardiniers ne cessent de le répéter : les parterres ne sauraient se passer de la riche diversité des feuillages. Or, il suffit d'un peu d'imagination pour choisir une poirée à cardes rouges plutôt qu'un bergenia, pour planter un artichaut à la place d'une acanthe, pour combler un espace avec une laitue frisée plutôt qu'un hosta. Peut-on imaginer spectacle plus surprenant que l'apparition des élégantes feuilles violacées du cultivar de poireau 'Bleu de Solaise' au-dessus d'un massif de verveines rouges ? Encore faut-il l'oser et laisser les bannières des poireaux flotter au-dessus des fleurs !

CHOC ÉCARLATE
La poirée à cardes rouges a des tiges particulièrement lumineuses. Celle-ci a été installée à une certaine distance du bord, afin que ses grandes feuilles ne retombent pas dans l'allée. Cette plante, bien arrosée, est également superbe dans un grand pot.

VANNERIE
Une structure élancée d'osier supporte des haricots grimpants entre les boules roses des verveines bonariensis *et des têtes duveteuses de thalictrum. Plus loin, une touffe de fenouil bronze côtoie des iris panachés.*

CHOU D'ORNEMENT
Les choux d'ornement ont des feuilles de multiples couleurs – rose, mauve, vert glauque, gris ou crème... Ils n'ont aucun intérêt gastronomique, mais ils sont très décoratifs dans un potager. Ils poussent également très bien en pot ou en jardinière.

PERSIL ET SAUGE
Les feuilles gris-vert de la sauge font ressortir celles du persil frisé. Ces deux herbes, aux teintes et à la texture très contrastées, soulignent parfaitement la bordure d'un parterre. Le persil plat, au vert moins brillant, ne ferait pas le même effet.

BELLES FLEURS DUVETEUSES
Les artichauts et les cardons sont très impressionnants dans une plate-bande. Cependant, n'ajoutez aucune autre plante pour fermer celle-ci, car ce sont d'impitoyables étouffeurs. Les artichauts que vous n'aurez pas mangés vous offriront de merveilleux capitules bleu-violet.

UN VERGER BIEN ORDONNÉ

UN BEAU POMMIER PALISSÉ, dont le pied est caché par une ligne d'*Allium* odorant, souligne l'horizontalité de l'appareil de ce mur de pierres ensoleillé. Dans les régions froides, un écran de ce type protège les fleurs des gelées tardives et accélère le mûrissement des fruits. Le charme des arbres fruitiers palissés tient à leur rigueur, qu'ils soient installés contre un mur ou sur des fils métalliques parallèles, tendus entre de solides piquets. Pommiers et poiriers peuvent alors isoler efficacement un jardin planté de framboisiers, de fraisiers et de groseilliers. En faisant pousser ces fruits rouges ensemble, vous vous éviterez bien des soucis, car vous tiendrez votre verger à l'écart de la gourmandise des oiseaux en le recouvrant d'un filet. En effet, contrairement aux idées reçues, ces animaux ne se satisfont pas d'un coin de jardin abandonné ! Ils rechercheront toujours davantage de nourriture et ils ne vous laisseront pas la plus petite fraise. Une tonnelle, installée au centre de votre verger, le mettra en valeur. Si vous la surmontez d'un leurre, celui-ci suffira peut-être à éloigner les gourmands.

CRÉER UN VERGER

EN REGROUPANT VOS FRUITS, vous allierez esthétique, efficacité et rendement. Un verger peut être, comme ici, entièrement clôturé par des pommiers et des poiriers palissés. L'hiver révélera la géométrie de leurs branches dénudées ; bientôt viendront la floraison et la fructification. Les framboisiers sont généralement disposés en rangs parallèles ; cependant, sur une parcelle carrée, vous pouvez les planter en deux lignes courant d'un coin à l'autre et dessinant quatre vastes triangles qui accueilleront d'autres fruits rouges. Plantez dans chacun d'eux un groseillier à maquereau en arbre, solidement tuteuré pour qu'il reste bien droit, surtout lorsqu'il sera chargé de baies. Garnissez le premier des triangles avec des cassis, le deuxième avec des groseilles rouges et des blanches (ci-dessus), que vous borderez de fraises des bois. Dans les deux derniers, vous cultiverez des fraisiers à gros fruits. Leur production diminuant au bout de trois ans, il est essentiel de préparer de nouveaux plants, dans un sol frais, à partir de stolons. Dès que les triangles qui leur sont réservés se clairsèment, semez-y diverses fleurs annuelles à couper. Pour améliorer vos récoltes, paillez régulièrement le sol avec une épaisse couche de compost ou de fumier.

POIRES EN ESPALIER *Bien que quelques poiriers s'autofertilisent, plantez plutôt deux variétés pollinisatrices compatibles. Méfiez-vous des gelées tardives, qui détruisent les fleurs et donc les fruits.*

FRAMBOISES *Consacrez un rang à des framboisiers d'été et l'autre à une variété remontante. Pour les premiers, choisissez volontiers la variété 'Superlative', aux fruits abondants, tandis que 'Mailing Promise' vous assurera une récolte plus tardive.*

FRAISES *En attribuant deux triangles aux fraisiers, vous pourrez faire démarrer les plants dans l'un et transférer les stolons enracinés dans l'autre, lorsque les plantes mères commenceront à s'épuiser, au bout de trois ans.*

LES ÉLÉMENTS-CLÉS

UNE CAGE DÉCORATIVE

Regroupez vos plantations de fruits rouges pour mieux les protéger des oiseaux à l'aide d'un filet. Cette belle structure restera en place toute l'année. Tendez le filet dès que les fruits commencent à mûrir.

LE TEMPS DES FRAISES

Il faut absolument protéger les fraises dès qu'elles rosissent. Ici, de jeunes rameaux ont été courbés en arceau au-dessus des plantes pour former l'armature qui maintient le filet.

FLORAISON PRINTANIÈRE

Les poiriers offrent peut-être la plus belle floraison de tous les arbres fruitiers. Lorsqu'ils poussent en espalier, celle-ci se révèle dans toute sa perfection. Pour clore un espace réservé aux fruits ou aux herbes aromatiques ou pour décorer une pelouse, les poiriers représentent l'un des meilleurs choix possibles.

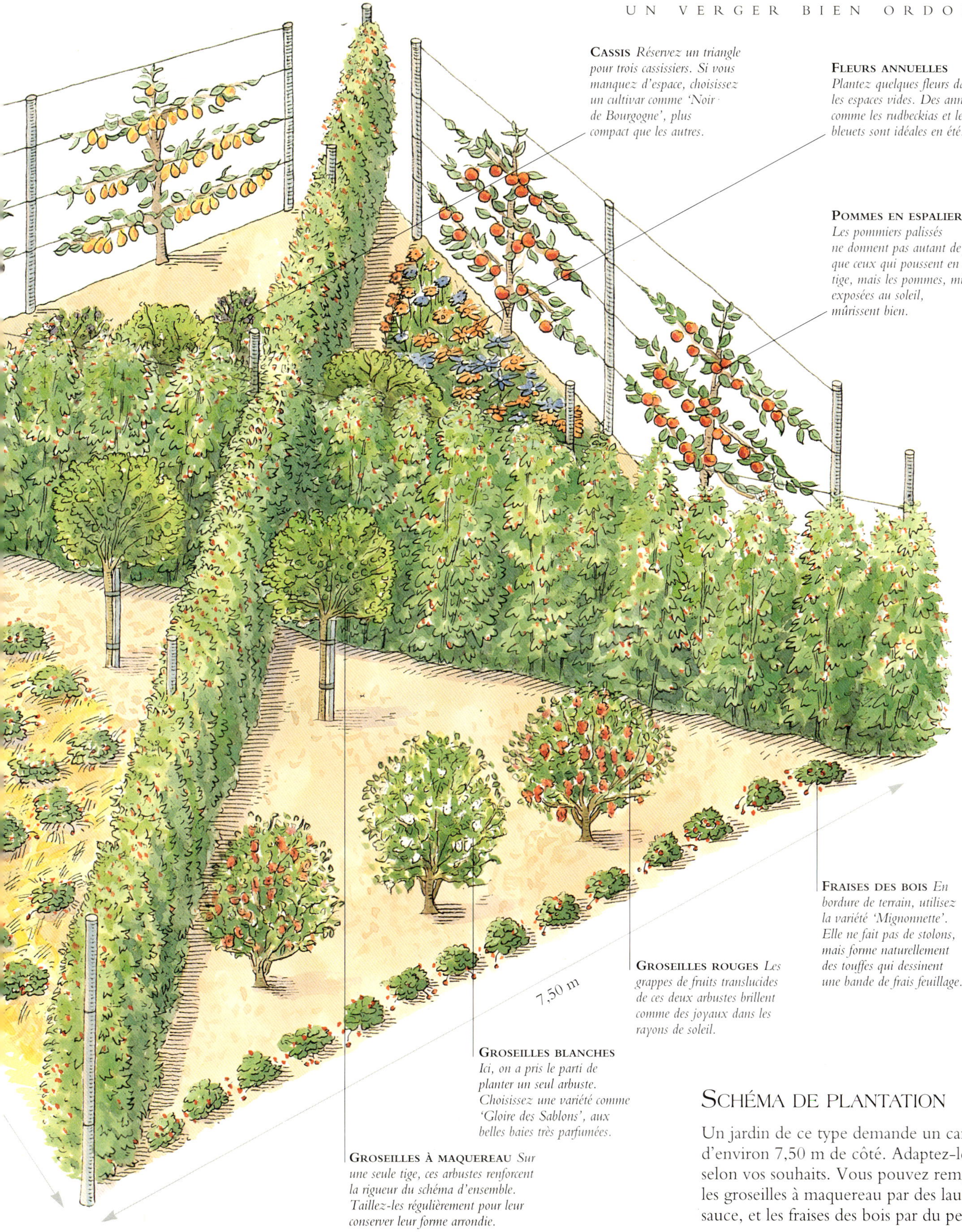

SCHÉMA DE PLANTATION

Un jardin de ce type demande un carré d'environ 7,50 m de côté. Adaptez-le selon vos souhaits. Vous pouvez remplacer les groseilles à maquereau par des lauriers-sauce, et les fraises des bois par du persil.

UNE HAIE POUR BOISSONS PARFUMÉES

POUR VOUS METTRE D'HEUREUSE HUMEUR, rien de tel qu'un verre de liqueur de prunelle ! À la campagne, les prunelliers sont souvent des éléments des haies mixtes, mais rien n'interdit de les planter en ville. Avec le sureau et le prunier myrobolan, qui permettent de préparer diverses boissons, et les noisettes à grignoter à l'apéritif, il complétera cette haie de bons buveurs. Garnis d'épines très acérées, les prunelliers forment des écrans infranchissables. Leur bois sombre se couvre au printemps, avant que les feuilles n'apparaissent, de guirlandes de fleurs blanches. Le sureau, lui, se développe très facilement, mais vous limiterez sa prolifération en coupant chaque année les plus vieilles tiges. Certains amateurs font une boisson pétillante avec ses ombelles blanc crème, qui apparaissent au début de l'été ; ses baies se développent au début de l'automne. Le prunier myrobolan porte des fruits deux fois plus gros que les prunelles et beaucoup moins amers ; ils sont parfaits pour préparer une liqueur ou un vin qui, en vieillissant, prend un goût de porto. Les noisetiers portent des chatons décoratifs, puis des fruits croquants. Lorsque votre haie sera bien implantée, vous la rendrez encore plus productive en plantant des mûres sans épines dans les espaces vides.

LIQUEUR DE PRUNELLE
Cueillez les prunelles au début de l'hiver, après la première gelée. Mettez-les dans un bocal et couvrez-les d'alcool pour fruits. Revissez le bouchon et laissez macérer trois mois. Filtrez, ajoutez 250 g de sirop de sucre et mettez en bouteilles pendant une semaine.

LES ÉLÉMENTS-CLÉS

Le prunellier ou épine noire *(Prunus spinosa)* constitue une sorte d'arbuste buissonnant, qui dépasse rarement 3,50 m de haut. Plantez de jeunes plants, de préférence en automne, à environ 45 cm de leur plus proche voisin. Le sureau noir ou commun *(Sambucus nigra)* pousse vite, environ à la même hauteur, à partir de boutures prélevées en fin d'automne. La variété 'Aurea' est très décorative, quoique son feuillage doré vire au vert à mesure que l'été avance. Il sera très beau après un sérieux rabattage en hiver, qui entraîne en revanche la perte de la floraison, et donc de la fructification. Le feuillage très découpé de *Sambucus laciniata* ne nécessite pas un traitement aussi radical, mais il manque de vigueur. Plantez les sureaux en les espaçant de 4 m environ, comme les noisetiers. Élaguez régulièrement les branches qui partent de la base. Les pruniers myrobolans *(Prunus cerasifera)*, plus hauts que les prunelliers, ressemblent davantage à des arbres, et on peut les tailler. Leurs fleurs blanches apparaissent à la fin de l'hiver et au début du printemps ; elles assurent donc, avec celles du prunellier, une longue floraison. Plantez-les tous les 60 cm. Lorsque votre haie atteindra 1,20 m, ajoutez-lui une ou deux ronces *Rubus fruticosus*. 'Bedford Giant' a des fruits savoureux et 'Oregon Thornless' des feuilles découpées très décoratives.

SOIGNEZ VOS SUREAUX
Pour obtenir de belles baies, plantez les sureaux dans un endroit ombragé et humide et apportez-leur un paillis de compost.

Schéma de plantation

Ce schéma présente un rang d'arbres et de buissons formant une haie d'environ 4 m. Choisissez les plantes qui vous fourniront la base de vos boissons préférées et ajustez leur nombre à la longueur de la haie que vous souhaitez obtenir. Si vous le pouvez, consacrez-lui une bande de 1 m de large et décalez les plantes l'une par rapport à l'autre, vers l'avant et l'arrière, pour gagner un maximum d'épaisseur.

Frais comme une noisette

Une noisette fraîche, le fruit de Corylus avellana *ou de* C. maxima, *a un goût que n'aura jamais une noisette achetée dans le commerce. Mais méfiez-vous des écureuils ! Malgré tous vos efforts, ils s'empareront d'une part de butin.*

Prunier myrobolan *Au printemps, cet arbre porte des fleurs blanches un peu plus grandes que celles du prunellier. Les fruits sont mûrs à la fin de l'été. Taillez le myrobolan en hiver.*

Baies de sureau *Peu de temps après la maturité des baies, les feuilles du sureau prennent une teinte mauve rosée, comme un vin coupé d'eau.*

Épine noire (prunellier) *Plantée à intervalles réguliers, elle constitue une haie épineuse impénétrable. Il faut la rabattre de temps en temps afin de maîtriser son envergure et sa hauteur.*

Prunelles *Les petits fruits de l'épine noire, de la taille d'un grain de raisin, ont un très gros noyau. Ils deviennent d'un noir bleuâtre à la fin de l'été et restent longtemps sur l'arbre.*

Noisettes *Les bouquets de noisettes décorent la haie à la fin de l'été. Les chatons apparaissent à la fin de l'hiver et au début du printemps.*

Fleurs de sureau *Entre le printemps et l'été, les sureaux se couvrent de fleurs qui habillent la haie d'une dentelle blanc crème. Elles permettent de préparer une excellente boisson pétillante et donnent à la confiture de groseilles à maquereau une délicieuse saveur de muscat.*

Ronces *Les mûres de jardin produisent des fruits plus gros, plus précoces, aux pépins plus petits que les ronces sauvages. Chaque année, coupez les tiges qui portent les fruits et liez les nouvelles pousses qui émergent de la base.*

Digitales *Les grandes digitales qui se dressent au pied de cette haie fleurissent au début de l'été. Des pensées, des pâquerettes et des primevères s'épanouissent au niveau du sol.*

UNE MOSAÏQUE VÉGÉTALE

LES LÉGUMES PLANTÉS EN ENSEMBLES compacts sont beaucoup plus spectaculaires que lorsqu'ils sont alignés. Ce jardin, inspiré par les tableaux de Piet Mondrian, a été divisé en une série de planches rectangulaires, plus ou moins grandes, qui dessinent une mosaïque végétale. On peut ainsi juxtaposer les couleurs et les textures, comme on le fait dans un parterre de fleurs. De longues perches de noisetier, reliées entre elles, constituent l'équivalent en plein air des paravents d'intérieur : elles permettent de palisser aussi bien des pois à rames que des haricots verts ou des fleurs. La cobée *(Cobaea scandens),* une vigoureuse grimpante, donnera au jardin une touche exotique. Les hautes tiges du maïs sucré forment une haie vivante qui marque la frontière avec la pelouse située en arrière ; des topinambours joueraient le même rôle. Les allées principales, larges et pavées, donnent accès à d'étroits chemins en terre battue qui conduisent à toutes les parcelles cultivées. Les planches, qui sont ainsi toutes facilement accessibles, autorisent également une rotation des cultures d'une année sur l'autre.

CRÉER UNE MOSAÏQUE

UNE TELLE COMPOSITION se prête à toutes sortes de jardins, quelles qu'en soient la taille et la forme. Elle utilise des plantes qui se marient bien entre elles et assurent une production régulière durant la majeure partie de l'année. Vous pouvez bien sûr l'adapter à vos goûts. Choisissez cependant des légumes très décoratifs, tels que les poirées à cardes rouges ou les courgettes aux éclatantes fleurs jaunes (à gauche). Faites pousser des laitues colorées, comme 'Lollo Rossa', à proximité des fanes dentées des carottes ou des feuilles rubanées bleutées des poireaux. Ici, la mosaïque n'est composée que de légumes et d'herbes ; des fleurs accentueront encore les contrastes de couleurs. Remplacez, par exemple, une bande de persil par des soucis orange, ou des poirées à cardes rouges par des soleils jaunes. Préférez des annuelles aux vivaces qui occupent le sol année après année. Les larges allées entre les planches sont recouvertes de dalles de pierres ou de briques. Les passages étroits resteront en général en terre battue, mais ils seront moins humides si vous y répandez une couche d'écorces ou de copeaux de bois. Les cultures présentées dans ce plan ne nécessitent aucun support particulier ; vous pouvez cependant border l'une des allées avec un treillis qui accueillera des pois grimpants.

LES ÉLÉMENTS-CLÉS

JOUER SUR LES FORMES
Pensez aux contrastes des formes et des textures. Ci-dessus, les longues feuilles pointues des poireaux répondent aux volumes arrondis des laitues pommées.

EXPLOITER L'ESPACE
Entre les hautes tiges du maïs sucré, plantez des capucines, couvrantes et lumineuses, dont les feuilles poivrées et les fleurs jaunes ou rouges animeront une salade estivale.

SCHÉMA DE PLANTATION

Conçu pour un terrain de 7,50 x 4,90 m environ, ce schéma illustre la diversité des légumes et des herbes qui peuvent composer un potager mosaïque. (Les quantités représentées ne sont pas exactes.)

LAITUES *Cette planche est réservée à une variété de type iceberg, qui donnera du croquant à vos salades, mais aussi de la personnalité à votre jardin.*

OIGNONS *Les feuilles lancéolées des oignons paraissent d'autant plus décoratives lorsqu'elles voisinent avec les choux orientaux, au volume dense.*

CHOUX CHINOIS *Pak-choï et pé-tsaï ont été retenus ici, mais d'autres légumes orientaux poussent bien sous nos climats et apportent une touche d'exotisme parmi les plantes plus traditionnelles du potager.*

BEAU FEUILLAGE

Les choux, avec leurs feuilles aux teintes subtiles et complexes, attirent autant le regard que les plantes les plus ornementales.

CHOUX ROUGES *Des variétés à pomme rouge tranchent par leur forme et leur couleur, notamment à côté du persil.*

PERSIL *Cette bande a été réservée au persil frisé, plus décoratif que le persil plat, mais moins parfumé.*

OIGNONS *En les plantant à intervalles plus espacés que de coutume, vous obtiendrez des bulbes nettement plus gros.*

COURGETTES *Toutes les variétés sont décoratives, avec des fleurs dorées. Celles à fruits jaunes le sont encore davantage.*

CHOUX *Choisissez un cabus d'hiver, ou un chou de Milan d'hiver (cloqué). Très résistants au froid, même pendant la mauvaise saison, ils vous offriront leur forme et leur couleur.*

CIBOULETTE *Peu gourmande et de belle allure, la ciboulette forme une bordure très nette.*

PERSIL PLAT *Très aromatique, le persil plat est celui que les cuisiniers préfèrent.*

SALADES À COUPER *Utilisez l'une des trois planches pour cultiver une variété frisée rouge de 'Lollo Rossa' ou de feuille-de-chêne. Elles dureront tout l'été si vous prélevez leurs feuilles régulièrement.*

MAÏS SUCRÉ *Il donne de la hauteur au jardin. Son effet sera plus marquant sur une large parcelle, et sa pollinisation en sera facilitée.*

POIRÉES *Elles seront plus spectaculaires si vous les choisissez à cardes rouges. Au centre du jardin, elles apportent une forte note colorée.*

LAITUES *Mieux vaut les répartir en trois planches. Ici, vous pouvez faire pousser de petites laitues pommées ou des romaines.*

POIREAUX *Les poireaux restent longtemps en terre, et leurs feuilles rubanées bleutées sont assez belles pour que vous les placiez au centre de la mosaïque.*

CAROTTES *Faites un semis clair et utilisez diverses variétés au cours de l'année afin de bénéficier de récoltes successives, mais aussi d'un feuillage sans cesse renouvelé.*

DES ASSOCIATIONS DÉCORATIVES

VOLUME, FORME, COULEUR ET TEXTURE : autant d'éléments qu'il vous faut savoir organiser lorsque vous associez des plantes dans un parterre de fleurs. Réunissez celles qui se mettent mutuellement en valeur, en plaçant par exemple un hosta aux larges feuilles cordiformes à côté de fougères aux fines frondes. Les légumes, les herbes et les fruits sont tout aussi divers. Même si vous les cultivez pour les consommer, ne vous privez pas de les associer pour le plaisir du regard. À l'hosta, répondez par le chou ; à la fougère, par la carotte. Bordez les planches d'oignons avec des pensées et relevez un carré avec des poireaux. En terre, ceux-ci fleuriront peut-être, en produisant de grosses têtes argentées comme celles de l'ail.

BORDURE DE FRAISES
Les fraises des bois forment une bordure basse devant une bande de lavande. Choisissez une variété qui donne des touffes au lieu de lancer des stolons. Le fraisier n'est pas persistant, mais ses feuilles restent vertes longtemps.

ÉTONNANTS POIREAUX
Des poireaux restés en terre sont montés à fleurs. L'inflorescence est une boule d'un violet argenté, qui se balance sur une forte tige creuse. Les soucis ont essaimé entre les laitues et la poirée à cardes rouges ; la marjolaine dorée ressort sur un fond de sauge pourpre.

CHOUX EN MAJESTÉ

Peu de plantes offrent autant de qualités de forme, de couleur et de texture que le chou. Des feuilles enroulées entourent le cœur dense de ces choux rouges. Ils sont ici protégés par de la verveine odorante (Verbena bonariensis), *une vivace aux longues tiges ramifiées.*

PENSÉES ET SALADES

Les longs doigts élégants de la feuille-de-chêne se courbent au-dessus des ravissantes pensées 'Jackanapes'. Cette fleur est idéale en bordure d'allée, car elle pousse très bien sans devenir trop envahissante. Des plantes plus exubérantes gêneraient vos pas !

CHOU ROUGE ET PAVOT JAUNE

Le chou de Bruxelles tardif 'Rubine' a des bourgeons aussi sombres que ses feuilles, bien mises en valeur ici par les fleurs brillantes du pavot de Californie (Eschscholzia californica). *Cette annuelle se propage en répandant ses graines partout où elle trouve un peu de terre à nu.*

UN JEU DE SALADES ET D'HERBES

DES SALADES ASSOCIÉES à des herbes aromatiques parmi les plus utilisées – persil, ciboulette, menthe et coriandre – offriront au jardinier gourmet une longue succession de récoltes. Les laitues sous toutes leurs formes – romaines, à couper, pommées – constituent l'essentiel des plantations. Pour assurer leur permanence, réservez un carré ou un coin de serre pour faire les semis et transplanter les jeunes plants au bon moment. Ce petit jardin assez strict, qui fait partie d'un ensemble plus vaste, bénéficie de l'abri d'un mur de pierres qui favorise le démarrage des cultures. Un pot de haricots grimpants et de raifort bicolore marque son centre. Des buis verts et panachés en soulignent les bords. Vous augmenterez encore son effet décoratif en plantant parmi les salades des némophiles bleus, des pavots roses et des verveines pourpres. Les pavots essaiment d'eux-mêmes, mais les autres espèces doivent être remplacées chaque année. Ce jardin sera particulièrement prolifique à la fin du printemps et en été ; certaines salades, surtout si elles sont protégées par une cloche, pourront être récoltées en hiver.

CRÉER UN JEU DE SALADES ET D'HERBES

SOYEZ ATTENTIF au point central d'une composition aussi stricte. Installez un wigwam de haricots grimpants ou de pois de senteur, ou un gros pot en terre cuite rempli de géraniums à feuilles odorantes. Ici, c'est une angélique, grande plante très architecturale, qui a été retenue. Elle possède en outre un superbe feuillage vert clair. Bisannuelle, elle développe dans sa deuxième année de grosses ombelles rondes d'un gris-jaune pâle. Il en existe une forme étonnante, à tige pourpre : *Angelica gigas.* Quelques fleurs – pavots roses (à gauche), némophiles bleus et verveines pourpres –, purement ornementales, parsèment les carrés de laitues rouges et vertes. D'autres salades ont été plantées dans un but à la fois pratique et décoratif. Chicorée, roquette, mâche et le chou japonais mizuna allongent le temps de la récolte. Les bordures doivent être compactes ; trop exubérantes, elles retomberaient dans l'allée et étoufferaient vos jeunes plants. On y installe souvent des buis, mais ils sont gourmands. Les germandrées et les pensées choisies ici le sont beaucoup moins. La germandrée *(Teucrium chamaedrys)* est un sous-arbrisseau qui dépasse rarement 25 cm de haut. Ses petites feuilles ovales sont vertes sur le dessus et grisées au revers ; ses petites fleurs roses éclosent du milieu à la fin de l'été.

SCHÉMA DE PLANTATION

Ce jardin pour amoureux de verdure a été dessiné afin de donner des salades fraîches le plus longtemps possible. Il couvre environ 50 m², mais une version simplifiée occupera un espace moindre. Les parcelles peuvent accueillir d'autres cultures.

LAITUES *Derrière leur bordure de pensées, trois variétés assurent une longue saison : une laitue iceberg, une goûteuse 'Little Gem' et une bien pommée.*

MÂCHE, CHICORÉE, PERSIL, VERVEINE ET PAVOT *Des rangs de mâche, de chicorée frisée, de persil plat et de verveine 'La France', avec des pavots, sont ceinturés d'une bordure de germandrées.*

LES ÉLÉMENTS-CLÉS

UNE TOUR POURPRE
Quand la laitue rouge 'Lollo Rossa' ne mérite plus d'être coupée pour la consommation, elle pousse en hauteur et conserve tout son charme. Elle domine ici des capucines et des laitues vertes.

SALADES DU JOUR
Les salades adoptent tant de formes et de couleurs qu'elles forment à elles seules de très jolis parterres. Mélangez des salades à couper vertes et rouges, et placez à côté un rang bien net de laitues pommées.

DIVINE ANGÉLIQUE
Les ombelles arrondies de l'angélique se dressent au sommet de fortes tiges ; quand elles sont en graine, on peut les faire sécher pour les bouquets. Confites, leurs tiges sont utilisées en pâtisserie.

UNE SALADE RÉSISTANTE *La chicorée frisée résiste bien au froid. Vous pouvez la cultiver à l'extérieur et souvent la récolter jusqu'au début de l'hiver.*

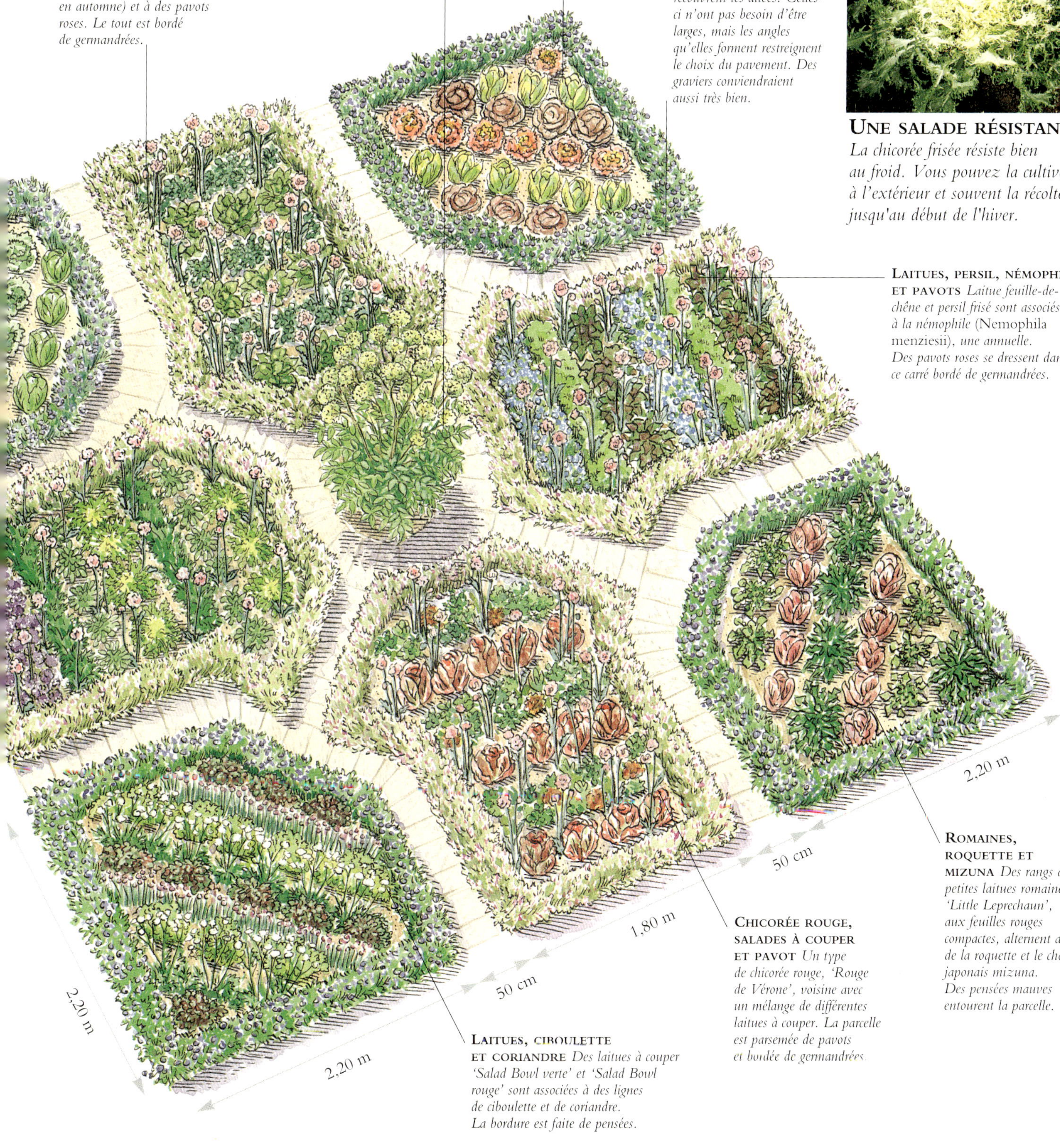

CHICORÉE, RADIS ET PAVOT *La chicorée scarole 'En cornet de Bordeaux', rustique, est ici associée à des radis en été (de la mâche en automne) et à des pavots roses. Le tout est bordé de germandrées.*

ANGÉLIQUE *En été, quand le jardin est dans toute sa splendeur, elle le domine majestueusement. Elle s'élève à près de 2 m pour une envergure d'environ 1 m. Supprimez l'excédent de graines qu'elle produira.*

LAITUES *Une bande de pensées entoure des laitues à couper 'Lollo Rossa', des laitues pommées à feuilles brun-rouge et des romaines vertes.*

PASSAGES *Des dalles recouvrent les allées. Celles-ci n'ont pas besoin d'être larges, mais les angles qu'elles forment restreignent le choix du pavement. Des graviers conviendraient aussi très bien.*

LAITUES, PERSIL, NÉMOPHILES ET PAVOTS *Laitue feuille-de-chêne et persil frisé sont associés à la némophile* (Nemophila menziesii), *une annuelle. Des pavots roses se dressent dans ce carré bordé de germandrées.*

ROMAINES, ROQUETTE ET MIZUNA *Des rangs de petites laitues romaines 'Little Leprechaun', aux feuilles rouges compactes, alternent avec de la roquette et le chou japonais mizuna. Des pensées mauves entourent la parcelle.*

CHICORÉE ROUGE, SALADES À COUPER ET PAVOT *Un type de chicorée rouge, 'Rouge de Vérone', voisine avec un mélange de différentes laitues à couper. La parcelle est parsemée de pavots et bordée de germandrées.*

LAITUES, CIBOULETTE ET CORIANDRE *Des laitues à couper 'Salad Bowl verte' et 'Salad Bowl rouge' sont associées à des lignes de ciboulette et de coriandre. La bordure est faite de pensées.*

UN POTAGER CAMPAGNARD

D'HEUREUX HASARDS et une belle exubérance caractérisent les potagers campagnards, où les légumes sont rois, tandis que les fleurs s'installent en petits bouquets là où elles trouvent un peu de place. Les allées sont étroites, afin de ne pas réduire les surfaces consacrées à la production vivrière, et recouvertes de paille, qui absorbe l'humidité. Ici des échalotes sèchent, là poussent des fraisiers. Des noisetiers, saules et châtaigniers forment un écran, pratiquement envahi par un houblon retombant, et un wigwam servira peut-être de support à des haricots grimpants. Les vrais potagers de campagne sont fruits de l'instinct et de la nécessité. Les graines pour la saison suivante sont prélevées sur les meilleures récoltes de l'année. C'est ainsi que peu à peu les jardiniers ont sélectionné les variétés qui convenaient le mieux à leurs conditions locales. Aujourd'hui, ils introduisent des plantes aux saveurs plus exotiques. Dans ce jardin, du fenouil 'De Florence', aux feuilles plumeuses, côtoie des panais plus traditionnels.

CRÉER UN POTAGER CAMPAGNARD

UNE ALLÉE SINUEUSE court entre les parterres de légumes, bordés ou parsemés de fleurs, de ce potager campagnard stylisé. Elle conduit à une banquette en osier tressé, qui occupe un coin abrité et ensoleillé. Un autre chemin passe sous une arche ouverte dans une légère palissade recouverte de houblons et de mûres. Des roses trémières animent cette entrée. Sureau, noisetier, chèvrefeuille, frêne, saule et aubépine forment une haie mixte qui protège le jardin des vents froids. Le chèvrefeuille distille son délicieux parfum, tandis que ses compagnons fournissent noisettes, baies et utiles baguettes. Devant cette haie, diverses bisannuelles – digitales, lunaires, molènes et énothères – se ressèment année après année. Dans le coin gauche, un superbe paon en topiaire attire le regard. En face, près de la banquette, un poirier, après une merveilleuse floraison blanche, porte désormais des fruits délicieux ; à son pied, un rosier mousseux aux fleurs délicatement parfumées. Les allées sont en terre battue, recouverte de paille, peu coûteuse et disponible à la campagne. Deux grandes parcelles sont plantées de pois et de pommes de terre, légumes faciles à conserver. Le wigwam de haricots se dresse au-dessus de tomates buissonnantes et de courges. D'autres parcelles accueillent des oignons, des poireaux, des navets, des choux, des choux de Bruxelles et même des choux verts frisés.

LES ÉLÉMENTS-CLÉS

UNE SUSPENSION POUR LES OIGNONS
L'arche qui s'ouvre dans la palissade peut être utilisée de diverses façons. Ici, elle sert à pendre un chapelet d'oignons qui sèchent au soleil.

ÉLÉGANT CHOU FRISÉ
Magnifiques, les choux frisés ont leur place dans tous les potagers campagnards. Leur temps de végétation est long et même un hiver rude n'empêchera pas la récolte.

TOPIAIRE *Pour ce grand topiaire taillé en forme de paon, l'if est idéal.*

LÉGUMES *Dans cette parcelle, des soucis et des herbes aromatiques se mêlent aux carottes, choux frisés, haricots, betteraves et choux de Bruxelles.*

TOMATES, COURGES ET OIGNONS *Les tomates buissonnantes n'ont pas besoin d'être tuteurées. Le feuillage des courges empêche la levée des mauvaises herbes. À côté, les oignons ont leur propre parcelle.*

SCHÉMA DE PLANTATION

Le schéma d'un potager campagnard, par sa liberté même, est facile à adapter. Celui ci, avec ses légumes, ses fruits, ses fleurs, son topiaire et sa haie, occupe une surface de 7,50 x 6 m. Dressez le schéma idéal en fonction de l'espace libre.

Haie frontière *Elle rassemble des espèces locales, dont un saule et un noisetier, qui fournissent perches et baguettes, et un chèvrefeuille, qui offre son parfum.*

Poirier, rosier mousseux et fleurs *Un poirier aux fruits appétissants ombrage la banquette ; à ses pieds poussent un rosier mousseux et diverses fleurs annuelles. Un mélange de bisannuelles se développe devant la haie.*

Prenez un siège

Les sièges en osier ou en châtaignier, très résistants, ont un charme naturel. Ils offrent un coin délicieux pour se détendre.

Mûres et houblons *Ils couvrent la palissade dont les éléments ont été prélevés dans la haie. Choisisissez une variété de mûres sans épines comme 'Oregon Thornless', aux jolies feuilles découpées.*

Légumes *Laitues, poireaux, navets et choux rouges remplissent cette plate-bande, avec le fenouil 'De Florence', un nouveau venu dans les potagers.*

Sur les bordures *Des fraisiers et des pâquerettes doubles bordent les allées. Au centre, ils rejoignent deux touffes de capucines.*

Roses trémières *Leurs longues tiges fleuries souhaitent la bienvenue à tous ceux qui franchissent l'arche.*

Pois et pommes de terre *Deux aliments de base à la campagne. Les pois doivent être séchés pour leur stockage hivernal. Aujourd'hui, on peut aussi les congeler.*

Allées *Elles sont en terre battue et recouvertes de paille, qui est ramassée régulièrement, mise dans le tas de compost, et remplacée par de la paille fraîche.*

Wigwam de haricots *Des branches de noisetier ont permis de construire ce wigwam, qui accueille des haricots grimpants écarlates.*

Vigoureuse comme une courge

Les courges côtelées, qui grossissent à vue d'œil, ont une forte présence. Elles débordent vite du coin qui leur a été attribué.

UN MINI-JARDIN EN VILLE

MÊME SI VOUS HABITEZ la tête dans les nuages, au dernier étage d'un immeuble de grande hauteur, rien ne vous interdit de cultiver un petit jardin en pots et en bacs et de vous nourrir des fruits de vos efforts. Des plantes très gourmandes, tels les choux-fleurs ou les céleris, n'apprécient guère ces conditions, mais les laitues, tomates, poivrons ou aubergines s'acclimatent fort bien dans la jungle du béton. De même que les concombres ou les courgettes et les salades à couper, que vous sèmerez régulièrement tout au long de l'année. Pensez aussi aux paniers supendus, où des tomates buissonnantes prospéreront si elles ne manquent ni d'eau ni de nourriture. En été, il vous faudra arroser deux fois par jour vos conteneurs. Des herbes comme la marjolaine, la sarriette, la sauge et le thym s'adaptent bien aux pots en terre cuite. Le persil et la ciboulette demandent plus de soins, car ils supportent mal le manque d'eau. Nourri avec un engrais liquide, le basilic se contentera de petits récipients posés sur le rebord de la fenêtre. Le même rebord, mais à l'intérieur, accueillera moutarde blanche et cresson alénois, qui peuvent être semés sur du papier absorbant humide placé dans des terrines basses. Vous obtiendrez également là une petite production de germes de soja, que vous utiliserez en salade ou sautés dans un wok.

TOMATES RETOMBANTES
Les tomates buissonnantes ont une tendance naturelle à retomber, ce qui est idéal dans un panier suspendu. Ajoutez des œillets d'Inde, qui formeront une tache de couleur en attendant que mûrissent les fruits.

LES ÉLÉMENTS-CLÉS

Divers pots, paniers, bacs et sacs de culture transforment un petit espace en coin de jardinage agréable et productif. La plupart des végétaux représentés sur ce plan poussent dans des sacs de culture : l'un contient des tomates et des laitues, l'autre des haricots, le troisième des salades à couper. Sur un balcon exposé, fixez un grillage dense et résistant entre les balustrades, pour freiner le vent. Les sacs s'assèchent vite ; soyez attentif à l'arrosage et à l'apport d'engrais. Pour isoler les bacs d'un sol en ciment, glissez dessous des plaques de polystyrène. Commencez par planter les tomates, car elles sont gourmandes, puis préparez une seconde récolte avec des plantes plus frugales, comme les laitues. Débarrassez la terre des vieilles racines et retournez-la bien. N'apportez pas d'engrais aux nouvelles cultures avant qu'elles aient bien démarré, sous peine de favoriser la formation de sels nocifs, qui risqueraient de retarder la croissance au lieu de l'accélérer. Et pensez toujours qu'en cuisine un peu d'herbes aromatiques suffit à métamorphoser le plat le plus simple. Il est facile de cultiver des plantes sur un appui de fenêtre très lumineux. Plongez de temps en temps les pots dans l'évier, en ajoutant quelques gouttes d'engrais à l'eau.

LE JARDIN DE L'ÉLÉPHANT
Des plantes et des pots de toutes formes et tailles agrémentent ce mini-jardin. Des géraniums aux feuilles odorantes et des herbes aromatiques comme la sauge embaument l'air ambiant.

Schéma de plantation

Un balcon de 2 x 1,50 m peut se transformer en mini-jardin de légumes, de fruits et d'herbes très appétissants. Les méthodes de culture utilisées ici conviennent à des surfaces encore plus petites, comme le coin d'une terrasse ou d'une cour. Même le rebord intérieur de la fenêtre a été mis à contribution et reçoit pots de basilic et bocaux de soja.

Jardinière gourmande

Il vous suffit de vous pencher à la fenêtre pour cueillir fraises, laitue, tomates et choux, qui cohabitent dans cette jardinière permettant d'exploiter au maximum un espace très limité.

Basilic, soja, moutarde blanche et cresson alénois *Sur le rebord intérieur d'une fenêtre, disposez des terrines de moutarde et de cresson alénois, des pots de basilic, des bocaux de soja.*

Pommier en colonne *Ses fruits poussent presque sur le tronc. Associée à des fleurs à bulbe printanières et à des lobélias retombants, cette nouvelle forme arbustive est idéale pour un balcon.*

Tomates *Des tomates-cerises buissonnantes retomberont joliment d'un panier suspendu. Si vous n'oubliez ni de les arroser ni de les nourrir, elles vous procureront une savoureuse récolte.*

Tomates *Choisissez une variété à tuteurer mais, plutôt que de la fixer sur des tuteurs, attachez-la sur la balustrade ou sur un support que vous aurez fabriqué vous-même.*

Salades à couper *Semez un mélange de roquette, de mizuna et de chicorée dans un sac de culture. Coupez les feuilles au fur et à mesure de la repousse.*

Persil *La variété frisée est celle qui s'acclimate le mieux aux pots. Placez-la à l'ombre pour que le substrat ne se dessèche pas trop vite.*

Poivrons *Ils poussent bien dans un coin abrité et ensoleillé. Faites lever les semis à l'intérieur ou achetez des plants et repiquez-les dans un pot.*

Piments *Comme pour les poivrons, les plants à repiquer donnent les meilleures récoltes en climat frais.*

Salades *Cultivez une variété feuille-de-chêne autour des tomates et prélevez progressivement les feuilles.*

Haricots verts *Utilisez des variétés de haricots nains, semés individuellement sous abri à la mi-printemps. Repiquez les plants – douze, au maximum – dans un sac de culture à la fin de la saison. Assurez-vous qu'ils ne manquent jamais d'eau.*

Sauge pourpre et ciboulette *Les fleurs de la ciboulette tranchent avec le feuillage de la sauge pourpre. Taillez ce dernier régulièrement pour prévenir une croissance anarchique.*

UNE COUR MÉDITERRANÉENNE

DES CITRONNIERS ET DE GRANDS POTS en terre cuite sont les vedettes de cette cour ensoleillée. Ce type de jardin évoque la Méditerranée, la Californie, les régions où les hivers sont doux et le gel aussi rare que les fortes chaleurs en Sibérie. Par nature, une cour est un lieu abrité, souvent clos sur deux côtés par la maison dont elle fait partie. Ici, un mur arrondi, percé de grilles derrière lesquelles des soleils montent la garde, constitue une protection supplémentaire contre les vents. Quelques fissures dans le pavage irrégulier de la cour accueillent des touffes de thym, de marjolaine ou de camomille. Des fleurs telles les pensées ou la petite vergerette *Erigeron karvinskianus* profitent aussi de ces failles pour installer leurs graines. Cet espace, qui servira de salle à manger en plein air, avec sa pergola, sa table et ses chaises, est assez vaste pour que l'on palisse sur les murs pêchers et figuiers. Lorsque vous dessinerez votre propre plan, vous aurez peut-être envie d'ajouter une petite fontaine murale, dont l'eau s'écoulera dans une vieille pierre creuse. Vous serez alors très près de l'Éden, version méditerranéenne.

L'ODEUR DES CITRONS
Sur l'arbre, les citrons paraissent presque irréels, comme s'ils avaient été modelés dans de la cire. Il leur faut parfois un an avant de mûrir. Lorsqu'ils deviennent jaunes, les fleurs de la saison suivante commencent à ouvrir leurs grands pétales blancs odorants.

LES ÉLÉMENTS-CLÉS

Dans le plan de la page ci-contre, la cour est séparée en deux espaces limités par une longue marche basse. Celui qui borde la maison est pavé de larges dalles de pierre, tandis que du gravier recouvre le second. Trois pots en terre cuite, plantés de beaux citronniers, bordent la marche. Deux autres, de part et d'autre du grillage, accueillent des lauriers taillés. Un grenadier occupe un autre pot devant la maison et des touffes de lavande émergent d'une dernière belle poterie placée sur la surface recouverte de gravier. Pour combler un espace vide, vous pouvez aussi grouper, dans des terres cuites moins profondes, des aeoniums aux feuilles charnues ou des joubarbes. Une porte de la maison donne directement sous la pergola. Une vigne constitue le toit de cette rustique structure en bois. Une cobée grimpante *(Cobaea scandens)* et des jasmins s'enroulent sur les poteaux de soutien, apportant à ce coin de détente d'autres couleurs et leur parfum. Diverses fleurs ont colonisé le gravier. Des tournesols sont installés entre les lauriers, tandis que des iris, des agapanthes et des gazanias forment çà et là de libres massifs. Au printemps, ce sont des tulipes, des crocus et des anémones 'De Caen' qui illuminent ce jardin pavé.

LUMINEUSE TERRE CUITE
Dans de grands pots en terre, les citronniers donnent au jardin une touche de soleil. Dans les régions où il ne gèle pas, ils peuvent rester dehors toute l'année. Ne les taillez régulièrement que si vous voulez leur conserver une forme précise.

SCHÉMA DE PLANTATION

La taille et l'architecture de votre cour détermineront le choix des plantes. Ce schéma propose une disposition possible pour un espace de détente empli de fleurs, d'herbes et de fruits odorants.

SOUS LA TREILLE

La vigne est idéale pour ombrager une terrasse ensoleillée. Elle est ici palissée sur un toit fait de lattes de bois entrecroisées, et ses feuilles rafraîchissantes tamisent la lumière. Ses grappes sont d'autant plus attirantes qu'elles pendent à portée de main.

PERGOLA *Ce coin de détente s'étend à l'ombre d'une vigne qui a colonisé une rustique structure en bois. Cobée* (Cobaea scandens) *et jasmin s'enroulent autour des trois poteaux de soutien.*

FLEURS *Choisissez des fleurs qui, comme les iris ou les agapanthes, aiment être exposées et ne courbent pas la tête si elles manquent d'eau pendant une semaine.*

NECTARINES *Dans une cour, les arbres fruitiers palissés forment une tapisserie vivante. Au fil des saisons, la nectarine vous offrira le décor renouvelé de ses fleurs, de son feuillage et de ses fruits.*

LAVANDE *Vous obtiendrez le meilleur effet avec l'une des plus grandes variétés, comme* Lavendula angustifolia. *Placée au centre, la lavande embaume tout son environnement. Rabattez-la sérieusement après la floraison pour qu'elle retrouve sa forme buissonnante.*

TOURNESOLS *Derrière le grillage, avec leur tête d'or tournée vers le soleil, ces fleurs constituent un point d'attraction très fort. Après la floraison, faites-les sécher. Leurs graines se mangent crues ou grillées.*

LAURIERS *Des lauriers-tiges, soigneusement taillés en boule, occupent deux grandes poteries de part et d'autre de la grille. Leur silhouette stricte se marie bien avec les formes plus libres des autres plantes de la cour.*

PÊCHER *Palissé en palmette dans un coin abrité et chaud, il donnera une belle récolte. Un abricotier aurait également sa place dans une cour comme celle-ci.*

DALLAGE *Petites pensées, pâquerettes, thym et marjolaine se sont installés dans les fissures de ce beau dallage irrégulier.*

CITRONNIERS *Trois citronniers en pots, alignés, marquent la différence de niveau entre la surface dallée et le demi-cercle de graviers.*

FIGUIER *Généreux de ses fruits au goût de miel, le figuier palissé habille aussi le mur de son splendide feuillage architectural.*

GLYCINE *Celle qui a été choisie ici a des fleurs blanches, élégantes et fraîches dans ce monde inondé de soleil.*

GRENADIER *Ce petit arbre porte des fleurs tubulaires écarlates tout au long de l'été. Les fruits, qui mûrissent en automne (dans les régions méditerranéennes seulement), donnent de délicieuses gelées.*

UN JARDIN D'AROMATIQUES

PARMI TOUS CEUX QUI PLANTENT de l'hysope, cette herbe aromatique dont les fleurs bleues, blanches et roses éclosent à la mi-été, combien pensent vraiment qu'ils vont en faire des infusions ou en parfumer du miel ? En fait, nous aimons caresser l'idée qu'un jour nous le ferons. En cultivant de l'hysope, nous avons le sentiment de conserver nos racines, un savoir ancestral et le sens de l'économie domestique. Dans ce grand jardin irlandais, l'hysope et la monarde, ainsi que d'autres plantes aromatiques, sont avant tout cultivées pour leur aspect décoratif. De puissants contreforts de sauge pourpre étayent un impressionnant cardon, et des capucines dansent au pied d'un monumental massif de livèche. Les haies basses de buis qui bordent tous les parterres forment un rempart contre les végétaux retombants qui foisonnent. Le buis et la sauge, à feuilles persistantes, conservent tout au long de l'année leur structure. Trois variétés de sauge sont utilisées dans le plan de la page suivante, où l'accent a surtout été mis sur les qualités culinaires des herbes aromatiques.

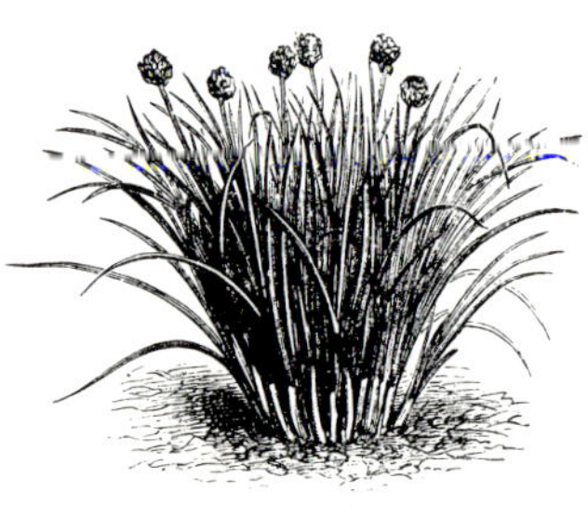

Créer un jardin d'aromatiques

Les herbes les plus utiles sont celles qui servent en cuisine : thym, basilic, persil, sauge... Le schéma proposé ici répond à cette attente, mais rien ne vous empêche de lui donner un aspect plus décoratif en introduisant des plantes aromatiques aux belles floraisons, comme l'hysope bleu vif, la lavande ou la germandrée rose. Les parterres sont bordés soit de persil frisé soit de ciboulette (à gauche), et des rosiers-tiges en marquent les angles extérieurs. Au centre, le laurier taillé pourrait être remplacé par une petite vasque à jet d'eau, une statue ou une grande jarre plantée de géraniums. Les herbes se répartissent globalement en deux grandes catégories : celles de type méditerranéen, comme le thym, le romarin et la marjolaine, qui aiment le soleil et se contentent d'un sol pauvre, et les autres (menthe, bourrache, persil, etc.), qui ont besoin d'un substrat plus frais et plus riche. Si le terrain où vous installez votre jardin d'herbes est plus ensoleillé d'un côté, réservez celui-ci au premier groupe. Les allées doivent être assez larges pour que vous puissiez vous y promener tout en entretenant les parterres. Une petite bordure de briques est toujours agréable. Si les allées sont gravillonnées, protégez vos cultures des graviers en disposant des bordures basses en bois. Sur un terrain assez sec, laissez ces passages en terre battue nue.

Schéma de plantation

Cet ensemble d'herbes annuelles – que vous pouvez changer au fil des saisons – et de plantes plus pérennes, qui donnent hauteur et volume, occupe un carré de 2,60 m de côté environ. Vous adapterez ce schéma à l'espace dont vous disposez.

Les éléments-clés

Les compagnons de la sauge
La couleur des feuilles de la sauge pourpre se marie bien avec l'ambre et le jaune. Vous pouvez l'associer à des soucis orange ou, comme ici, aux fleurs dorées du genêt des teinturiers (Genista tinctoria).

Bordure de ciboulette
Faites en sorte que, lorsqu'une bordure de ciboulette vient d'être coupée, une autre repousse, la troisième est presque prête et la quatrième est bonne à utiliser.

Menthes mélangées
Les menthes ont la mauvaise réputation de se répandre là où on ne le souhaite pas. Plantez donc dans un même parterre des variétés vertes et des panachées, et laissez-les lutter les unes contre les autres.

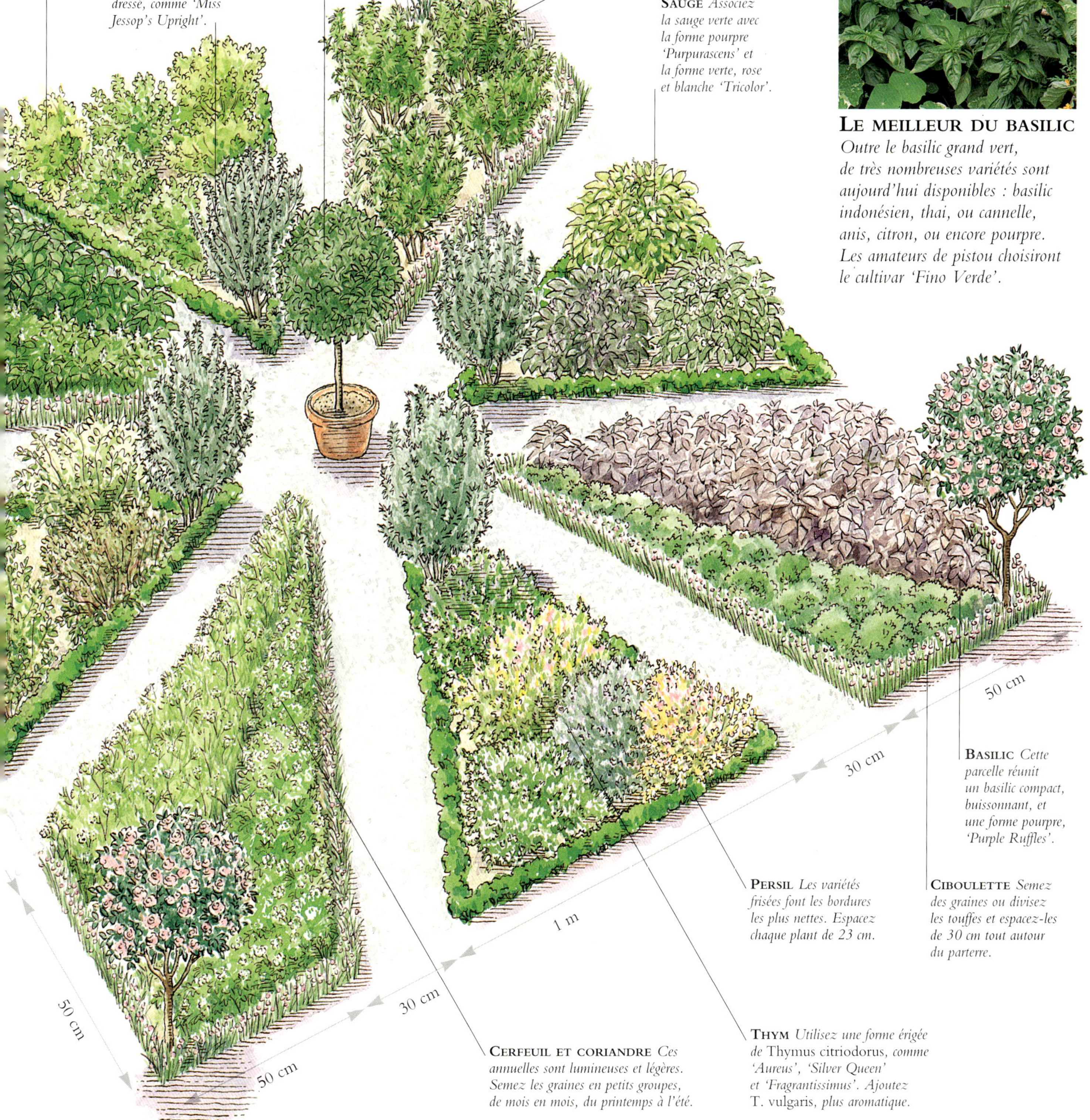

LE MEILLEUR DU BASILIC
Outre le basilic grand vert, de très nombreuses variétés sont aujourd'hui disponibles : basilic indonésien, thai, ou cannelle, anis, citron, ou encore pourpre. Les amateurs de pistou choisiront le cultivar 'Fino Verde'.

2

CULTIVER LÉGUMES, HERBES ET FRUITS

VOUS TROUVEREZ DANS CES PAGES toutes les informations qui vous permettront de cultiver de très nombreux légumes, herbes et fruits. Associés à des fleurs, ils créeront d'agréables potagers décoratifs. Les conseils pratiques réunis ici indiquent, pour chaque plante, comment choisir le meilleur emplacement, comment semer, transplanter, éclaircir, récolter et diagnostiquer les attaques des ravageurs et des maladies. Peut-être savez-vous déjà quels légumes ou fruits vous souhaitez cultiver. Sinon, cherchez l'inspiration au fil de ces pages.

LÉGUMES ET HERBES

SI VOUS DEVIEZ REPORTER sur une carte du monde le tracé de tous les voyages accomplis par les plantes à partir de leur région d'origine, vous obtiendriez un réseau aussi dense qu'une toile d'araignée ! Avant la découverte des Amériques, les pois et certains haricots occupaient une place essentielle dans l'alimentation des Européens. Sans le Nouveau Monde, nos potagers ignoreraient toujours le maïs, les tomates et les pommes de terre, mais certaines plantes ont aussi effectué le trajet inverse. Les pages qui suivent vous présentent plus de cinquante légumes et une vingtaine d'herbes, ainsi que leurs modes de culture. Un dessin de fleur signale les végétaux les plus décoratifs.

Salades et légumes-feuilles

Ce groupe comprend quelques-unes des plus belles plantes du potager : choux rouges, choux orientaux croquants, élégants choux frisés. Il accueille aussi de fraîches salades : romaine, chicorée frisée et roquette poivrée, mais aussi pourpier, mizuna, et autres délicieuses verdures. Les légumes à feuilles sont souvent riches en vitamines.

Légumes-fruits et légumes-fleurs

Les potirons et les courges, les membres les plus imposants de cette tribu, font chanter les orangés, les jaunes et les rouges. Avec les courgettes et les concombres, originaires d'Amérique centrale et du Sud, comme la tomate et le maïs, ils appartiennent à la famille très diverse des cucurbitacées. Vous admirerez aussi dans ces pages des légumes grandioses : artichauts et cardons, dont le feuillage gris argenté domine le jardin.

Légumes à gousses

La famille des pois et des haricots produit des graines dans des gousses. Nous mangeons les unes et les autres, et parfois les deux à la fois. Ce groupe n'est pas très vaste, mais les plantes qui le composent ont une grande valeur nutritionnelle, et les espèces grimpantes se prêtent à des cultures décoratives.

Tiges, tubercules, bulbes et racines

Si ce groupe n'accueille pas les plantes les plus « tape-à-l'œil », il compte des espèces essentielles en gastronomie : oignon, ail, pomme de terre et carotte. On y trouve des merveilles, comme l'asperge, tant pour les gourmets que pour les jardiniers. Ceux-ci prendront plaisir à concevoir de superbes associations entre les poireaux, les carottes et les fleurs.

Herbes

Toutes les herbes les plus utiles sont rassemblées ici. Les unes sont annuelles ; les autres, vivaces.

Les vedettes

❀ Plantes particulièrement décoratives (voir aussi p. 200)

Clés des tableaux de culture

Semis sous abri — Repiquage

Semis en place — Récolte

SALADES ET LÉGUMES-FEUILLES

DANS LES ANNÉES 1950, Constance Spry créa un événement dans l'univers des jardiniers en cultivant des choux parmi ses delphiniums. Cette célèbre horticultrice découvrait ce que les amateurs de potagers savaient depuis toujours : rien n'est plus divers que les feuilles de choux, si ce n'est celles des laitues. Ces deux végétaux offrent d'infinies possibilités. Pour vous en convaincre, imaginez les associations qu'autorise le chou frisé ou plus encore le 'Chou Palmier', aux longues feuilles étroites, érigées, à la texture digne d'une tapisserie ; ils sont bien mis en valeur par des iris mauve ou des ancolies au bleu profond. Mais pensez aussi à cultiver des fenouils bronze entre vos rangs de choux rouges et à parsemer vos chirorées de bleuets.

'CHOU PALMIER'
Le magnifique 'Chou Palmier', avec ses feuilles sombres, pousse comme un palmier miniature. Sa texture délicatement gaufrée rappelle celle du chou de Milan. En France, il est utilisé depuis longtemps comme plante d'ornement.

DANS LES ROSES
Les mauves et les roses se complètent dans cette composition qui intègre de jeunes plants de chou cabus rouge, les feuilles frisées de la laitue 'Lollo Rossa' et les fleurs de la ciboulette. Persil frisé et feuillage de carotte occupent les intervalles.

LUMINEUSE POIRÉE
Avec le froid, les feuilles de la poirée à cardes rouges virent au pourpre, accentuant l'effet des côtes rouge vif. Traversée par la lumière, et à l'écart d'autres teintes trop soutenues, cette plante révèle tout l'éclat de ses tiges.

UN EXTRÊME-ORIENTAL
Le pak-choï, qui montre ici de jeunes pousses en fleur, est l'un des nombreux légumes orientaux qui s'acclimatent de plus en plus dans les jardins d'Occident. Ses fleurs, qui peuvent apparaître dès la première année, ses feuilles et ses tiges sont comestibles.

LE ROUGE ET LE VERT
Des laitues à couper sombres, que l'on a laissées monter en graine, percent les massifs plus trapus de laitues à couper bien vertes. Tout autour se développe une large bordure de capucines 'Alaska', choisies pour leurs feuilles panachées de blanc crème.

CHOUX *Brassica oleracea* 'Capitata'

LES CHOUX ONT UNE TRÈS FORTE PERSONNALITÉ, et ce n'est pas parce que les chenilles les apprécient aussi que vous devez renoncer à ces superbes plantes. Si vous manquez de place, choisissez des variétés d'hiver. Les choux de Milan, aux belles feuilles gaufrées, réjouissent autant les yeux que le palais. Leur feuillage externe entoure la pomme d'une coupe ciselée. Les types cabus sont moins spectaculaires, mais ils proposent de complexes camaïeux de gris et de prune. Quant aux choux cabus rouges, ils structureront parfaitement une petite parcelle.

Culture

Les choux de Milan, plantés à la mi-été, se récoltent de l'automne au début de l'hiver. Les choux cabus verts arrivent à maturité, suivant les types, au printemps ou en été-automne. Les choux rouges et les solides choux cabus blancs, transplantés en début d'été, peuvent se consommer en début d'hiver. Tous se conservent bien.

SOL ET EXPOSITION Tous les choux sont gourmands. Ils aiment les substrats riches et fertiles, bien engraissés à l'automne précédant la plantation, et bêchés en profondeur. La terre doit être compacte autour des racines. Les choux ne prospéreront pas à l'ombre ni dans des sols au pH inférieur à 7.

SEMIS Semez les graines en place dans des sillons peu profonds (voir p. 170), ou faites lever vos semis en terrine, puis repiquez les plantules dans des godets individuels avant de les transplanter (voir p. 168). Vous pouvez aussi les acheter en jeunes plants.

ÉCLAIRCISSAGE ET REPIQUAGE Éclaircissez les plantules à 7 cm. Utilisez un transplantoir pour mettre en place les jeunes plants, espacez-les d'environ 60 cm, et plantez-les un peu plus profondément qu'auparavant (voir p. 171). Arrosez-les abondamment puis, lorsque l'eau s'est écoulée, tassez bien le sol autour des plants.

ENTRETIEN Pour leur traversée hivernale, les choux ont besoin d'énergie. Apportez-leur de l'engrais, et notamment de l'azote.

RENDEMENT ET RÉCOLTE La taille varie énormément en fonction des conditions de croissance. La pomme peut peser de 500 g à 3 kg. Les choux de conservation doivent être coupés à maturité et entreposés au frais, hors gel. Récoltez les choux de Milan et cabus verts en fonction de vos besoins.

RAVAGEURS ET MALADIES La hernie du chou (voir p. 193) est particulièrement redoutable. Pour la prévenir, assurez une rotation des cultures, ne jetez pas les déchets de chou au compost et apportez un amendement calcaire ; la hernie du chou est moins fréquente dans les sols alcalins (voir p. 161). En hiver, un filet protégera vos plantations des pigeons. Débarrassez-vous des chenilles à la main. La mouche du chou est plus difficile à détecter, car elle attaque sous la terre (voir page de droite et p. 191).

VARIÉTÉS RECOMMANDÉES

CHOUX DE MILAN
Pour récolte d'été-automne : **'Gros des vertus', 'Concerto F1'.**
Pour récolte d'hiver : **'De Pontoise', 'Roi de l'hiver'.**
CHOUX CABUS ROUGES
Pour récolte d'été-automne : **'Ruby Ball F1', 'Rouge Tête Noire'.**
CHOUX CABUS VERTS
Pour récolte de printemps : **'Précoce de Louviers', 'Cœur de bœuf', 'Moyen de la Halle'.**
Pour récolte d'été-automne : **'Tête de Pierre F1'.**
CHOUX CABUS DE CONSERVATION
Pour récolte d'automne : **'Mandarin F1', 'Albion F1'.**

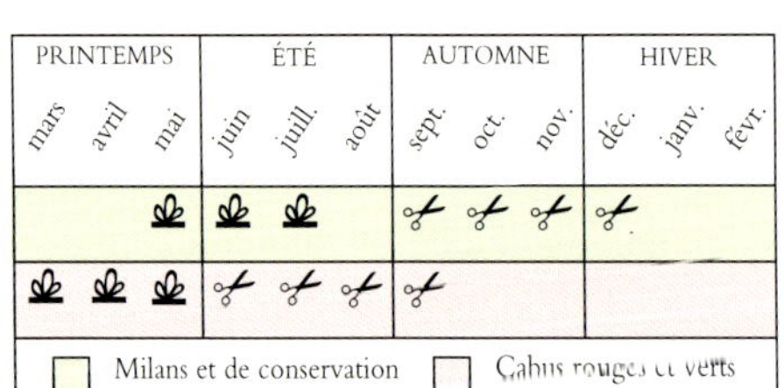

DANS LA CUISINE

Il est inutile de prévoir un autre plat après cette copieuse soupe. N'utilisez pas de chou rouge, qui demande une cuisson plus longue et plus lente que les choux blancs ou verts.

SOUPE HONGROISE AU CHOU (pour 4 personnes)

un peu de beurre ou d'huile
250 g de saucisse fumée coupée en tranches
1 gousse d'ail écrasée
1,5 litre de bouillon de viande
1 grosse pomme de terre pelée et coupée en dés
1 feuille de laurier
500 g de chou vert, finement émincé (un peu moins si c'est un chou blanc)
sel et poivre noir
persil haché
accompagnement : crème fleurette et graines de cumin

1 Chauffez le beurre ou l'huile dans une grande poêle. Faites revenir doucement la saucisse et l'ail. Ajoutez bouillon, pomme de terre et laurier et laissez cuire en remuant pendant 15 min.

2 Mettez le chou et poursuivez la cuisson 5 min, toujours en remuant.

3 Assaisonnez selon votre goût et incorporez le persil.

NOTES GOURMANDES

- Pour accompagner une viande, le chou vert ou blanc sera meilleur s'il est revenu au beurre et non pas bouilli. Il conservera sa texture et son goût de noisette et risquera moins d'être trop cuit et de perdre son croquant.
- La salade de chou cru se prépare souvent avec du chou cabus blanc finement émincé. Vous pouvez aussi utiliser un chou de Milan.

CHOU CABUS BLANC (CONSERVATION)

❀ CHOU DE MILAN

❀ CHOU CABUS ROUGE

❀ CHOU CABUS VERT

CONTRE LA MOUCHE DU CHOU

Placez un disque de thibaude autour des jeunes plants afin que la mouche du chou ne puisse déposer ses œufs près de la tige.

CHOUX ORIENTAUX

PAK-CHOÏ, CHOU CHINOIS, KOMATSUNA, mizuna et moutarde de Chine n'ont pas encore envahi les potagers traditionnels. Pourtant, le chou chinois (pet-saï) ressemble à une laitue trapue, tandis que le mizuna, apparenté aux choux européens, possède de si jolies feuilles divisées qu'il mériterait sa place parmi les plantes ornementales à feuillage. Associez-le dans un grand pot à des lobélias rampants ou à des chrysanthèmes jaune vif *(Chrysanthemum segetum)*. Vous pouvez aussi garnir un conteneur de plantes orientales : ciboulette chinoise aux fleurs blanches, mizuna, coriandre, chou chinois et, peut-être, quelques chrysanthèmes-laitues. Ils ressemblent aux chrysanthèmes des fleuristes, mais leurs feuilles sont comestibles.

Culture

Dans un potager décoratif, vous avez intérêt à cultiver ces choux comme des salades à couper. Semez en proportions à peu près égales des graines de pak-choï *(Brassica campestris* var. *chinensis)*, de chou chinois *(B. c.* var. *pekinensis)*, de mizuna *(B. rapa* var. *nipposinica)* et de komatsuna *(B. campestris* var. *perviridis)*, ou moutarde épinard, et prélevez les feuilles des jeunes plantes quand vous en avez besoin. Vous pouvez ajouter une laitue 'Salad Bowl rouge' et de la moutarde de Chine *(Brassica juncea)* pour relever l'ensemble. Des semis en fin d'été et en automne vous assureront une récolte régulière de jeunes feuilles pour vos salades d'hiver. Les choux orientaux poussent souvent assez vite et, au printemps, ils relaieront les plantes de l'hiver, carottes et navets par exemple.

SOL ET EXPOSITION Les choux orientaux demandent un sol fertile, retenant bien l'eau, et un arrosage régulier.

SEMIS Les variétés que l'on coupe et qui repoussent peuvent être semées du printemps à l'automne (voir pp. 170-171). Sur une planche, répandez les graines à la volée ou semez-les dans de larges sillons. Si vous ne cultivez qu'une seule variété, semez clair, peu et souvent, dans des sillons profonds de 1 cm environ. Vous pouvez aussi déposer des poquets de 3 ou 4 graines, espacés de 10 cm, que vous éclaircirez pour ne garder que les plantules les plus vigoureuses. Les premiers semis lèveront mieux sous un voile de plastique ou de non-tissé (voir p. 166). Ne semez pas le pak-choï ou le chou chinois trop tôt, car ils risqueraient de monter en graines (si les températures sont basses au moment de la germination ou si l'humidité est insuffisante).

ÉCLAIRCISSAGE Éclaircissez normalement les plantules (voir p. 171). Laissez un espace confortable, jusqu'à 30 cm, entre les grands végétaux, tel le chou chinois, plantés en rangs. La culture « à couper » n'a pas besoin d'être éclaircie.

ENTRETIEN Arrosez largement et régulièrement. Vous favoriserez ainsi la repousse des nouvelles feuilles.

RENDEMENT ET RÉCOLTE Dans des conditions idéales, le pak-choï peut être cueilli six semaines après le semis, le komatsuna, huit, le chou chinois, huit à dix, le mizuna, dix semaines après. La moutarde de Chine demande de six à treize semaines. Les plantes qui repoussent sont généralement prêtes au bout d'un mois et donnent trois autres récoltes. Coupez au-dessus de la base des feuilles (voir p. 63) pour assurer la repousse.

RAVAGEURS ET MALADIES La vorace mouche du chou apprécie hélas autant les choux d'Orient que ceux d'Occident. Il faut donc en protéger toutes les espèces (voir pp. 57 et 191).

VARIÉTÉS RECOMMANDÉES

Il n'existe pas de variétés sélectionnées pour la plupart de ces légumes. En revanche, leurs performances dépendent beaucoup de la provenance des graines. Celles qui sont issues de plantes originaires de Chine centrale ou du Sud sont, à l'évidence, mieux adaptées aux jardins européens. Le chou chinois 'Santo' est une bonne variété de repousse.

DANS LA CUISINE

Les feuilles crues de chou chinois agrémentent bien une salade composée de laitue, de poivron vert, de céleri, de daikon et de tomates. Sautées et mélangées avec des oranges, elles donnent aussi une savoureuse salade chaude.

SALADE CHAUDE AU CHOU CHINOIS ET AUX ORANGES (pour 4 personnes)

1/2 chou chinois
2 belles oranges
2 cuil. à soupe de vinaigre de vin blanc
4 cuil. à soupe d'huile d'olive
1 grosse gousse d'ail écrasée

1 Coupez le chou dans le sens de la longueur en lanières que vous débiterez en morceaux de 2 cm.

2 Pelez une orange, détachez les quartiers et émincez-les finement. Pressez le jus de la seconde et mélangez-le au vinaigre.

3 Chauffez l'huile avec l'ail dans une poêle. Ajoutez le chou et faites-le revenir jusqu'à ce qu'il s'attendrisse.

4 Versez le vinaigre additionné de jus d'orange et laissez frémir 1 ou 2 min. Ajoutez l'orange émincée et servez aussitôt.

NOTES GOURMANDES

- Le goût de nombreux légumes orientaux se renforce avec le temps. Dans les salades, utilisez plutôt de jeunes feuilles, à la texture plus fine et à la saveur plus subtile. Le chou chinois se conserve deux mois dans le compartiment à légumes du réfrigérateur. Nettoyez-le bien avant de l'entreposer, car les limaces ont un faible pour ses feuilles.
- La cuisson rapide dans un wok est parfaite pour les choux orientaux. Afin de leur enlever de l'amertume, les cuisiniers chinois blanchissent souvent les légumes avant de les faire revenir

❀ PAK-CHOÏ

MOUTARDE DE CHINE

CHOU CHINOIS

KOMATSUNA

Cette plante allie la saveur du chou à celle de l'épinard. Elle supporte bien les écarts de température et monte moins facilement en graine que le chou chinois.

❀ MIZUNA

Le ravissant feuillage du mizuna est très décoratif dans un potager. Il soulignera les bords d'une allée. Cette plante supporte aussi bien la chaleur de l'été que le froid de l'hiver.

CHOUX DE BRUXELLES ET FRISÉS

Brassica oleracea 'Gemmifera' et 'Acephala'

CHOUX DE BRUXELLES

LES CHOUX SONT À BRUXELLES ce que le thé est à la Chine. Originaires d'Italie, ils ont été si bien adoptés par les Belges qu'ils appartiennent à leur patrimoine. Si rien ne ressemble plus à un chou de Bruxelles qu'un autre chou de Bruxelles, il en existe cependant une variété vert rougeâtre, 'Rubine', d'un très bel effet dans le potager en hiver. Les choux frisés, les plus anciens des choux, sont souvent, et c'est regrettable, réservés au seul bétail. Les choux fourragers font d'ailleurs partie du même groupe. Ils ne forment pas de pomme, à l'instar des autres choux, mais leurs feuilles très frisées retombent, comme celles des palmiers, lorsque la tige est assez haute. Ils peuvent être utilisés dans les massifs pour leur feuillage très attractif. Faites l'essai avec le 'Vert Nain' ou l'élégant et très étonnant 'Chou Palmier'.

Culture

Les superbes choux frisés nécessitent que vous leur réserviez une parcelle où vous ferez démarrer les jeunes plants.

SOL ET EXPOSITION Les choux de Bruxelles demandent un substrat ferme, drainé, fertile mais pas trop récemment enrichi. L'excès d'azote « souffle » les bourgeons. Le pH doit avoisiner 6,5. Les choux frisés tolèrent des sols plus pauvres.

SEMIS Semez les choux de Bruxelles en pépinière dans des sillons (voir p. 170) profonds d'à peine plus de 1 cm. Semez au début du printemps les variétés précoces et à la mi-printemps les variétés tardives. Faites de même pour les choux frisés, à la fin du printemps. Arrosez bien.

REPIQUAGE Sortez les jeunes plants en conservant le maximum de terre autour des racines (voir p. 171). Mettez en place les plants de choux de Bruxelles en début d'été, en les espaçant de 60 cm. Les plants de choux frisés peuvent être transplantés à la mi-été, huit semaines après les semis. Espacez de 75 cm les grandes variétés. Arrosez régulièrement.

ENTRETIEN Buttez les choux de Bruxelles (voir p. 167) pour les stabiliser.

RENDEMENT ET RÉCOLTE Prévoyez environ 1 kg de pommes par plant de chou de Bruxelles, et le même poids de tiges et de jeunes feuilles de chou frisé. Les premiers se récoltent du début de l'automne à la fin de l'hiver, d'abord à la base puis vers le haut. Le chou frisé se cueille de la fin de l'automne au milieu du printemps.

RAVAGEURS ET MALADIES Attention à la hernie du chou (voir p. 193) et aux pucerons qui s'installent dans les bourgeons du chou de Bruxelles (voir p. 190).

VARIÉTÉS RECOMMANDÉES

CHOUX DE BRUXELLES

'Jade Cross F1' : *une variété pour culture précoce.* **'Anagor F1' :** *pour récolte d'automne-hiver.* **'Rubine' :** *savoureuses pommes rouges.*

CHOUX FRISÉS

'Chou Palmier' : *feuilles sombres, élégantes, sur une tige pouvant atteindre 2 m.* **'Vert Nain' :** *tige courte, feuilles très frisées de grande envergure.* **'Vert Demi-Nain' :** *tige de 60 cm environ, feuilles larges et très frisées ; très décoratif.*

PRINTEMPS			ÉTÉ			AUTOMNE			HIVER		
mars	avril	mai	juin	juill.	août	sept.	oct.	nov.	déc.	janv.	févr.
	⚘	⚘	⚘				✂	✂	✂	✂	✂
		⚘	⚘	⚘					✂	✂	✂
✂	✂										

☐ Chou de Bruxelles ☐ Chou frisé

❀ CHOU FRISÉ

ÉPINARDS *Spinacia oleracea*

L'ÉPINARD POSSÈDE deux atouts : il apprécie une ombre légère si le sol est humide, et il pousse très vite. L'épinard vrai est une annuelle qui, comme les autres annuelles, cherche avant tout à essaimer pour se perpétuer. Par temps chaud et sec, cette course représente un véritable défi pour le jardinier. En effet, la plante se hâte d'arriver à maturité pour libérer une récolte inutilisable de graines vert crème.

ÉPINARD

TÉTRAGONE ÉPINARD DE NOUVELLE-ZÉLANDE

Culture

Un peu et souvent (en terre riche, humide et fraîche) : voilà le secret des semis d'épinard. Vos récoltes seront meilleures au printemps et en automne qu'en été. Sur sol chaud et sec, la tétragone (une espèce peu rustique, aux petites feuilles charnues) viendra mieux. Au XVIIIe siècle, le capitaine Cook fit provision de cet « épinard de Nouvelle-Zélande » pour préserver son équipage du scorbut.

SOL ET EXPOSITION L'épinard est un grand consommateur d'azote. Il supporte l'ombre légère, mais pas la sécheresse. La tétragone la tolère mieux et se contente d'un sol moins riche.

SEMIS Pour une récolte d'été, préparez vos semis toutes les deux à trois semaines, du début à la fin du printemps, dans des sillons profonds de 2 cm, espacés de 30 cm. Pour l'automne, semez à la fin de l'été et au début de l'automne. Mettez les graines de tétragone dans des sillons profonds de 1 cm, espacés de 38 cm.

ÉCLAIRCISSAGE Éclaircissez les épinards à 15 cm, à 23 cm pour les plantations d'automne, et à 20 cm pour les plantules de tétragone.

ENTRETIEN Les épinards ne doivent jamais manquer d'eau et ils apprécient les apports d'engrais. Dans les zones exposées, les cultures de printemps peuvent nécessiter une protection sous cloche.

RENDEMENT ET RÉCOLTE Un rang de 3 m donnera de 2,5 à 5 kg d'épinards.

RAVAGEURS ET MALADIES Le mildiou est le principal danger (voir p. 193). L'éclaircissage, en assurant une bonne circulation d'air, diminue les risques.

VARIÉTÉS RECOMMANDÉES

'Viking' : *pour semis de printemps.*
'Géant d'hiver' : *pour semis d'automne.*
Tétragone : *on ne connaît pas de variétés.*

PRINTEMPS			ÉTÉ			AUTOMNE			HIVER		
mars	avril	mai	juin	juill.	août	sept.	oct.	nov.	déc.	janv.	févr.
❀	❀	❀			❀	❀					
		✂	✂	✂		✂	✂				
		❀	❀		✂	✂					

☐ Épinard ☐ Tétragone

DANS LA CUISINE

Les épinards s'apprêtent en branches ou hachés. Relevés avec divers ingrédients, ils donnent une excellente farce qui garnira délicieusement une épaule d'agneau désossée et roulée. Cette farce, cuite au four dans un plat en terre, accompagnera également très bien un poulet rôti.

ROULADE D'AGNEAU FARCIE AUX ÉPINARDS
(pour 4 à 6 personnes)

1/2 gros oignon doux finement haché
30 g de beurre
250 g d'épinards lavés
250 g de chair à saucisse
1 œuf battu
1 cuil. à soupe de persil finement haché
sel et poivre noir
noix muscade et macis, selon votre goût
1 épaule d'agneau de 1,750 à 2 kg (poids sans os)

1 Préchauffez le four à 180 °C. Faites revenir doucement les oignons dans le beurre, jusqu'à ce qu'ils soient translucides.

2 Cuisez les épinards, encore humides de leur eau de rinçage, dans une casserole jusqu'à ce qu'ils soient tendres, puis hachez-les finement.

3 Dans un grand bol, mélangez intimement les épinards, l'oignon, la chair à saucisse, l'œuf, le persil, le sel, le poivre et les épices. Étalez ce mélange sur l'épaule d'agneau désossée et ouverte à plat. Roulez l'épaule sur elle-même et maintenez-la fermement avec des brochettes ou de la ficelle de cuisine.

4 Pesez l'épaule avant de l'enfourner ; comptez de 20 à 25 min par livre. À la sortie du four, attendez 10 min avant de découper le rôti.

LAITUES *Lactuca sativa*

PARCE QU'ELLE ADOPTE de multiples aspects et qu'elle se prête à de nombreuses utilisations dans le jardin, la laitue est sans doute la plante la plus étonnante de tous les légumes décoratifs. Les variétés à couper frisées deviennent des plantes à feuillage entre des groupes de fleurs annuelles aux teintes vives ou donnent du volume à des chrysanthèmes tapissants dans une jardinière. Une laitue à couper rouge bordera une allée ou une parcelle, une petite laitue pommée remplira un modeste parterre, tandis qu'une iceberg encadrera des tomates dans un sac de culture.

Culture

On distingue quatre types de laitues : pommées, romaines, à couper et iceberg, différentes autant par leur texture que par leur goût. Il est conseillé d'en cultiver plusieurs en même temps. Les graines se conservent d'une année sur l'autre.

SOL ET EXPOSITION Les laitues demandent une terre légère et fertile, retenant bien l'humidité. Elles supportent la mi-ombre.

SEMIS En semant tous les quinze jours de la fin du printemps à la mi-été, vous aurez des salades jusqu'en automne. À cette saison et en hiver, châssis froid ou serre s'imposent. Mais les laitues montent en graine ou s'étiolent facilement, ce qui entraîne soit une orgie de feuilles soit une attristante pénurie. Par temps chaud, la germination est capricieuse ; par temps sec, la croissance ralentit. Semez peu et souvent, à 1 cm de profondeur, en lignes espacées de 15 cm pour de petites variétés comme 'Little Gem', et de 30 cm pour des variétés plus grandes comme 'Lollo Rossa', directement en place pour les laitues à couper (voir p. 170), et en pépinière pour les laitues pommées.

ÉCLAIRCISSAGE Éclaircissez les petites laitues à 15 cm et les grandes à 30 cm. Effectuez le premier éclaircissage un mois après le semis (voir p. 171). Elles se transplantent bien en début de saison.

ENTRETIEN Les laitues ont besoin de beaucoup d'eau mais de peu d'engrais ; un excès d'azote développe leur amertume. Arrosez-les plutôt le matin.

RENDEMENT ET RÉCOLTE Un rang de 3 m donne de 10 à 20 laitues. Prélevez modérément à chaque fois les feuilles des variétés à couper.

RAVAGEURS ET MALADIES Limaces, pucerons, vers gris, mildiou et pourriture grise sont autant de problèmes (voir pp. 190 à 193).

VARIÉTÉS RECOMMANDÉES

POMMÉES

BEURRE. **'Merveille des Quatre Saisons' :** *teintée de rouge, pour le printemps, l'été, l'automne.* **'Appia' :** *blonde, à cultiver toute l'année au nord de la Loire.*

BATAVIA. **'Dorée de printemps' :** *blonde, bien fermée.* **'Rouge Grenobloise' :** *colorée de rouge, croquante.*

LAITUE GRASSE. **'Sucrine' :** *belle petite pomme, très croquante, très cultivée dans le Midi.*

ROMAINES

'Grise Maraîchère' : *feuilles classiques, longues et fermes ; précoce.* **'Little Gem' :** *toute petite romaine ; pousse vite.*

SALADES À COUPER

'Lollo Rossa' : *feuilles frisées bordées de rouge.* **'Salad Bowl rouge' :** *dure longtemps si les feuilles sont cueillies régulièrement.*

ICEBERG

'Saladin' : *cœur dense et croquant.*

PRINTEMPS			ÉTÉ			AUTOMNE			HIVER		
mars	avril	mai	juin	juill.	août	sept.	oct.	nov.	déc.	janv.	févr.
										🌱	🌱
✂	✂	✂								🌱	🌱
✂	✂	✂									
						sous cloche					
		🌱	🌱	🌱							
✂	✂	✂	✂	✂	✂	✂	✂				

□ Sous abri □ Pleine terre

DANS LA CUISINE

Au XVIIe siècle, un botaniste anglais, John Parkinson, recommandait la laitue aux « moines, nonnes et gens du peuple... pour les garder des tentations ». Pauvres nonnes : les laitues, seules, ne représentent pas un régime complet. En revanche, elles sont délicieuses avec de l'huile de noix, des olives, des œufs durs et des anchois, du bacon et un fromage persillé.

LAITUE AUX LARDONS ET AU GORGONZOLA (pour 4 personnes)

250 g de poitrine fumée
1 pomme d'iceberg croquante
1 botte de cresson de fontaine
500 g de petites tomates
2 avocats
4 cuil. à soupe de jus de citron
250 g de gorgonzola finement émietté
4 cuil. à soupe d'huile d'olive
2 cuil. à soupe de vinaigre
1 cuil. à café de moutarde à l'ancienne
2 cuil. à soupe de miel liquide clair

1 Coupez la poitrine en lardons et faites-les dorer à la poêle.

2 Lavez la laitue et le cresson et séchez-les délicatement. Coupez les tomates en deux et mélangez-les avec la laitue, le cresson et les lardons.

3 Pelez et émincez les avocats ; arrosez-les de jus de citron. Ajoutez-les à la salade avec le fromage.

4 Préparez l'assaisonnement avec les derniers ingrédients. Versez-le sur la salade et tournez juste avant de servir.

NOTES GOURMANDES

- À l'apéritif, les petites feuilles du cœur des romaines peuvent être trempées dans diverses sauces.
- Faites cuire des petits pois dans un peu d'eau avec des feuilles de laitue, des oignons hachés et du beurre.

LAITUE ROMAINE

❀ LAITUE ROMAINE 'Little Gem'

LAITUE BEURRE POMMÉE

❀ LAITUE À COUPER 'Lollo Rossa'

❀ LAITUE ICEBERG

COUPE ET REPOUSSE

Cette technique de culture est idéale dans un petit jardin. Choisissez des variétés à couper et commencez vos récoltes quand les plantes atteignent de 7 à 15 cm de haut, en coupant juste au-dessus des feuilles les plus basses. Elles repartiront à partir de la base des tiges.

AUTRES SALADES

CRESSON DE FONTAINE, POURPIER, mâche, moutarde blanche et cresson alénois donneront de l'esprit à vos salades et du croquant à vos sandwiches. Au jardin, cultivez-les parmi des légumes à croissance plus lente. Leurs graines germant vite – la moutarde et le cresson alénois sont comestibles deux semaines après les semis –, ces plantes vous permettent de créer rapidement des bordures ou de dessiner des motifs dans une plate-bande. Tracez-en les lignes dans le sol et semez-y les graines. Les feuilles charnues et savoureuses du pourpier – qui a besoin d'une exposition au soleil – sont parfaites pour une culture du type des salades à couper. La mâche, très rustique, est une excellente salade d'hiver. Tout comme le cresson de fontaine, qui parvient, malgré son nom, à pousser sans eau courante, bien qu'il perde alors un peu de ses qualités gustatives.

CRESSON DE FONTAINE

POURPIER

MÂCHE

Culture

Même si vous vous efforcez de planifier la production de ces salades, elles auront toujours tendance à rattraper leur retard sur les autres, ou au contraire à traînasser, créant ainsi des vides. Semez donc en petites quantités, mais souvent.

SOL ET EXPOSITION Ne réservez pas vos meilleurs emplacements à ces plantes, qui s'accommoderont de ce qu'elles auront. Le cresson de fontaine, cependant, demande au moins un sol très humide, à l'ombre, ou mieux, un filet d'eau.

SEMIS Le cresson de fontaine *(Rorippa nasturtium-aquaticum)* se développera mieux à partir de boutures enracinées que de graines. Dégagez une étroite tranchée de 5 cm de profondeur avec une houe et saturez-la d'eau. Tapissez le fond d'une couche de sable de 2 cm d'épaisseur puis, avec un plantoir, faites de petits trous espacés d'environ 15 cm. Glissez-y les boutures et arrosez-les très régulièrement. Le pourpier *(Portulaca oleracea)* peut aussi être semé en place au début de l'été (voir p. 171). Semez la mâche *(Valerianella locusta)* à la fin de l'été pour avoir des feuilles à récolter en automne, en fin d'été-début d'automne pour récolter en hiver et au printemps. Faites un semis clair, à 1 cm de profondeur ou à peine plus, dans des sillons espacés de 20 cm. Tassez bien le sol et maintenez-le humide jusqu'à la levée des plantules. Pour en profiter régulièrement, semez la moutarde blanche et le cresson alénois (*Sinapis alba* et *Lepidium sativum*) en petites quantités, mais toutes les semaines. En pleine terre (voir p. 170), recouvrez à peine les graines de terreau. Le chou-navet *(Brassica napus)* remplace souvent la moutarde vraie. Si vous les cultivez à l'intérieur, attendez trois jours, puis saupoudrez les graines de moutarde ou de chou-navet au-dessus de celles du cresson alénois : elles germeront ensemble.

ÉCLAIRCISSAGE Éclaircissez la mâche à 10 cm environ. Le pourpier ne nécessite pas d'éclaircissage si vous en récoltez les plantules, pas plus que la moutarde ou les cressons alénois et de fontaine si vous respectez les intervalles préconisés.

ENTRETIEN Arrosez régulièrement et supprimez les mauvaises herbes.

RENDEMENT ET RÉCOLTE Les rendements dépendent de l'époque de l'année et du stade de développement des plantes. Vous pouvez cueillir une à une les feuilles du cresson de fontaine, du pourpier et de la mâche, ou couper la plante. Prélevez moutarde et cresson alénois avec des ciseaux.

RAVAGEURS ET MALADIES Ces cultures sont peu sujettes à leurs attaques.

Il n'existe pas de variétés sélectionnées dans ces espèces.

MOUTARDE BLANCHE

CRESSON ALÉNOIS

POIRÉE ET BETTE-ÉPINARD
Beta vulgaris 'Cicla'

LA MAGNIFIQUE POIRÉE à cardes rouges réclame des soins vigilants. Vous devrez l'entourer de toute votre attention dans les premières étapes de sa croissance afin qu'elle devienne une superbe plante de jardin. Ses tiges rouge vermillon portent un feuillage vert brillant. Les larges côtes et les feuilles se mangent séparément. La poirée est remarquablement utilisée dans le célèbre potager de Villandry, où ses tiges rouge vif sont associées à des roses d'un rouge profond et à des grappes de fleurs bleues de *Salvia superba*. La bette-épinard présente des côtes nettement plus petites. Elle remplace souvent les épinards vrais, bien qu'elle n'ait pas leur saveur très fine.

❀ **POIRÉE À CARDES ROUGES**

Culture

Bisannuelle, la poirée se récolte généralement sur une longue période avant de monter en graine lors de sa deuxième saison. Son démarrage est assez délicat, mais par la suite elle ne pose guère de problèmes. En revanche, si elle se développe mal dans les deux ou trois premiers mois, elle oubliera qu'elle est une bisannuelle et montera en graine directement. Ses amateurs les plus fervents affirment que ses côtes, ou cardes, notamment celles de la variété blanche, cuites à la vapeur, rivalisent avec les asperges ; elles sont en fait plus aqueuses et moins goûteuses. La bette-épinard est également une bisannuelle ; elle tolère mieux une relative sécheresse. Sa saveur est moins délicate que celle de l'épinard vrai, mais elle offre une intéressante solution de remplacement dans les sols qui retiennent mal l'humidité.

SOL ET EXPOSITION Poirée et bette-épinard demandent des sols fertiles, riches en azote. Donnez-leur du fumier de ferme ou du compost. Dans une rotation des cultures, ces deux plantes peuvent suivre des pois ou des haricots.

SEMIS Semez poirée et bette-épinard de la fin du printemps à la mi-été. N'enfouissez pas les graines à plus de 1,5 cm de profondeur, en lignes espacées de 38 à 45 cm (voir p. 170). Les récoltes se poursuivront de l'été jusqu'aux gelées.

ÉCLAIRCISSAGE Ces grandes plantes ont besoin d'espace pour se développer dans de bonnes conditions. Éclaircissez les plantules tous les 30 cm dans les lignes (voir p. 171).

ENTRETIEN Le démarrage, surtout pour la poirée, est toujours assez délicat. Assurez la croissance la plus régulière possible aux jeunes plants en les arrosant suffisamment et en leur apportant un engrais liquide. Paillez pour retenir l'humidité.

RENDEMENT ET RÉCOLTE Un rang de 3 m assure en moyenne une récolte de 3,5 kg. Il vaut mieux cueillir les tiges que les couper. Ne prélevez pas trop de feuilles à la fois sur un même pied, surtout au début de l'hiver.

RAVAGEURS ET MALADIES Ces cultures sont généralement peu sujettes à leurs attaques.

VARIÉTÉS RECOMMANDÉES

POIRÉE

'Feurio' : *tiges rouges, résiste bien à la montée en graine.*

'Rhubarb Chard' : *côtes d'un écarlate vif.*

'Poirée verte à cardes blanches', *race bressanne : tiges blanches, feuilles vert sombre.*

BETTE-ÉPINARD

On la trouve aussi sous le nom de 'Verte à couper'. Il n'y a pas de variétés sélectionnées.

PRINTEMPS			ÉTÉ			AUTOMNE			HIVER		
mars	avril	mai	juin	juill.	août	sept.	oct.	nov.	déc.	janv.	févr.
	❦	❦	❦	❦							
				✂	✂	✂	✂	✂	✂		

POIRÉE À CARDES BLANCHES

BETTE-ÉPINARD

Chicorées et endives
Cichorium intybus et *C. endivia*

Ces plantes sont si joliment dessinées qu'elles suffiraient à composer tout un potager décoratif, qui jouerait sur les contrastes entre les feuilles dentées de la frisée, celles, ondulées, de la scarole, et celles, marbrées, de la chicorée sauvage rouge. Nous appelons chicorée frisée et chicorée scarole des endives vraies, et baptisons endive (ou chicon) le bourgeon forcé dans l'obscurité de la chicorée de Bruxelles. En culture, la principale différence tient à ce que l'endive vraie est une annuelle, contrairement à la chicorée de Bruxelles. Celle-ci émet des gerbes de belles fleurs bleues.

❀ Chicorée rouge

Endive/Chicorée de Bruxelles

Culture

Le blanchiment réduit l'amertume de ces deux cultures. Il est indispensable pour la chicorée de Bruxelles, et vaut d'être essayé avec la frisée.

Sol et exposition Chicorées et endives demandent un sol fertile, bien drainé, si possible très ensoleillé.

Semis Semez le plus clair possible les graines de la chicorée de Bruxelles de la mi-printemps au début de l'été, à 1 cm de profondeur, en lignes espacées de 30 cm. Suivez le même schéma pour la chicorée 'Pain de sucre', au début de l'été pour que les plantes ne montent pas en graine. Les chicorées rouges (chioggia) se sèment de la mi-printemps à l'été, selon les cultivars, précoces ou tardifs. Enfouissez-les à 1 cm en lignes espacées de 25 à 30 cm. Les frisées et les scaroles se sèment du début du printemps à la mi-été. Pour une récolte d'hiver, semez sous châssis à la fin de l'été, à 1 cm de profondeur, en lignes espacées de 25 à 38 cm.

Éclaircissage Éclaircissez la chicorée de Bruxelles à 23 cm, la rouge et la chicorée 'Pain de sucre' à 25-30 cm, et jusqu'à 30-38 cm pour les plus grosses plantes.

Entretien Arrosez et désherbez.

Forçage et blanchiment La chicorée de Bruxelles peut être forcée et blanchie en pleine terre (voir p. 167), mais les résultats sont plus rapides à l'intérieur. Arrachez les racines au début de l'hiver. Coupez les feuilles à 2 cm au-dessus du collet et rangez les racines à plat dans un bac de sable. Ne les ressortez pour le forçage qu'au fur et à mesure de vos besoins. Éliminez les racines secondaires et raccourcissez les racines principales à 15 cm. Plantez-les à la verticale – de 3 à 6 dans un pot de 23 cm de diamètre – dans de la tourbe humide (voir p. 167). Retournez un autre pot sur le premier. Dans un local à 18 °C, les chicons (les bourgeons blanchis) se développent en trois semaines environ. Dans un cellier frais – mais pas en dessous de 10 °C –, le forçage sera plus long. Le blanchiment de la frisée est expliqué page ci-contre.

Rendement et récolte Une ligne de 3 m permet de produire environ 3 kg d'endives ou de 10 à 15 chicorées sauvages 'Pain de sucre'. Coupez les endives quand elles mesurent de 12 à 15 cm de long. Ne prélevez que quelques feuilles à la fois sur les chicorées 'Pain de sucre' ou sur les endives vraies. Si vous voulez couper toute la tête, laissez 2 cm au-dessus du collet, et la plante repoussera.

Ravageurs et maladies Ces plantes robustes sont généralement peu attaquées.

Variétés recommandées

Endive/Chicorée de Bruxelles ou « Witloof »

'Zoom F1' : *le cultivar pour le forçage traditionnel.*

Chicorée sauvage 'Pain de sucre'

'Elmo' *et* **'Jupiter F1'** : *variétés récentes.*

Chicorée sauvage rouge

'Chioggia Marina' : *précoce, à feuilles rouges.* **'Variegata di Castelfranco'** : *à feuilles vertes, rouges et blanches.*

Chicorée frisée

'Frisée Wallonne' : *résistante au froid.*

'Très Fine Maraîchère' : *résistante à la montée en graine, feuillage finement découpé.*

Chicorée scarole

'Géante Maraîchère' : *pour l'automne.*

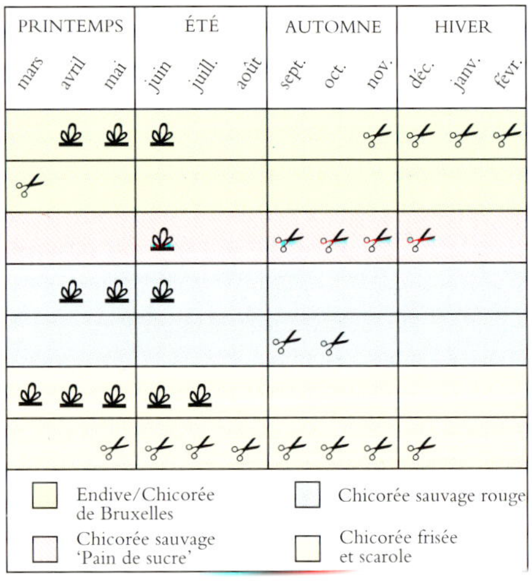

CHICORÉE 'PAIN DE SUCRE'

BLANCHIR UNE FRISÉE

Pour blanchir le cœur d'une chicorée frisée à la fin de sa maturation, couvrez-le d'une assiette pendant dix jours. Les feuilles doivent rester sèches pour que le cœur ne pourrisse pas. Coiffez-les d'une cloche.

❀ CHICORÉE FRISÉE

ROQUETTE *Eruca sativa*

EN POT OU EN JARDINIÈRE, la roquette est une excellente salade pour un potager citadin. Par temps chaud, elle monte en graine rapidement : il vaut donc mieux la semer en petites quantités. Les feuilles, profondément lobées, doivent être cueillies jeunes. Leur saveur piquante réveillera toutes les laitues.

ROQUETTE

Culture

La roquette se développant vite, ayez toujours plusieurs stades de culture.

SOL ET EXPOSITION Pas de préférence.

SEMIS La roquette est une annuelle rustique. Elle résiste aux hivers doux et germe même à basse température. Semez-la directement en place du début du printemps à la fin de l'été (voir p. 171).

ENTRETIEN Éliminez les mauvaises herbes.

RENDEMENT ET RÉCOLTE Cueillez les feuilles régulièrement et modérément. Coupez de temps en temps tout un plant à 3 cm au-dessus du sol ; de nouvelles feuilles repartiront du collet.

RAVAGEURS ET MALADIES Les altises s'attaquent parfois aux plantules (voir p. 191).

Il n'y a pas de variétés sélectionnées.

LÉGUMES-FRUITS ET LÉGUMES-FLEURS

À L'EXCEPTION des choux-fleurs et des brocolis, ces plantes ne supportent pas le gel. Dans les régions froides, il ne faut les sortir qu'au début de l'été, mais elles poussent alors rapidement et illuminent l'automne de riches palettes d'or, de vert et d'orange. Sur le sol, courges, courgettes et potirons se détachent joliment entre les tiges érigées de maïs sucré ou un palissage de tomates. Certaines de ces plantes montent aussi à l'assaut d'espaces verticaux. Les courges peuvent être rayées, marbrées, couleur étain brillant, ou aussi éclatantes que le soleil couchant. À elle seule, cette famille peut créer un splendide parterre d'été.

RÉCOLTE DE POTIRONS
Ces potirons, tous assez gros pour devenir le carrosse de Cendrillon, profitent du soleil avant d'être entreposés pour l'hiver. Les énormes cultivars sont très impressionnants, mais les cuisiniers préfèrent souvent les types plus petits.

SCULPTURE VÉGÉTALE
Une avenue d'artichauts borde une étroite parcelle. À maturité, ces plantes spectaculaires, au feuillage sculpté, laissent un peu d'espace à des cultures moins robustes. Dans un petit potager, n'en plantez qu'un seul, en pièce centrale.

BRILLANTES AUBERGINES

L'aubergine offre sans aucun doute les plus beaux fruits laqués qui soient. Dans les régions froides, elle se cultive mieux dans une serre. Dans les régions chaudes, elle peut être plantée en conteneurs. Associez-la avec des piments et des tomates-cerises en cascades.

FLEURS DE COURGE

Les tiges coureuses des potirons et des courges d'hiver se palissent facilement sur des supports comme ces tiges de bambou. Utilisez des cultivars aux fruits plutôt petits. Les formes et les couleurs de nombreuses courges assurent de spectaculaires fins de saison.

CHOUX-FLEURS CRÉMEUX

La pomme sans tache du chou-fleur rappelle l'étrange texture des éponges marines. Elle est protégée par de grandes feuilles vertes. Le chou-fleur n'est cependant pas une plante facile à cultiver et, comme bien d'autres choux, il a besoin d'une longue croissance avant de livrer son fruit.

CHOUX-FLEURS

Brassica oleracea 'Botrytis'

UN JARDINIER QUI PARVIENT à obtenir de beaux choux-fleurs a toutes les raisons d'être fier de lui. Ces plantes, en effet, atteignent rarement la perfection attendue, et elles produisent des pommes rabougries, mal formées pour peu que leur croissance ait été troublée. Les pommes des choux-fleurs sont généralement d'un blanc crémeux, mais il existe aussi des variétés citron vert et violettes. En choisissant bien vos variétés, vous échelonnerez vos récoltes sur plusieurs mois, mais vous devrez immobiliser longtemps un vaste terrain. Dans un petit potager, préférez les mini-choux-fleurs à maturation rapide.

CHOU-FLEUR BLANC

Culture

Les différentes variétés de choux-fleurs permettent de bénéficier de récoltes successives, mais certaines d'entre elles, notamment les variétés de printemps, ne peuvent être cultivées qu'en climat doux et demandent près de douze mois pour arriver à maturité. Les choux-fleurs de fin d'été et d'automne sont bien adaptés à la majorité des jardins. Les mini-choux-fleurs sont parfaits pour les petites parcelles.

SOL ET EXPOSITION De tous les choux, les choux-fleurs sont ceux qui demandent les sols les plus alcalins. Même si vous les chaulez, les terrains acides n'assureront que de maigres récoltes. Pour croître régulièrement et assurer un bon rendement, les choux-fleurs ont besoin d'un sol fertile, travaillé en profondeur, et suffisamment humide.

SEMIS Faites un semis clair dans des rayons de 1 cm de profondeur (voir p. 170). Semez au printemps les variétés de fin d'été et d'automne.

REPIQUAGE Après six à huit semaines, mettez définitivement en place les jeunes plants (voir p. 171). Auparavant, arrosez-les abondamment et sortez les racines en leur conservant un maximum de terre. Laissez 60 cm environ entre les plants dans chaque rang, eux-mêmes espacés de 60 cm. Les mini-choux-fleurs doivent être plantés de façon plus serrée, tous les 15 cm.

ENTRETIEN Arrosez fréquemment et désherbez soigneusement. Paillez pour conserver au sol son humidité.

RENDEMENT ET RÉCOLTE Un rang de 3 m fournit en moyenne 6 choux-fleurs, mais leur taille peut varier considérablement. Coupez les pommes lorsqu'elles sont encore fermes et serrées, avant que les inflorescences ne commencent à s'ouvrir.

RAVAGEURS ET MALADIES La mouche et la hernie du chou s'attaquent aux choux-fleurs comme aux autres choux (voir pp. 57, 191 et 193). Tendez éventuellement un filet pour protéger vos choux-fleurs des pigeons, et ôtez les chenilles à la main.

VARIÉTÉS RECOMMANDÉES

ÉTÉ

'Siria F1' : *semez à la mi-printemps pour la fin de l'été.* **'Aubade' :** *pomme douce et ferme, excellente saveur.*

AUTOMNE

'Corvet F1' : *mi-tardif, tête vert vif.*
'Géant d'automne' : *grosse pomme ferme et dense.* **'Violet Queen F1' :** *violet profond, devenant vert à la cuisson ; maturation assez rapide.*

MINI-CHOUX-FLEURS

'Candid Charm F1' : *pour une récolte de début d'automne.*

CHOU-FLEUR VERT

PRINTEMPS			ÉTÉ			AUTOMNE			HIVER		
mars	avril	mai	juin	juill.	août	sept.	oct.	nov.	déc.	janv.	févr.
✿	✿	✿									
	➡	➡	➡	✂	✂	✂	✂	✂	✂		

ROMANESCO ET BROCOLIS
Brassica oleracea 'Italica'

CES CHOUX ADOPTENT les mêmes couleurs que les choux-fleurs : blanc, citron vert et violet. Les romanesco et les choux brocolis à jets sont des plantes d'été et d'automne, avec une belle tête centrale. Les brocolis branchus portent, eux, de nombreux rejets floraux, qui apparaissent durant plusieurs mois, dès la fin de l'hiver. Mais il leur faut près d'un an pour se développer, ce qui, dans un petit jardin, pose problème. Derrière leur nom italien, ces choux cachent une origine plus lointaine, qui nous entraîne vers les terres de la Méditerranée orientale. Ils sont arrivés en France au XVIe siècle, avec les jardiniers de Catherine de Médicis. Accompagnées de sauce hollandaise, leurs premières pousses sont aussi délicieuses que les asperges.

BROCOLI À JETS

BROCOLI BRANCHU

Culture

Ces deux plantes se comportent très différemment, comme si les romanesco étaient de grands extravertis, et que les brocolis branchus, malgré toutes leurs possibilités, faisaient preuve d'une grande force d'inertie. À la fin du printemps, il arrive que leurs pousses soient aussi minces que des allumettes.

SOL ET EXPOSITION Les romanesco sont moins gourmands que les choux-fleurs, mais ils se développeront mieux dans un sol riche et travaillé en profondeur. Comme les brocolis, ils aiment la chaleur et les terrains bien drainés.

SEMIS Échelonnez les semis en petites quantités de la mi-printemps à l'été. Installez deux ou trois graines en poquets espacés de 15 cm ; vous éviterez ainsi de les transplanter, ce qui favorise la montée en graine. Espacez les rangs de 30 cm et enfouissez les graines à 1 cm de profondeur (voir p. 170). Pour les brocolis branchus, faites un semis clair à la mi-printemps, en rayons de 1 cm de profondeur.

ÉCLAIRCISSAGE ET REPIQUAGE Éclaircissez les plantules en ne gardant que la plus forte de chaque poquet (voir p. 171). Transplantez les brocolis branchus du début à la mi-été (voir p. 171), en les espaçant de 60 cm dans tous les sens.

ENTRETIEN Ces plantes ne doivent jamais manquer d'eau. Buttez les brocolis branchus (voir p. 167) au fur et à mesure de leur développement.

RENDEMENT ET RÉCOLTE Un rang de 3 m vous fournira de 3 à 4 kg de choux. Les romanesco et les brocolis se cueillent en été et en automne, les brocolis branchus, à la fin de l'hiver et au printemps.

RAVAGEURS ET MALADIES Mouche et hernie du chou (voir pp. 57, 191 et 193) sont à craindre. Les chenilles vertes s'enfoncent dans les brocolis. Trempez les têtes dans de l'eau salée avant de les cuire. En hiver, un filet protégera les brocolis branchus de la gourmandise des pigeons.

VARIÉTÉS RECOMMANDÉES

BROCOLIS À JETS ET ROMANESCO
'Green Duke F1' : *grosses têtes bleu-vert ; accepte des sols très différents.* **'Minaret' :** *romanesco précoce à la belle tête citron vert.*
BROCOLIS BRANCHUS
'Red Arrow' : *le plus rustique ; production échelonnée de pousses tendres.* **'Early White Sprouting'** *(blanc hâtif) : un équivalent blanc, mais moins prolifique.*

PRINTEMPS			ÉTÉ			AUTOMNE			HIVER		
mars	avril	mai	juin	juill.	août	sept.	oct.	nov.	déc.	janv.	févr.
	❀	❀	❀	➡	➡						
					✂	✂	✂	✂			
	❀	❀	➡	➡							✂
✂	✂										

☐ Brocoli à jets et romanesco ☐ Brocoli branchu

ROMANESCO TRÈS DÉCORATIF
Ses bourgeons floraux en forme de cône, qui dessinent un dôme géométrique, font du brocoli romanesco le plus étonnant des choux. Il se récolte en été et au début de l'automne.

COURGETTES ET COURGES
Cucurbita pepo

LES COURGETTES sont de jeunes courges d'été qui, si elles ne sont pas cueillies à temps et oubliées dans un coin du jardin, risquent de se métamorphoser en courges d'une taille impressionnante. Nombre de jardiniers en font d'ailleurs des objets de concours. Pourtant, à moins que vous ne souhaitiez camoufler une clôture grillagée ou un coin peu engageant, les vraies courges coureuses ne sont pas indispensables dans le potager, et encore moins à la cuisine. Les variétés de courgettes hybrides buissonnantes sont plus faciles à cultiver ; maintenez-les dans un espace bien délimité. Leurs fleurs dorées rehaussent joliment leur sobre feuillage, et les variétés à fruits jaunes font toujours plus d'effet.

Culture

Les courges d'été sont toujours assoiffées. Traditionnellement, les jardiniers entourent chaque plante d'une petite levée circulaire en terre, d'environ 60 cm de diamètre, qui retient l'eau. Un paillis est aussi très efficace : il chasse les mauvaises herbes et conserve l'humidité.

SOL ET EXPOSITION Un sol riche et bien irrigué donnera les meilleurs résultats. Les courges s'accommoderont éventuellement d'une mi-ombre.

SEMIS Les graines ne germeront pas au-dessous de 13 °C. Semez-les à chaud (voir p. 168) – une graine dans un godet de 7 cm –, et laissez-les croître jusqu'à la fin du printemps ou au début de l'été. Endurcissez les plants avant de les mettre en place. Si vous êtes patient, semez en pleine terre à la fin du printemps ou au début de l'été (voir p. 170), en espaçant les graines de 1 à 1,20 m et en les enfonçant à 2 cm de profondeur. Coiffez-les de pots à confiture retournés, qui les protégeront des rongeurs et joueront le rôle de mini-serres.

REPIQUAGE Mettez les plants en terre lorsqu'ils ont trois ou quatre feuilles et que les risques de gelées sont passés (voir p. 169). Laissez-leur suffisamment d'espace pour qu'ils se développent : 1 à 1,20 m pour les variétés buissonnantes, un peu plus pour les variétés coureuses.

ENTRETIEN Courgettes et courges ont besoin d'engrais et d'eau. Elles traversent deux périodes critiques : le repiquage en pleine terre, puis la floraison et le début de la fructification. Quand elles sont bien établies, leurs grandes feuilles étouffent toutes les mauvaises herbes… mais aussi les autres cultures. Éloignez celles qui sont moins compétitives, comme les carottes.

RENDEMENT ET RÉCOLTE Chaque plant produit environ quatre courges et quatre fois plus de courgettes. Pour obtenir une courge géante, prélevez tous les fruits sauf un. Cueillez les courgettes régulièrement pour favoriser la formation de nouveaux fruits.

RAVAGEURS ET MALADIES Si les fruits se développent mal, surveillez bien l'arrosage et l'apport d'engrais ; vos plantes répondront vite. Jeunes, elles attirent les limaces. Le virus de la mosaïque du concombre entraîne une marbrure du feuillage, mais il n'existe aucune arme contre cette maladie (voir p. 194).

VARIÉTÉS RECOMMANDÉES

COURGETTES

'Black Jack F1' : *courgettes vert sombre à peau brillante.* **'De Nice à fruit rond' :** *vert pâle, fruits ronds très parfumés.* **'Gold Rush' :** *fruits jaunes ; rendement moindre que les fruits verts, mais très décoratif.*

COURGES

'Verte Coureuse' : *gros fruits vert sombre, avec des rayures plus pâles.*

PRINTEMPS			ÉTÉ			AUTOMNE			HIVER		
mars	avr.	mai	juin	juill.	août	sept.	oct.	nov.	déc.	janv.	févr.
	🪴	🌱	🌱								
		➡	➡	✂	✂	✂	✂				

DANS LA CUISINE

Comme pour tous les plats classiques, il existe plusieurs recettes de ratatouille. Celle-ci est particulièrement savoureuse.

RATATOUILLE
(pour 4 personnes)

1 belle aubergine coupée en cubes
sel
3 cuil. à soupe d'huile d'olive
2 oignons émincés
2 gousses d'ail écrasées
500 g de tomates pelées et coupées en quartiers
3 courgettes hachées
1 poivron vert égréné et haché
2 cuil. à soupe d'herbes fraîches mélangées (thym et basilic notamment) et finement hachées
2 cuil. à soupe de purée de tomates
sel et poivre noir

1 Saupoudrez de sel les morceaux d'aubergine placés dans une passoire et laissez-les dégorger pendant 30 min. Rincez, séchez.

2 Chauffez l'huile d'olive dans une grand casserole et faites-y dorer l'oignon et l'ail. Ajoutez l'aubergine et laissez cuire doucement pendant 5 min.

3 Ajoutez les tomates, les courgettes, le poivre, les herbes, et poursuivez la cuisson 15 min, en remuant de temps en temps. Incorporez en remuant la purée de tomates, laissez chauffer et rectifiez l'assaisonnement.

NOTES GOURMANDES

- Les courgettes récoltées encore petites ont plus de saveur. Coupez-les en deux dans la longueur et faites-les griller au barbecue.
- Les fleurs ont peu de goût mais, cueillies juste ouvertes, elles peuvent être farcies de riz et d'un hachis de viande. Nappez d'une sauce tomate et passez au four.

❀ FLEURS DE COURGETTE
❀ COURGETTE « NOIRE »
COURGE
❀ COURGETTES JAUNES

POTIRONS, PÂTISSONS ET COURGES MUSQUÉES
Cucurbita maxima, C. moshata et *C. pepo*

SELON UN HUMORISTE AMÉRICAIN, « les courges arrivent toujours à maturité. Vous pouvez les arroser d'acide, les fouetter, les brûler ; elles aiment ça ». Sachant que votre principal souci sera de contrôler une croissance débridée, il ne vous reste qu'à choisir les variétés de potirons et de courges que vous souhaitez cultiver. Les plus petites coloniseront une clôture ou une arche solidement construite, ou courront au pied des hautes tiges du maïs sucré. Les courges d'été sont consommables immédiatement ; les courges d'hiver et les potirons ont besoin d'une cure de soleil qui fortifiera leur peau et vous permettra de les conserver tout l'hiver.

Culture

Les potirons et les courges décrits ici appartiennent, comme les plantes présentées pp. 72-73, à la famille des cucurbitacées, et ils se cultivent de façon identique. Attendez que les dernières gelées soient passées pour les installer en pleine terre.

SOL ET EXPOSITION Choisissez une parcelle ensoleillée, au sol riche et bien drainé. Potirons et courges musquées demandent un sol un peu acide ou neutre.

SEMIS Faites vos semis à l'intérieur dès la mi-printemps, en enfonçant les graines par leur tranche, à 2 cm de profondeur, dans des godets individuels (voir p. 168). Couvrez-les d'une feuille de plastique transparent et maintenez une température de 15 à 18 °C jusqu'à la germination, soit pendant une semaine au maximum.

REPIQUAGE Au début de l'été, mettez en place les plants endurcis (voir p. 169), en les entourant d'une levée de terre circulaire pour retenir l'eau. Espacez-les d'au moins 1,20 m ; tenez-les éloignés des plantes moins robustes, comme les carottes, qu'ils risqueraient d'étouffer. Le maïs sucré, lui, ne souffrira pas de la cohabitation.

ENTRETIEN Ces plantes ont toujours faim et soif. Nourrissez-les en incorporant à la terre, avant de les planter, beaucoup de compost ou de fumier et arrosez-les sans compter. Leur feuillage envahissant chassera toutes les mauvaises herbes.

RENDEMENT ET RÉCOLTE Le rendement dépend du type de potiron ou de courge que vous cultiverez. Le pâtisson doit être cueilli lorsqu'il atteint 7 cm de diamètre. Récoltez les courges-spaghettis selon vos besoins. Faites sécher les courges musquées et les potirons jusqu'à ce que leur peau soit dure et qu'ils sonnent creux sous vos doigts. Conservez-les dans un endroit frais, mais hors gel.

RAVAGEURS ET MALADIES Méfiez-vous surtout des limaces, qui apprécient les jeunes plants tout juste mis en place.

VARIÉTÉS RECOMMANDÉES

POTIRONS

'Rouge vif d'Étampes' : *gros fruit aplati rouge orangé à larges côtes.* **'Jaune gros de Paris' :** *gros fruit jaune, chair jaune.*

'Potimarron Red Kuri' : *fruit plus petit, orangé ; chair orange au délicieux goût de châtaigne.*

PÂTISSONS

'Patty F1' : *fruits pâles, au bord festonné.*

'Sunburst' : *jaune beurre, très bonne qualité de chair.*

COURGE-SPAGHETTI

Son fruit ovale, pâle, contient une chair qui se délite à la cuisson en filaments ressemblant à des pâtes.

COURGES MUSQUÉES

'Butternut Ultra F1' : *fruits crémeux, à chair orangée, parfumée, au goût musqué.*

PRINTEMPS			ÉTÉ			AUTOMNE			HIVER		
mars	avril	mai	juin	juill.	août	sept.	oct.	nov.	déc.	janv.	févr.
	✿	✿	✿								
			➜	➜	✂	✂	(conserv.)				

DANS LA CUISINE

Choisissez pour cette soupe un beau fruit sans tache, car il vous servira de soupière. Ne le prenez pas trop gros.

SOUPE DE POTIRON OU DE COURGE MUSQUÉE (pour 4 personnes)

1 potiron ou 1 courge musquée, d'environ 20 cm de haut et de large
2 cuil. à soupe de beurre fondu
sel et poivre noir
1 oignon moyen finement émincé
60 g de riz à grains longs
90 cl d'un bon bouillon de volaille
noix muscade râpée ou cumin moulu
garniture : 6 tranches de bacon grillé et coupé finement et 3 cuil. à soupe de mozzarella en morceaux

1 Découpez un couvercle autour du pédoncule du fruit et sortez les graines (voir ci-dessous). Badigeonnez l'intérieur de beurre fondu. Assaisonnez et ajoutez l'oignon et le riz.

2 Portez le bouillon à ébullition dans une casserole. Mettez le fruit dans un grand plat à rôtir, versez le bouillon à l'intérieur et reposez le couvercle. Faites cuire 2 h au four préchauffé à 190 °C.

3 Sortez le potiron ou la courge du four et ôtez le couvercle. Grattez une partie de la chair et mélangez-la avec le bouillon.

4 Rectifiez l'assaisonnement et ajoutez, selon votre goût, noix muscade ou cumin. Garnissez du bacon et de la mozzarella et servez.

NOTES GOURMANDES

§ Ne jetez pas les graines de potiron. Éparpillez-les sur une plaque à pâtisserie, saupoudrez-les légèrement de sel et passez-les au four préchauffé à 190 °C pendant 20 min. Vous les croquerez à l'apéritif.

❀ COURGE MUSQUÉE 'Butternut'

❀ COURGE-SPAGHETTI

❀ PÂTISSON

❀ POTIRON

AUBERGINES, POIVRONS ET PIMENTS
Solanum melongena et *Capsicum* ssp.

EXISTE-T-IL DANS LE POTAGER un légume plus irréel, plus énigmatique que l'aubergine si douce, si brillante qu'elle paraît cirée ? Le type standard est d'un violet foncé, presque noir, mais il en existe une à petits fruits blancs, qui a valu à l'aubergine son nom de « plante aux œufs ». D'autres variétés présentent des fruits à bandes crème et marron. Installez les aubergines à proximité des poivrons et des piments rouges. Ces trois plantes se développeront bien en plein soleil. En plein air, dans les régions trop fraîches, vous n'avez aucune chance de réussite ; essayez sous un châssis froid ou une serre. À la fin du printemps, achetez de jeunes plants, ce qui vous épargnera la difficulté de les faire germer. Elles ne nécessitent pas de tuteurage compliqué et seront particulièrement belles tant que vous les arroserez et les nourrirez soigneusement, dans des pots en terre patinés.

AUBERGINE

Culture

Si vous faites pousser des tomates, vous devriez être en mesure de cultiver des aubergines, des poivrons et des piments. Ces plantes sont idéales à cultiver sur une terrasse. Elles sont très fragiles dans leur jeunesse et vous devrez les aider à s'acclimater au plein air en les protégeant, la nuit, pendant les deux premières semaines, avec une feuille plastique (voir p. 166). Les aubergines ont une croissance plus lente que les poivrons ; il leur faut environ cinq mois pour accomplir le cycle complet de la graine au fruit. Elles sont aussi moins rustiques.

SOL ET EXPOSITION À l'extérieur, choisissez impérativement un endroit bien abrité. Utilisez des conteneurs, disposés devant un mur ensoleillé qui renverra la chaleur, ou des cloches, des tunnels en plastique, des châssis ou des serres.

SEMIS Semez les graines sous abri, à la fin de l'hiver, à environ 21 °C, en terrines ou en godets (voir p. 168), à 1-2 cm de profondeur. Les plantules des aubergines ont besoin, pour se développer, d'une température de 15 à 18 °C, celles des poivrons et des piments de 12 à 15 °C.

REPIQUAGE Repiquez les plantules (voir p. 169) dans des godets individuels quand elles mesurent environ 5 cm de haut. Pour les endurcir, baissez peu à peu la température (voir p. 169). Mettez-les en place à la fin du printemps ou au début de l'été, quand les premières fleurs apparaissent, en les espaçant d'environ 45 cm. Si vous les transplantez dans des pots individuels plus grands, chaque pied doit disposer d'un espace large d'au moins 23 cm.

ENTRETIEN Arrosez bien, surtout lorsque les fruits apparaissent. L'engrais tomates donnera un bon coup de fouet aux plantes qui poussent en conteneurs. Pincez les tiges principales des aubergines, poivrons et piments lorsqu'elles atteignent 38 cm de haut environ.

RENDEMENT ET RÉCOLTE Pour chaque plant, vous récolterez en moyenne quatre aubergines, un peu plus de poivrons et environ vingt piments. Les poivrons verts deviendront jaunes ou rouges, suivant les variétés, s'ils reçoivent encore suffisamment de chaleur au début de l'automne.

RAVAGEURS ET MALADIES La mouche blanche et l'araignée rouge (voir pp. 190-191) sont les principaux ravageurs des cultures sous abri. Entretenez une atmosphère aussi humide que possible.

VARIÉTÉS RECOMMANDÉES

AUBERGINES

'Bonica F1' : *fruits arrondis, savoureux, précoces.* **'Baluroy F1'** : *fruits longs, en massue, et savoureux.* **'Dourga'** : *fruits blancs ; variété précoce, chair succulente.*

POIVRONS

'Sonar F1' : *longs fruits rouges à maturité.* **'Ariane F1'** : *fruits orange à maturité, courts et carrés.* **'Golden Bell F1'** : *fruits jaunes à maturité, variété précoce.*

PIMENTS

'De Cayenne' : *petits fruits allongés, rouges à maturité, à saveur brûlante ; il existe des variétés de 'Cayenne' jaunes à maturité.* **'Jalapeño'** : *fruits en olive, vert vif, devenant rouges à maturité ; piment mexicain très piquant.*

❀ PIMENTS 'Jalapeño'

❀ PIMENTS DE CAYENNE

❀ PIMENTS DU CHILI

POIVRON

PRINTEMPS			ÉTÉ			AUTOMNE			HIVER		
mars	avr.	mai	juin	juill.	août	sept.	oct.	nov.	déc.	janv.	févr.
											🪴
🪴	🪴	➡	➡		✂	✂	✂				

CONCOMBRES ET CORNICHONS

Cucumis sativus

CORNICHONS ET CONCOMBRES diffèrent par leur épiderme : le verruqueux (la bête) et le doux (la belle). Dès le XIXe siècle, les jardiniers ont consacré d'intenses efforts à ce fruit. Un concombre tordu étant un signe de relâchement moral, ils enfermaient les jeunes sujets dans un cylindre en verre pour qu'ils se développent bien droits. Des cornichons palissés sur un trépied sont très décoratifs.

CONCOMBRE DE PLEIN AIR

CONCOMBRE DE SERRE

Culture

Les concombres de jardin et les cornichons sont plus rustiques et plus faciles à cultiver que ceux de serre, qui nécessitent une humidité et une chaleur presque tropicales.
SOL ET EXPOSITION Les concombres aiment les sols fertiles, bien enrichis de fumier ou de compost. Ils absorbent l'eau très vite et ne doivent jamais en manquer. Sous abri, ils pousseront volontiers dans la mi-ombre. La variété 'Bush Champion F1' s'adapte bien aux pots ou aux conteneurs.
SEMIS Semez les graines au début du printemps, en les enfonçant par la tranche, à 2 cm de profondeur, dans des godets individuels de 7 cm (voir p. 168). Couvrez-les d'une feuille de plastique transparent jusqu'à ce qu'elles germent. Surveillez les jeunes plants et ne les sortez pas avant la fin des gelées. Vous pouvez aussi semer les graines à l'extérieur au début de l'été, en les protégeant. Ne les enfoncez pas à plus de 2 cm et espacez-les de 60 cm.
REPIQUAGE Endurcissez les jeunes plants levés sous abri (voir p. 169) et mettez-les en place au début de l'été.
ENTRETIEN Arrosez fréquemment.
RENDEMENT ET RÉCOLTE Un concombre de jardin produit environ dix fruits, et un concombre de serre jusqu'à deux fois plus. Cueillez-les régulièrement. Un pied de cornichon produit environ 500 g de fruits.
RAVAGEURS ET MALADIES Les pucerons sont à craindre à l'extérieur ; sous abri, il faut se méfier des araignées rouges (voir pp. 190-191). Le virus de la mosaïque provoque la maladie la plus sérieuse (voir p. 194) : les feuilles deviennent tellement marbrées et déformées que la plante meurt. Il n'existe pas de remède.

VARIÉTÉS RECOMMANDÉES

CONCOMBRES DE PLEINE TERRE
'Gynial F1' : *variété hybride ; longs fruits cylindriques vert foncé, lisses.* **'Marketer' :** *un classique aux fruits lisses de 25 cm.*
CORNICHONS
'Ceto F1' : *très productif, vert foncé, résistant au virus.* **'Vert petit de Paris' :** *fruits courts et cylindriques.* **'Amélioré de Bourbonne' :** *fruits longs, vert foncé, à cueillir jeunes.*
CONCOMBRES DE SERRE
'Carnaval F1' : *les fleurs, toutes femelles, produisent de superbes fruits jamais amers.*

PRINTEMPS			ÉTÉ			AUTOMNE			HIVER		
mars	avr.	mai	juin	juill.	août	sept.	oct.	nov.	déc.	janv.	févr.
🪴	🪴	🪴	🌱								
			➡	✂	✂	✂	✂				

MAÏS SUCRÉ *Zea mays*

À LA FIN DE L'ÉTÉ, les hautes tiges du maïs sucré donnent au jardin un air de moisson. Cette plante majestueuse est très ancienne : diverses découvertes dans des grottes du Mexique et du Pérou permettent de penser qu'elle était cultivée et consommée il y a plus de cinq mille ans. Les sélectionneurs sont parvenus à l'adapter aux climats plus rigoureux du Nord. Alors qu'aux États-Unis un cultivar traditionnel peut mettre plus de quatre-vingts jours à atteindre sa maturité, une variété moderne mûrira en moins de soixante jours. Cependant, sa croissance dans la plupart des pays européens est plus lente. Pour profiter au maximum d'un espace limité, associez le maïs avec des courgettes coureuses ou des courges.

❀ **MAÏS SUCRÉ**

Culture

La pollinisation est la clé d'épis bien gonflés, et comme elle est assurée par le vent, plantez vos maïs en carrés plutôt qu'en rangs. Le pollen des panicules mâles, au sommet des plantes, a ainsi davantage de chances d'atteindre les houppes soyeuses des fleurs femelles. Les nouvelles variétés, très sucrées, ont été sélectionnées pour leur douceur, mais elles sont un peu plus délicates. Ne les associez pas à des variétés anciennes afin d'éviter une pollinisation croisée qui leur ferait perdre une partie de leurs qualités.

SOL ET EXPOSITION Le maïs sucré demande une exposition chaude, abritée, et pousse mieux dans des sols profonds, fertiles, bien drainés et légèrement acides.

SEMIS Le climat vous dicte sa loi. Dans une région chaude, semez directement dans le sol à la fin du printemps (voir p. 170), à environ 2 cm de profondeur, dans une planche carrée. Disposez quelques graines en poquets espacés de 35 cm, et éclaircissez les plantules les plus faibles après la germination. Celle-ci n'aura pas lieu dans des sols dont la température est inférieure à 10 °C, mais vous pouvez réchauffer la terre avant de semer avec un paillis de couverture (voir p. 166) ou protéger les graines avec des cloches de verre ou des pots à confiture retournés en guise de mini-serres. Si vous voulez récolter des mini-épis, choisissez une variété précoce et n'espacez pas les plants de plus de 15 cm.

ENTRETIEN Arrosez légèrement jusqu'à ce que les épis commencent à gonfler. Les tiges du maïs sucré sont robustes mais, dans un site exposé, buttez les plantes lorsqu'elles atteignent 30 cm de haut (voir p. 167).

RENDEMENT ET RÉCOLTE Chaque plant ne produit qu'un ou deux épis. Ne les laissez pas durcir sur la tige. Cueillez-les quand les soies qui dépassent des épis commencent à brunir et que le jus qui sort des grains est laiteux (voir à droite). Consommez-les aussitôt. Le sucre, en effet, se transforme vite en amidon, quoique cela soit moins vrai pour les variétés de type « supersucré ».

RAVAGEURS ET MALADIES Les rongeurs sont les ravageurs les plus actifs : elles grignotent les graines qui ont été semées en pleine terre. Des pots à confiture retournés au-dessus de celles-ci assurent une bonne protection.

VARIÉTÉS RECOMMANDÉES

'Pinnacle F1' : *un cultivar supersucré, aux longs épis sur des tiges de taille moyenne.*

'Sundance' : *l'un des meilleurs cultivars pour une récolte précoce dans des régions fraîches aux étés courts.*

PRINTEMPS			ÉTÉ			AUTOMNE			HIVER		
mars	avril	mai	juin	juill.	août	sept.	oct.	nov.	déc.	janv.	févr.
		⚘	⚘								
					✂	✂	✂				

TESTER LA MATURITÉ DES ÉPIS
Quand les soies crémeuses ont bruni, écartez les feuilles qui enveloppent l'épi et pressez un grain avec l'ongle. Si l'épi est mûr, un jus laiteux en sortira ; s'il ne l'est pas encore, le jus sera clair ; s'il l'est trop, il sera épais, amidonné.

ARTICHAUTS ET CARDONS
Cynara scolymus et *C. cardunculus*

L'ARTICHAUT POSSÈDE TOUTES LES QUALITÉS esthétiques d'une « vedette » de potager. Avec ses feuilles gris-vert très découpées et sa belle inflorescence gonflée, on le dirait sculpté par un artiste de l'Antiquité grecque. Mais, en fait, c'est une plante du « tout ou rien ». Autant l'artichaut est étonnant de la fin du printemps à la mi-automne, lorsqu'il s'étend sur un mètre dans toutes les directions, autant les premières gelées le réduisent à néant ! Les cardons ont aussi une forte présence. Chez eux, ce sont les bases des feuilles, liées et blanchies, qui sont comestibles, et non l'inflorescence.

❀ ARTICHAUT

Culture

Les plants issus des semis étant imprévisibles, les artichauts sont souvent cultivés à partir des rejets de souche (les œilletons) prélevés sur des plantes réputées pour donner de belles inflorescences. Si vous tardez à cueillir celles-ci, elles s'ouvriront en de superbes fleurs bleu-violet qui, séchées, font de beaux bouquets d'hiver. Les cardons s'obtiennent à partir de graines ou de rejets.

SOL ET EXPOSITION Dans ses grandes régions de production (en Bretagne, mais aussi en Italie, autour de Brindisi), l'artichaut bénéficie d'un sol léger et d'un climat doux. Dans les régions très chaudes, les artichauts tolèrent l'ombre ; mais partout ailleurs, ils demandent du soleil, comme les cardons.

PLANTATION Les jeunes œilletons d'artichaut et de cardon ne doivent pas être enfoncés trop profondément dans le sol : il suffit que le talon soit juste assez enterré pour que la plante se tienne bien. Les nouveaux rejets développent rapidement une souche de soutien. Mettez-les en place à l'extérieur à la fin du printemps, en les espaçant de 1,20 m environ, et arrosez-les abondamment jusqu'à ce qu'ils soient bien partis.

ENTRETIEN Les rejets produisent parfois de petits capitules à la fin de leur première année. Coupez ceux des artichauts comme ceux des cardons, pour encourager les plantes à développer des racines secondaires. Lors des hivers rigoureux, paillez bien les plants nouvellement établis. Apportez une bonne couche de fumier au printemps. Ces plantes ne vivent pas très longtemps. Après trois ou quatre ans, remplacez les vieilles touffes par leurs jeunes rejets (voir p. 172). Commencez à blanchir les cardons en septembre (voir ci-dessous), ce qui demande trois semaines.

RENDEMENT ET RÉCOLTE Une plante bien établie produira environ dix artichauts. Coupez d'abord le grand bouton terminal, avec 5 cm de tige. La tête doit être grosse, sans que ses bractées aient commencé à s'ouvrir. Lorsque les artichauts sont encore jeunes, l'intérieur de la tige, après cuisson, est délicieux. Il faut éliminer leur enveloppe filandreuse.

RAVAGEURS ET MALADIES Les artichauts et les cardons sont peu fragiles, encore que les pucerons puissent s'attaquer aux inflorescences en croissance (voir p. 190). En revanche, lors d'un hiver à la fois humide et froid, ces deux plantes risquent de pourrir complètement.

❀ CARDON

VARIÉTÉS RECOMMANDÉES

ARTICHAUTS

'Vert de Provence' : *petits capitules verts, destinés à la consommation crue (poivrade) ; cultivé dans le Midi.*

'Gros Vert de Laon' : *gros capitule aplati, goût délicieux.*

CARDON

'Plein Blanc Inerme' : *un cardon particulièrement savoureux, à côtes larges ; feuillage découpé.*

BLANCHIR LES CARDONS

En septembre, quand les cardons ont atteint 45 cm de haut environ, plantez un tuteur et relevez les feuilles. Attachez-les assez lâchement. Enveloppez la plante de papier journal, puis de Polythène noir. Le blanchiment demande environ trois semaines.

TOMATES *Lycopersicon esculentum*

AUCUN POTAGER DÉCORATIF ne saurait se passer de tomates de plein air, qu'elles soient buissonnantes (à croissance « déterminée », elles s'arrêtent de pousser à une certaine hauteur) ou tuteurées (à croissance « indéterminée », elles continuent de grimper en hauteur tant que la saison le leur permet). Elles sont faciles à cultiver et la saveur des fruits, surtout lorsqu'ils sont gorgés de soleil, est incomparable. Une fois plantées, les variétés buissonnantes se suffisent à elles-mêmes. Les types à croissance indéterminée, palissés sur de hautes perches, sont très décoratifs.

Culture

SOL ET EXPOSITION La culture en plein air demande un endroit abrité et ensoleillé, un sol fertile, bien drainé et fumé. Si vous installez des types indéterminés dans des pots ou des conteneurs, disposez-les contre un mur protecteur. Les sels minéraux trop concentrés et des maladies apparaissent dans la terre des serres occupée trop longtemps par les tomates ; alternez les plantations ou utilisez des sacs de culture.
SEMIS Dans une serre, les tomates peuvent être mises en culture assez tôt mais, en plein air, attendez la fin des gelées. Faites un semis clair dans un pot de terreau de 12 cm de diamètre et recouvrez-le d'une mince épaisseur de terreau tamisé ou de vermiculite (voir p. 168). Tendez au-dessus du film alimentaire et maintenez une température de 15 à 18 °C. Quand les plantules développent leurs vraies feuilles, repiquez-les dans des godets individuels de 7 cm (voir p. 169).
REPIQUAGE Il se fait lorsque les plants sont complètement endurcis (voir p. 169). Espacez les variétés indéterminées de 38 à 45 cm et les déterminées de 45 à 60 cm.
ENTRETIEN Les tomates déterminées nécessitent peu de soins, mais les bourgeons axillaires doivent être supprimés régulièrement (voir page ci-contre) chez les variétés indéterminées. Celles-ci demandent aussi à être palissées. Arrêtez-les en pinçant la tige principale entre le milieu et la fin de l'été. Dans les régions froides, pincez après l'apparition du troisième bouquet floral, après le cinquième dans les régions plus chaudes. N'étêtez pas les variétés buissonnantes. Trop d'eau et trop d'engrais nuisent à la saveur des fruits ; un arrosage irrégulier est la cause la plus fréquente de la nécrose apicale (voir p. 192). En pleine terre, un apport d'engrais de croissance n'est pas nécessaire. Mais les plants en conteneurs et en paniers surpendus ont besoin d'être nourris et arrosés souvent.
RENDEMENT ET RÉCOLTE Attendez de 2 à 4 kg de fruits par pied pour les buissonnantes, un peu plus pour les variétés indéterminées.
RAVAGEURS ET MALADIES Dans les serres, la mouche blanche est le principal ennemi. En plein air, les limaces grignotent les plants. Surveillez aussi les signes de mildiou, de pourriture grise/Botrytis et de fusariose (voir pp. 191-194).

VARIÉTÉS RECOMMANDÉES

'Pyros F1' : *fruits ronds (indéterminée).* **'Cobra F1' :** *fruits ronds (indéterminée).* **'Tigerella' :** *gros fruits rayés rouge et jaune, à saveur douce.* **'Lemon Boy F1' :** *fruits ronds, jaune citron, à saveur douce (indéterminée).* **'Luxor F1' :** *tomate « beef » ; très gros fruits charnus, bonne résistance aux maladies.* **'Roma' :** *fruits allongés, rouges, chair ferme (déterminée).* **'San Marzano F1' :** *longs fruits charnus, très productive (indéterminée).*
TOMATES-CERISES
'Sweet 100' : *petits fruits savoureux, très productive (indéterminée).* **'Red Pear' :** *fruits en forme de poire.* **'Yellow pearshaped' :** *fruits jaunes en forme de poire.* **'Phyra' :** *tomate-groseille, petite ; idéale pour les pots.*

PRINTEMPS			ÉTÉ			AUTOMNE			HIVER		
mars	avril	mai	juin	juill.	août	sept.	oct.	nov.	déc.	janv.	févr.
🪴	🪴	➡	➡	✂	✂	✂	✂				

DANS LA CUISINE

Les tomates se congèlent bien et, si leur texture s'en trouve alors défaite, leur goût reste excellent. Ne les pelez pas. Elles ne colleront pas entre elles. Quand elles seront revenues à température ambiante, leur peau partira toute seule sous l'eau du robinet.

TOMATES AU BACON À CHEVAL (pour 4 personnes)

4 grosses tomates charnues
sel et poivre noir
4 tranches de bacon pas trop maigre
125 g de champignons finement hachés
1 poignée de persil finement ciselé
4 œufs
30 g de beurre
4 tranches de pain à griller

1. Préchauffez le four à 180 °C. Coupez les tomates au niveau du pédoncule, sortez pulpe et pépins. Salez et poivrez les fruits intérieurement.
2. Faites revenir les tranches de bacon à la poêle ; coupez-les finement. Dorez les champignons dans la graisse du bacon ; ajoutez le bacon et le persil.
3. Remplissez les tomates de cette farce et cassez un œuf au-dessus. Ajoutez une noix de beurre et passez au four 15 min. Servez avec le pain grillé.

NOTES GOURMANDES

- Plutôt que de cueillir vos tomates mûres et de les mettre au réfrigérateur, laissez-les sur la plante. Elles peuvent s'y conserver pendant au moins deux semaines.
- Les tomates sont évidemment délicieuses en salade, notamment avec des olives, de la feta... Du basilic ou de la ciboulette, finement ciselés, leur donnent encore plus de saveur.

❀ TOMATE RONDE

❀ PETITES TOMATES EN GRAPPE

❀ TOMATES JAUNES

❀ TOMATE OLIVETTE (allongée)

❀ TOMATES-CERISES

❀ TOMATES 'Tigerella'

ÉBOURGEONNAGE

Sur les variétés indéterminées, supprimez les bourgeons qui se développent à l'aisselle des feuilles.

ÉTÊTAGE

Après 3 à 5 bouquets floraux, coupez le haut des tiges principales des variétés indéterminées.

❀ TOMATE « BEEF »

LÉGUMES À GOUSSES

COMME TOUTES LES PLANTES GRIMPANTES, certains pois et haricots à rames sont très utiles dans un potager décoratif. Palissez-les sur des arches faites de longues perches recourbées ou le long d'un trépied. Les haricots grimpants s'accrochent en s'enroulant ; les pois, eux, émettent des vrilles qui saisissent fermement tout support rencontré. Les végétaux à gousses ont de belles floraisons, et il existe même un haricot grimpant aux fleurs d'un rouge flamboyant. Les fèves, elles, donnent de délicates fleurs blanches striées de pourpre et marquées d'une tache noire. Quant aux gousses, elles sont violettes, vertes, crème, jaunes ou rayées. Il existe aussi de merveilleuses variétés de haricots verts aux gousses crème rayées de rose vif ou de violet.

SOUS LE TUNNEL
Deux variétés différentes de haricots à rames sont installées sur ces arches recourbées au-dessus d'une allée. Une bordure dense d'ail pourpre, de roses bicolores 'Ferdinand Pichard' et de népétas s'étend à leur pied.

LA FÊTE DES POIS
Des rangs de fèves et de pois, grimpant sur un grillage, sont mis en valeur par de décoratifs pois de senteur. Leur parfum est sans pareil. Mais, si vous vous approchez des fèves, vous découvrirez que leurs fleurs sentent aussi délicieusement bon.

UN VIOLET PROFOND

Le mauve sombre qui marque le feuillage de ces haricots 'Royal Burgundy' se concentre dans les gousses et les fleurs. À la cuisson, cette couleur disparaît. Dans le jardin, associez-la avec le rouge sombre des dahlias 'Bishop of Llandaff' et du fenouil bronze.

UNE VIEILLE HISTOIRE

Les haricots d'Espagne à rames, aux fleurs rouges et blanches, embellissent les potagers depuis les années 1850. Ils donnent aussi une récolte abondante. Installez-les sur une arche avec le pois à fleurs blanches 'White Pearl' et des clématites.

GRIMPEURS ASSOCIÉS

Les pois à rames à fleurs rouges partagent ce trépied avec des pois de senteur roses, blancs et violets. Les grandes tiges fleuries de la belle-dame rouge, Atriplex hortensis *'Rubra', montent presque aussi haut. La belle-dame est une annuelle qui pousse vite et essaime largement.*

POIS ET POIS MANGETOUT

Pisum sativum

ON RACONTE QUE, sur le site de Troie, où l'Allemand Heinrich Schliemann venait de mettre au jour le palais de Priam, les premiers visiteurs furent nourris avec des pois provenant des réserves du grand roi. Une énorme jarre en contenait plus de 180 kg, parfaitement conservés depuis quelque trois mille ans. Les cultivars comme celui du mangetout 'Bamby', qui s'élève à 75 cm, ou du 'Petit Provençal', moins haut encore, dessinent d'agréables bordures autour des parcelles. Des variétés grimpantes s'élèveront à 1,50 m sur un écran ou un support central. 'Express à longue cosse', un pois « à écosser » du XIXe siècle, est un autre type à rames, à la saveur très fine. Les pois à grains ridés sont les plus sucrés, mais ceux à grains ronds sont plus rustiques.

Culture

Il est inutile de préparer en hiver un semis de pois à grains ridés en espérant obtenir une récolte précoce au début du printemps. Seuls certains pois mangetout se sèment en hiver. À partir du printemps, en revanche, et jusqu'au début de l'été, vous pouvez semer tous les pois à trois ou quatre semaines d'intervalle.

SOL ET EXPOSITION Les pois aiment les étés frais et arrosés. Le sol doit être fertile et bien travaillé. S'il est assez humide, l'ombre n'est pas indispensable.

SEMIS Semez les graines entre 3 et 5 cm de profondeur, en les espaçant de 5 à 7 cm. Pour un rang bien droit, dégagez un sillon d'environ 5 cm de profondeur et de la largeur d'une bêche (voir p. 170). Espacez les graines d'environ 5 cm. Couvrez de terre et tassez. Posez un filet ou un grillage pour tenir les oiseaux à l'écart.

ENTRETIEN Les cultivars grimpants ont besoin d'un support (treillis ou longues perches). Les pois *semi-leafless*, chez lesquels de nombreuses feuilles se sont transformées en vrilles, se contentent d'un tuteurage moins important (voir page ci-contre). Si vous avez protégé vos semis de pois nains avec un grillage métallique, repliez-le vers le haut en forme de V inversé sur lequel ils grimperont. Vous pouvez associer aussi des pois à rames et des fèves, qui leur serviront de support.

RENDEMENT ET RÉCOLTE Un rang de 3 m produit environ 5 kg de pois. Cueillez-les régulièrement pour encourager la pousse des autres. Récoltez les mangetout lorsque les grains forment un renflement à peine visible. À la fin de la culture, coupez les tiges et laissez les racines en terre.

RAVAGEURS ET MALADIES Les oiseaux et les rongeurs sont les prédateurs les plus sérieux (voir p. 191).

VARIÉTÉS RECOMMANDÉES

POIS À ÉCOSSER

Grains ronds : **'Express à longue cosse'** *(rame) ;* **'Petit Provençal'** *(nain).*
Grains ridés : **'Téléphone'** *(rame) ;* **'Merveille de Kelvedon'** *(nain) ;* **'Bayard'** *(nain,* semi-leafless*).*

MANGETOUT

'Bamby' *(nain) ;* **'Carouby de Maussane'** *(rame) ;* **'Corne de Bélier'** *(rame) ;* **'Copernic'** *(nain).*

PRINTEMPS			ÉTÉ			AUTOMNE			HIVER		
mars	avril	mai	juin	juill.	août	sept.	oct.	nov.	déc.	janv.	févr.
✿	✿			✿							
			✂	✂			✂				
✿	✿	✿	✿								
			✂	✂	✂	✂					
✿	✿										✿
			✂	✂	✂	✂					

☐ Grains ronds ☐ Mangetout
☐ Grains ridés

DANS LA CUISINE

Faites braiser les pois avec quelques feuilles de laitue ciselées, une carotte finement émincée et un oignon nouveau.

POIS ET CONCOMBRE

(pour 4 personnes)

1 concombre pelé
1 à 1,5 kg de petits pois à écosser
60 g de beurre
1 brin de menthe ciselé
sel et poivre noir
1 cuil. à café de sucre

1 Coupez le concombre en morceaux de 3 cm, puis en bâtonnets. Mettez-les dans une passoire, salez-les et laissez-les dégorger 30 min. Rincez et séchez.

2 Dans une casserole, portez à ébullition 1 cm d'eau. Ajoutez le concombre, les pois, le beurre et la menthe. Assaisonnez, saupoudrez de sucre et faites cuire 5 min.

POIS ÉPICÉS AU CUMIN

1 cuil. 1/2 à café de graines de cumin
2 piments rouges séchés
3 cuil. à soupe d'huile végétale
175 g d'oignon haché
175 g de carottes en dés
175 g de petits pois écossés
175 g de pommes de terre cuites et coupées en dés
sel et 1/2 cuil. à café de sucre
1 oignon nouveau finement émincé

1 Faites revenir dans l'huile, quelques secondes, le cumin et les piments, puis mettez l'oignon et attendez qu'il soit tendre. Ajoutez carottes et petits pois et laissez cuire 5 min environ.

2 Ajoutez pommes de terre, sel et sucre ; poursuivez la cuisson quelques minutes. Ôtez les piments et parsemez d'oignon nouveau.

POUR SOUTENIR LES POIS

1 *Dès que les plantules développent des vrilles, enfoncez fermement des rames dans le sol. Espacez-les de 10 cm, en avant de la ligne des pois.*

2 *Les vrilles s'accrochent peu à peu aux supports. Pour les cultivars de haute taille, assurez-vous que les rames sont assez longues.*

MANGETOUT PLATS

POIS À ÉCOSSER

MANGETOUT RONDS

POIS *SEMI-LEAFLESS*

Ces pois n'ont besoin que d'un léger tuteurage. Leurs vrilles s'enroulent sur les tiges les plus proches plutôt que sur les rames. Ils finissent par former un groupe autoporté.

HARICOTS D'ESPAGNE *Phaseolus coccineus*

❀ HARICOTS D'ESPAGNE

LE HARICOT D'ESPAGNE est originaire des montagnes du Mexique, comme les dahlias, les bégonias et les lobelias. Vous avez donc tout intérêt à lui proposer les mêmes compagnons. En revanche, vous aurez du mal à lui procurer les oiseaux-mouches qui, au Mexique, pollinisent ses fleurs. Heureusement, les bourdons ont trouvé le moyen d'en ouvrir les pétales, ce qui représente une bonne solution de remplacement. Des haricots d'Espagne grimpant sur un filet tendu permettent de réaliser rapidement un écran. Ils s'élèveront bientôt jusqu'à 3 m. Vous pouvez aussi les laisser coloniser un trépied dans une bordure de fleurs, ou se lancer à l'assaut d'un arbre en compagnie de clématites, de capucines grimpantes et d'*Eccremocarpus scaber,* aux fleurs orange écarlate.

Culture

Assez facile à cultiver, le haricot d'Espagne semble parfois, cependant, refuser toute fructification. Apportez une humidité suffisante aux racines. Il est moins aisé, en revanche, de lutter contre les mélighètes (coléoptères dévoreurs de pollen), qui se dirigent vers les haricots d'Espagne dès que la floraison du colza est terminée. Installés dans la carène de la fleur, ils découragent les bourdons pollinisateurs, et les fleurs ne sont donc pas fécondées.

SOL ET EXPOSITION Six mois avant les semis, enfouissez dans le sol une bonne quantité de fumier ou de compost. Le haricot d'Espagne s'enracine en effet profondément. Il ne refuse pas un peu d'ombre, pourvu que le sol soit fertile.

SEMIS Les graines ne germeront pas en pleine terre tant que la température du sol n'atteindra pas au moins 10 °C. Disposez-les tous les 15 cm au pied d'une ligne de rames, le long d'un filet, ou autour d'un wigwam. Vous pouvez hâter la culture en semant sous abri, dans des caissettes ou des godets individuels de 7 cm (voir p. 168) ; plantez à la fin du printemps.

TRANSPLANTATION Les haricots d'Espagne étant fragiles, ne repiquez pas des plants levés sous abri avant la fin des dernières gelées. Espacez-les de 15 cm (voir p. 169), et respectez cet écart quel que soit le support.

ENTRETIEN Arrosez abondamment. Un paillis retiendra l'humidité et empêchera la levée des mauvaises herbes.

RENDEMENT ET RÉCOLTE Chaque pied donne 1 kg de haricots environ. Récoltez les gousses avant que les grains n'aient commencé à gonfler. Si vous les laissez sur les plantes, elles ne produiront pas davantage pour autant.

RAVAGEURS ET MALADIES Les maladies sont rares, mais la floraison, parfois, débute mal ; dans ce cas, vérifiez l'apport en eau. Vous ne pouvez hélas rien contre les mélighètes.

VARIÉTÉS RECOMMANDÉES

'Prizewinner' : *fleurs rouges, longues cosses.* **'Emergo',** *race Orteils de Prêcheurs : énormes grains blancs, fleurs blanches.* **'Rouge Butler' :** *gousses plates de 25 cm de long, à consommer en mangetout ou en grains ; fleurs rouges.*

PRINTEMPS			ÉTÉ			AUTOMNE			HIVER		
mars	avril	mai	juin	juill.	août	sept.	oct.	nov.	déc.	janv.	févr.

LA BEAUTÉ DES HARICOTS
Installés sur des trépieds ou des wigwams, les haricots d'Espagne sont très décoratifs. Lorsque les Européens les découvrirent, au XVIIe siècle, ils les cultivèrent essentiellement comme plantes ornementales.

HARICOTS VERTS ET À ÉCOSSER
Phaseolus vulgaris

COMME LES HARICOTS D'ESPAGNE, dont le nom rappelle que ce sont les conquistadores qui les firent connaître à l'Europe, les haricots verts sont originaires d'Amérique. Ils ont été introduits en France assez tardivement et sont restés pendant longtemps un produit de luxe. Ils ne sont vraiment devenus populaires qu'au XXe siècle et se sont largement répandus dans les potagers. Grimpants ou buissonnants, les haricots verts peuvent avoir des gousses plates ou arrondies et… ils ne sont pas toujours verts, mais aussi violets, jaunes, ou magnifiquement mouchetés, telle l'ancienne variété 'Coco de Prague Langue de Feu', aux cosses crème tachetées de rouge vif. Les haricots en grains, ou à écosser, se mangent frais ou secs.

CULTURE

Ces annuelles poussent vite ; ne les semez trop tôt. Les variétés naines s'adaptent aux pots et aux conteneurs ; les grimpantes nécessitent des rames ou d'autres supports.
SOL ET EXPOSITION Les haricots verts demandent un sol riche, léger, neutre ou légèrement acide, et aiment les sites abrités.
SEMIS Semez sous abri les variétés précoces, que vous transplanterez à l'extérieur après les dernières gelées (voir p. 168). Échelonnez les semis en place, lorsque la température du sol a atteint 13 °C (voir p. 170). Enfoncez les graines à 3 cm de profondeur, en rangs espacés ; elles germent en une à deux semaines.
TRANSPLANTATION Les jeunes plants levés sous abri ne se développent pas plus vite que ceux des semis en plein air. Arrosez-les abondamment (voir p. 169).
ENTRETIEN Buttez les tiges des jeunes plants (voir p. 167). Offrez un support aux grimpantes et de courtes rames aux variétés naines. Le sol doit rester humide pendant toute la période de croissance, et particulièrement lors de la floraison.
RENDEMENT ET RÉCOLTE Un rang de 3 m donne environ 4 kg de haricots. Cueillez régulièrement les cosses des haricots frais, mais laissez celles des haricots secs jusqu'à la fin de la saison. Arrachez les pieds et faites sécher les gousses à l'abri. Écossez les haricots et conservez les grains dans un récipient hermétique.
RAVAGEURS ET MALADIES Ce sont les mêmes que ceux des haricots d'Espagne (voir page ci-contre).

VARIÉTÉS RECOMMANDÉES

HARICOTS VERTS NAINS « FILET MANGETOUT »
'Argus' : *gousses longues, fines.* **'Oxinel' :** *gousses longues ; résistant aux maladies, très productif. Mais aussi* **'Talisman'** *ou* **'Cupidon'.** *Tous sans fils.*
HARICOTS NAINS VIOLETS
'Royal Burgundy' : *le violet brillant devient vert à la cuisson, mais la saveur de ces cultivars est sans pareille.*
'Purple Teepee' : *longues cosses charnues ; productif, mûrit vite.*
HARICOTS BEURRE NAINS
'Kinghorn Roi des Beurres' : *sans fils, ronds et jaunâtres.*
'Rocquencourt' : *gousses jaunes sur un feuillage vert foncé ; convient aux régions froides.*
HARICOTS MANGETOUT À RAMES
'Phénomène' : *de goût excellent, peut être utilisé comme haricot en grains.* **'Or du Rhin' :** *gousses jaunes, grains noirs.*
HARICOTS EN GRAINS
'Chevrier Vert' : *variété ancienne de flageolets, à consommer frais ou secs.*
'Michelet à longue cosse' : *précoce, grains à consommer en frais.* **'Banjo' :** *nouveauté à grains verts, résistante aux maladies.*

PRINTEMPS			ÉTÉ			AUTOMNE			HIVER		
mars	avril	mai	juin	juil.	août	sept.	oct.	nov.	déc.	janv.	févr.
	🪴	⚘	⚘	⚘							
		➡	➡	✂	✂	✂	✂				

HARICOTS VERTS

❀ HARICOTS VIOLETS

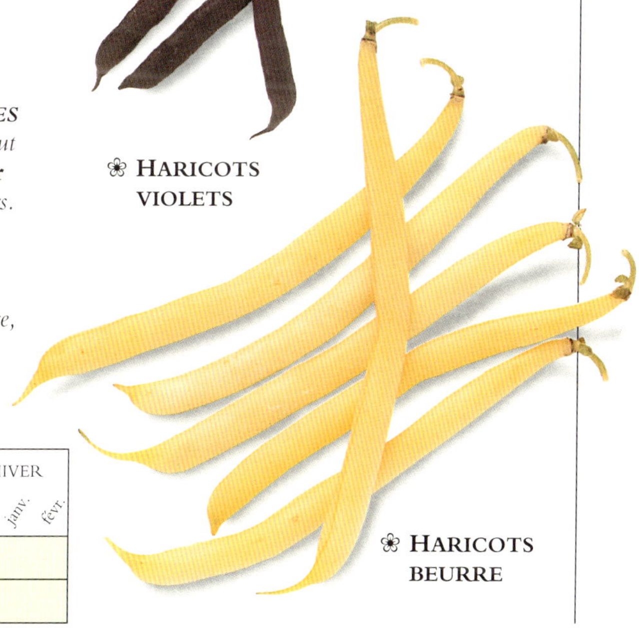

❀ HARICOTS BEURRE

FÈVES *Vicia faba*

AVANT QUE LES POMMES DE TERRE ne se répandent en Europe, les peuples de l'Ancien Monde trouvaient les hydrates de carbone dont ils avaient besoin dans des légumineuses comme les fèves. Ces dernières ont toujours leur place dans un potager décoratif, ne serait-ce que parce que les semis d'hiver donnent des récoltes en début d'été. On peut alors les remplacer par d'autres végétaux, des choux ornementaux par exemple, qui profiteront des nodules d'azote laissés dans le sol par leurs racines. Les fèves, selon les cultivars, sont hautes ou basses. Elles possèdent toujours un agréable feuillage et de jolies fleurs au doux parfum.

❀ FÈVES À COSSE LONGUE

Culture

Les fèves sont des légumineuses rustiques, capables de passer un hiver à l'extérieur dans les régions à climat doux, si les rongeurs, les limaces et les oiseaux les laissent en paix. Un semis d'automne assure alors une récolte précoce, mais il est plus sûr d'installer les graines dans des caissettes ou des terrines, gardées sous châssis froid ou dans une serre, et de mettre en place les jeunes plants en fin d'hiver. Les types à cosse longue se satisfont bien de ce forçage.

SOL ET EXPOSITION Les terres lourdes et profondes sont les meilleures, à condition d'éviter les excès d'humidité. Les fèves ont aussi besoin d'un sol neutre ou très légèrement acide (pH 6-6,5). Ne les cultivez pas deux années de suite dans la même parcelle, sous peine de voir se développer de petits kystes sur les racines (voir p. 192).

SEMIS Vous pouvez utiliser un plantoir pour enfouir les grosses graines, à 3 cm environ de profondeur, espacées de 23 cm, et dans des rangs eux-mêmes distants de 23 cm (voir p. 170). Les fèves germent bien à basse température ; cependant, les cultures d'hiver se développeront mieux sous un plastique protecteur (voir p. 166) ou sous cloche. Semez quelques graines supplémentaires en fin de ligne pour combler les trous éventuels.

ENTRETIEN Faciles à cultiver, les fèves sont vigoureuses et éliminent les mauvaises herbes vivaces. Les grandes variétés ont besoin d'un support. Des fils de fer tendus entre des poteaux plantés à l'extrémité des lignes conviennent très bien. Les cultivars nains, comme 'The Sutton', se contenteront de courtes rames.

RENDEMENT ET RÉCOLTE Un rang de 3 m fournit environ 9 kg de fèves, mais un peu moins si vous les cueillez au meilleur moment, lorsque la gousse n'est pas encore parcheminée et que la cicatrice qui la borde est blanche ou verte. Les fèves se consomment parfois comme des mangetout. Cueillez-les alors qu'elles ne sont pas plus grosses que le petit doigt.

RAVAGEURS ET MALADIES Les pires ennemis des fèves sont les pucerons noirs (voir p. 190), qui se rassemblent en haut des tiges à la mi-été. Coupez l'extrémité des tiges atteintes et détruisez-les avec leurs colonies de pucerons. Les fèves semées en fin d'automne ou au début du printemps seront assez résistantes pour supporter ce traitement. Les taches brunes sont plus rares ; elles apparaissent lorsque les semis d'hiver ont été faits par temps particulièrement humide (voir p. 193).

VARIÉTÉS RECOMMANDÉES

FÈVES À COSSE LONGUE
'Aquadulce Claudia' : *variété ancienne à grains blancs, précoce, rustique, de 1 m de haut.* **'Red Epicure'** : *fleurs rouges, puis cosses vertes et grains bronze.* **'The Sutton'** : *compacte, rarement plus de 30 cm de haut, goût excellent.*
FÈVES À COSSE COURTE
'Green Windsor' : *très savoureuse.*

❀ FÈVES À COSSE COURTE

PRINTEMPS			ÉTÉ			AUTOMNE			HIVER		
mars	avril	mai	juin	juill.	août	sept.	oct.	nov.	déc.	janv.	févr.
							⚘	⚘			⚘
⚘			✂	✂	✂	✂					

HARICOT DE LIMA ET DOLIQUE MONGETTE

Phaseolus lunatus et *Vigna unguiculata*

AUSSI ANCIEN QUE LA FÈVE, le haricot de Lima, répandu du Guatemala au Pérou, était cultivé par les Mayas du Yucatán. Cette plante a besoin de chaleur ; elle n'est pas adaptée aux régions froides d'Europe. Il en va de même pour le dolique mongette, originaire d'Afrique, appelé aussi bannette ou pois yeux-noirs aux Antilles. Décoratif, il produit des gousses tachetées de crème, de vert, de rose et de violet. Les grains sont également très divers : marbrés de rose, verdâtres tournant au kaki à la cuisson, crème marqué d'un « œil » noir...

Culture

Doliques mongettes et haricots de Lima sont, selon les cultivars, buissonnants ou de haute taille, et tous deux se consomment frais ou secs. Les premiers mûrissent un peu plus de deux mois après leur plantation, mais leurs graines demandent pour germer et croître une température moyenne de 21 °C, qui brûlerait les haricots verts. Les haricots de Lima grimpants se développent en quatre-vingts jours environ, un peu moins lorsqu'ils sont buissonnants. Les graines ne germeront pas si le sol est en dessous de 18 °C.

SOL ET EXPOSITION Dans les États du sud des États-Unis, ces deux espèces poussent dans des substrats sableux, bien drainés. Dans des terres plus lourdes, ils se développeront mieux si les planches sont surélevées. Le sol doit avoir un pH de 6-6,5. S'il est plus acide, il faut le chauler trois mois environ avant les semis.

SEMIS Semez à la fin du printemps, deux semaines après les dernières gelées. Enfouissez les graines à 2 cm de profondeur environ, tous les 10 cm, dans des rangs espacés de 1 m. Les types grimpants ont besoin de perches ou d'un autre support. Échelonnez vos semis du début à la mi-été.

ENTRETIEN L'arrosage accroît le rendement mais, en cas de pénurie d'eau, réservez-la pour l'époque de la floraison. C'est à ce moment que les plantes en ont le plus besoin pour que leurs gousses gonflent bien.

RENDEMENT ET RÉCOLTE Si vous voulez consommer les grains frais, cueillez les gousses lorsqu'elles sont bien gonflées, mais sans présenter aucun signe de dessèchement. Dans le cas contraire, laissez les gousses sécher sur la plante puis écossez-les et conservez les grains à l'abri. Un rang de 3 m fournira environ 2 kg de haricots.

RAVAGEURS ET MALADIES La sitone du pois, un charançon (voir p. 191), pose parfois problème. Divers virus sont aussi apportés par les pucerons.

VARIÉTÉS RECOMMANDÉES

HARICOTS DE LIMA

'Panach' : *variété grimpante, gousses de 15 cm, grains striés bordeaux.* **'Fordhook 242' :** *bonne variété buissonnante, grains blancs.*

DOLIQUES MONGETTES

'BB 3 500' : *grand buisson érigé, résistant aux maladies.*

'Purple Mart' : *variété vigoureuse, grimpante, produisant des gousses violettes.*

'Dall Occhio' : *buissonnant, gousses vertes, fines et cylindriques.*

PRINTEMPS			ÉTÉ			AUTOMNE			HIVER		
mars	avril	mai	juin	juill.	août	sept.	oct.	nov.	déc.	janv.	févr.
	⚘	⚘	⚘	✂	✂						

DOLIQUE MONGETTE

HARICOT DE LIMA

TIGES, TUBERCULES, BULBES ET RACINES

LA PLUPART DES PLANTES appartenant à ce groupe cachent dans le sol leur partie comestible. Certaines d'entre elles ont cependant une partie aérienne très décorative : oignons, poireaux, fenouils, choux-raves, carottes, betteraves et panais. Les asperges sont également très ornementales lorsqu'on laisse s'épanouir leur fin feuillage, mais elles occupent un vaste espace et on ne peut les changer de place. La belle rhubarbe est, elle aussi, attachée à son coin de terre par un rhizome. Plantez-en quelques-unes momentanément, dans une bordure d'herbacées ou parmi des rosiers. Quant aux poireaux, ils ont un double avantage : leurs belles feuilles puis, s'ils ne sont pas cueillis, les splendides têtes rondes de leurs fleurs lilas pâle.

DÉLICIEUSES ASPERGES
Un élégant épouvantail étend ses bras au-dessus d'une planche d'asperges qui risquent d'être submergées par des capucines. Semées directement dans le sol, ces fleurs se propagent rapidement, en un tapis coloré qui empêche la levée des mauvaises herbes.

ROSES ET POMMES DE TERRE
Peu décoratives, mais indispensables dans tout potager, les pommes de terre sont ici ceinturées par les roses. Des rosiers bas floribunda et hybrides de thé forment des bordures ; des rosiers grimpants délimitent une allée.

CURIEUX CHOUX-RAVES

La tige gonflée du chou-rave repose sur le sol tel un œuf étrange d'où pourrait sortir à tout instant un bébé dinosaure. En eux-mêmes, les choux-raves ne sont pas très décoratifs, mais leur curieuse structure est intéressante dans un potager.

BRILLANTES BETTERAVES

Les soucis ne se contentent pas de relever de touches vivement colorées ce carré de betteraves. Ils attirent aussi les syrphes, dont les larves dévorent les pucerons plus rapidement qu'aucun autre prédateur.

FENOUIL PLUMEUX

Des bleuets font un large écrin à ces fenouils de Florence aussi frais que l'eau d'une piscine. La grande verveine odorante Verbena bonariensis, *serait également à sa place dans une telle composition, qui pourrait aussi accueillir des betteraves aux feuilles pourpres et des ancolies.*

OIGNONS *Allium cepa*

« LES DIEUX DU POTAGER », disait Juvénal, le poète satirique latin, en parlant de l'odorante famille des oignons. Et c'est vrai. Rares sont aujourd'hui les préparations culinaires qui se passent de ces bulbes parfumés. Et, pourtant, lorsqu'ils arrivèrent d'Orient, les oignons étaient un luxe réservé à la cuisine des gens fortunés. Leurs feuilles bleu-vert, tubulaires, se marient bien avec les fanes plumeuses des carottes. Cette association a aussi un côté pratique : on dit que l'odeur des oignons masque celle des carottes, dissuadant ainsi la mouche de la carotte de venir y pondre.

Culture

Faut-il semer les oignons ou planter tout de suite des bulbilles ? Celles-ci, plus onéreuses que les graines, vous dispenseront de la première étape du cycle végétatif. Mais sachez que le choix des cultivars s'en trouve réduit et que les plantes seront davantage sujettes à la montée en graine. À moins que vous n'utilisiez des bulbilles traitées à la chaleur, de façon à détruire leurs futurs boutons floraux. Si vous voulez de gros oignons à conserver, choisissez plutôt les variétés à peau jaune ou rouge ; les oignons blancs sont à consommer immédiatement.

SOL ET EXPOSITION Une terre fertile, bien drainée, qui a été bêchée et enrichie à l'automne précédent, est idéale. Les bulbes ont aussi besoin de soleil.

SEMIS Semez les oignons de couleur en rangs espacés de 25 cm dans la première moitié du printemps (mars-avril). Enfoncez doucement les bulbilles dans le sol ; leur pointe supérieure doit juste affleurer la surface. Disposez-les tous les 10 cm en lignes espacées de 25 cm. Vous pouvez semer les oignons blancs directement en place, en rayons, toutes les trois semaines, de la fin de l'été à la mi-automne. Vous les repiquerez à la fin de l'automne pour une récolte après l'hiver.

ENTRETIEN Les oignons ne supportent pas la compétition ; le désherbage est essentiel au début de leur croissance.

RENDEMENT ET RÉCOLTE Un rang de 3 m produit environ 3,5 kg d'oignons. Arrachez-les dès que leur feuillage commence à se faner. Si vous voulez les garder pendant l'hiver, un séchage minutieux s'impose (voir p. 186). Exposez-les au soleil, sur un grillage.

RAVAGEURS ET MALADIES Les vers de la mouche de l'oignon (voir p. 190) risquent de détruire rapidement toute une récolte. On les en dissuade par des lignes de persil plantées entre celles des oignons. Le mildiou (voir p. 193) est aussi à craindre lors des étés pluvieux.

VARIÉTÉS RECOMMANDÉES

OIGNONS JAUNES
'Jaune paille des Vertus' : *large bulbe aplati.* **'Oignon de Mulhouse'** *type* **'Auxonne' :** *à cultiver à partir de bulbilles.*

OIGNONS ROUGES
'Rouge de Florence' : *oignon italien typique, de forme allongée.* **'Rouge de Brunswick' :** *bulbe aplati, chair marquée de rose, goût puissant.*

OIGNONS BLANCS
'Blanc de Paris' : *résistant au froid.* **'Blanc hâtif de la Reine' :** *très précoce, mais craint le froid.*

PRINTEMPS			ÉTÉ			AUTOMNE			HIVER		
mars	avril	mai	juin	juill.	août	sept.	oct.	nov.	déc.	janv.	févr.
					🌱	🌱	➡	➡			
✂	✂	✂	✂								
🌱	🌱			✂	✂	✂					
➡	➡		✂	✂	✂						

☐ Oignons blancs ☐ Oignons de couleur
☐ Bulbilles

OIGNONS BLANCS NOUVEAUX

OIGNON ROUGE

OIGNON JAUNE

DANS LA CUISINE

L'oignon est sans doute la plante la plus utilisée par les cuisiniers, mais il est rarement la vedette d'une recette. Cette soupe lui rend justice. Préparez-la en plat principal.

GRATINÉE À L'OIGNON
(pour 6 personnes)

60 g de beurre
1 cuil. à soupe d'huile d'olive
750 g d'oignons finement émincés
60 g de farine
2 litres de bouillon de bœuf
15 cl de vin blanc sec
sel et poivre noir
6 tranches de pain épaisses
1 gousse d'ail coupée en deux
2 cuil. à soupe d'oignon cru râpé
175 g d'emmental râpé

1 Chauffez le beurre et l'huile dans une grande casserole et faites revenir les oignons pendant 15 min. Ajoutez la farine en remuant et faites cuire 2 ou 3 min. Versez le bouillon et le vin, tournez pour éviter les grumeaux et laissez frémir pendant 45 min. Assaisonnez selon votre goût.

2 Frottez d'ail les tranches de pain et passez-les au four.

3 Versez la soupe dans une soupière ou des bols individuels. Incorporez l'oignon cru et disposez le pain en surface. Saupoudrez de fromage et faites gratiner.

NOTES GOURMANDES

- Pour une entrée, supprimez le pain et le fromage et ajoutez 2 cuil. à soupe de cognac flambé. (Chauffez-le dans une casserole et enflammez-le ; l'alcool brûle rapidement.)
- Pour un repas complet, versez la soupe dans des bols et ajoutez dans chacun d'eux un œuf à peine poché. Terminez avec le pain et le fromage.

AIL ET ÉCHALOTES
Allium sativum et *A. cepa Aggregatum*

LES POUVOIRS MAGIQUES de l'ail restent dans la mémoire collective. Cette plante ne suffirait-elle pas à faire reculer le plus sanguinaire des vampires ? Les échalotes n'ont pas de tels dons, mais elles se rattrapent en cuisine. Dans un potager, ces deux plantes, correctement soignées, poussent bien. Leur feuillage érigé, comme celui des oignons, tranchera joliment avec des laitues aux formes arrondies.

ÉCHALOTES

AIL

Culture

Les échalotes se récoltent souvent plus tôt que les oignons, intérêt certain dans une petite parcelle que vous souhaitez réutiliser ; elles se conservent assez bien. L'ail ne développera une belle tête que si les caïeux dormants sont soumis, pendant un à deux mois, au froid (entre 0 et 10 °C), condition qui favorise aussi le développement des feuilles. Quand leur croissance s'arrête, le bulbe souterrain commence à gonfler.

SOL ET EXPOSITION Une terre légère, bien drainée, convient à l'ail ; les échalotes acceptent un sol plus lourd. Ces deux plantes ont besoin d'un lieu ouvert et d'un sol fertile, mais exempt de toute fumure organique récente.

SEMIS Ce sont les caïeux (les petites gousses extérieures) de l'ail que vous planterez, du milieu à la fin de l'automne. Les échalotes se plantent du milieu de l'hiver au début du printemps. Enfouissez les caïeux tous les 15 cm, en lignes espacées de 30 cm.

ENTRETIEN Désherbez.

RENDEMENT ET RÉCOLTE Une ligne de 3 m donne en moyenne 20 têtes d'ail et 3,5 kg d'échalotes. Récoltez ces dernières comme les oignons. Arrachez l'ail quand son feuillage devient jaune.

RAVAGEURS ET MALADIES Ces plantes sont peu attaquées ; elles rencontrent cependant parfois les mêmes problèmes que les oignons (voir page ci-contre).

VARIÉTÉS RECOMMANDÉES

AIL
Choisissez des variétés certifiées SOC (Service officiel de contrôle du ministère de l'Agriculture).

AIL BLANC
'Messidrome' : *récolte d'automne.*

AIL ROSE
'Fructidor' : *récolte de printemps.*

ÉCHALOTES
'Cuisse de Poulet' : *pour une culture d'automne ou de printemps.* **'Grise' :** *ne convient qu'aux plantations d'automne.*

	PRINTEMPS			ÉTÉ			AUTOMNE			HIVER		
	mars	avril	mai	juin	juill.	août	sept.	oct.	nov.	déc.	janv.	févr.
Ail								🌱	🌱			
Ail				✂	✂	✂						
Échalotes	🌱										🌱	🌱
Échalotes	🌱			✂	✂	✂						

Ail   Échalotes

POIREAUX *Allium porrum*

L'EMPEREUR NÉRON appréciait beaucoup la soupe de poireau, et ne s'en privait jamais. C'est sans doute l'une des rares qualités que l'on puisse lui prêter. Faciles à cultiver, les poireaux se parent d'un feuillage rubané bleu acier, admirablement mis en valeur quand il est associé aux têtes pourpres de la verveine *Verbena bonariensis*. Ils occupent le terrain de la mi-été jusqu'au printemps suivant et réclament peu de soins. Arrangez-vous pour qu'ils dominent un manteau de coréopsis éclatants, ou plantez-les en bandes alternées avec des soucis aux teintes d'or.

Culture

Vous pouvez acheter de jeunes plants de poireau, et les mettre en place en début d'été, mais vous pouvez aussi faire vos plants vous-même ; ils lèvent facilement.
SOL ET EXPOSITION Les poireaux demandent une terre riche, bien drainée, généreusement nourrie et bêchée avec soin. Afin que les longues tiges blanches puissent s'y développer, le sol doit être assez épais pour y enfoncer profondément les jeunes plants.
SEMIS Il existe des variétés précoces (longues et fines), de mi-saison, ou tardives (courtes et larges). Semez les premières sous abri, à la fin de l'hiver (voir p. 168). Les semis des variétés de pleine saison peuvent être faits en lignes (voir p. 170), à l'extérieur, au printemps. Semez clair, à 1 cm de profondeur.
REPIQUAGE Vous pouvez éclaircir les poireaux et les laisser pousser dans les rangs où ils ont été semés; cependant, en les repiquant, vous obtiendrez de meilleurs résultats (voir p. 171). Arrosez bien le substrat avant d'arracher les jeunes plants, au début ou à la mi-été, quand ils mesurent de 20 à 23 cm. Faites des trous de 15 cm de profondeur, tous les 15 cm, en rangs espacés de 30 cm. Glissez un poireau dans chaque trou, rebouchez et arrosez au goulot pour entraîner la terre sur les racines.
ENTRETIEN Il se résume à un arrosage abondant lors des étés très secs.
RENDEMENT ET RÉCOLTE Un rang de 3 m donne environ 5 kg de poireaux. Vous pouvez les arracher quand vous en avez besoin, encore qu'ils soient difficiles à extraire d'un sol gelé. La tige risque alors de casser net, laissant dans la terre la meilleure partie. Pour éviter cette mésaventure, préparez une réserve avant les grands froids. Coupez les feuilles, enveloppez les poireaux dans du papier journal et entreposez-les dans un endroit frais.
RAVAGEURS ET MALADIES Le pire de tous est la rouille (voir p. 194), et les sélectionneurs cherchent à créer des variétés qui résisteront à cette maladie. Elle se manifeste par des taches orange sur les feuilles. Un apport abondant d'engrais trop azoté peut favoriser leur apparition. Alternez les cultures pour éviter que la maladie ne s'installe dans une planche et brûlez les feuilles les plus atteintes.

VARIÉTÉS RECOMMANDÉES

'Gros long d'été' : *à récolter en début de saison.* **'Malabare' :** *volumineux (automne).* **'Bleu de Solaise' :** *beau feuillage vert bleuté, résistant au froid (hiver).* **'Monstrueux de Carentan' :** *long, goût excellent (automne-hiver).*

PRINTEMPS			ÉTÉ			AUTOMNE			HIVER		
mars	avril	mai	juin	juill.	août	sept.	oct.	nov.	déc.	janv.	févr.
											🪴
🌱	🌱	➡	➡	➡	✂	✂	✂	✂	✂	✂	✂
✂											

❀ POIREAUX

Dans la cuisine

Les poireaux, moins forts en goût que les autres membres de la famille des oignons, permettent de préparer de superbes soupes. Émincés et rapidement sautés au beurre, puis agrémentés de lardons, ils garnissent une délicieuse tarte, à déguster chaude, froide ou tiède.

Tarte aux poireaux (pour 6 personnes en entrée, et pour 4 en plat principal)

Pour la pâte brisée
90 g de beurre
175 g de farine
1 pincée de sel
un peu d'eau froide
Pour la garniture
90 g de beurre
500 g de blancs de poireau lavés et finement émincés
sel et poivre noir
125 g de lardons
2 œufs
20 cl de lait ou de crème fraîche, ou d'un mélange des deux

1 Préparez la pâte avec le beurre, la farine et le sel. Liez avec un peu d'eau. Formez une boule et laissez-la reposer 30 min.
2 Pour la garniture, faites revenir doucement au beurre les poireaux pendant 3 ou 4 min. Poivrez et laissez refroidir. Faites rissoler les lardons dans une petite poêle.
3 Chemisez de pâte un moule à tarte beurré et cuisez-la à blanc 10 min dans le four préchauffé à 200 °C. Baissez le four à 180 °C.
4 Mélangez les lardons et les poireaux et garnissez-en le fond du moule. Battez les œufs avec le lait ou la crème. Salez et versez sur les poireaux.
5 Cuisez au four pendant 30 min. Servez chaud, ou tiède, ou laissez refroidir.

Fenouil de Florence
Fœniculum vulgare var. *azoricum*

Avec son fin feuillage plumeux et son bulbe bien dessiné, le fenouil de Florence est très décoratif. Cependant, tel un pur-sang, il a tendance à se rebiffer quand il est confronté à l'inconnu. Il est très largement cultivé dans les pays méditerranéens, notamment en Italie où, s'il est bien arrosé, il développe tout son arôme. Sous les climats plus frais, il risque de monter en graine avant que sa pomme n'ait gonflé.

❀ Fenouil de Florence

Culture

Des semis trop précoces, alors que le froid risque de revenir, entraînent souvent une montée à fleur indésirable. Sous les climats méridionaux, les meilleurs résultats sont obtenus à partir de graines semées à la mi-été. Comptez quinze semaines pour que le fenouil soit à maturité. Ce n'est pas une plante rustique.

Sol et exposition Un sol léger, sableux, est idéal, mais le bulbe ne doit jamais manquer d'eau.

Semis Le fenouil de Florence fait partie des nombreuses plantes qui adaptent leur comportement à la durée du jour. Dans le Midi, pour réduire les risques de montée en graine, attendez que les journées les plus longues soient passées. Semez clair, à l'extérieur, en rayons de 1 cm de profondeur, en lignes espacées de 30 cm, après avoir arrosé le sol s'il est sec.

Éclaircissage Cette méthode est préférable au repiquage, choc dont le fenouil se remet rarement : il monte à fleur au lieu de laisser sa pomme se développer. Éclaircissez à 30 cm entre chaque plant.

Entretien Cette plante doit être nourrie et arrosée sans à-coups pour avoir une croissance régulière. Un paillis conservera l'humidité et chassera les mauvaises herbes. Quand les bulbes commencent à gonfler, buttez-les pour stabiliser la plante et blanchir les tiges (voir p. 167).

Rendement Un rang de 3 m produit environ 9 bulbes. Coupez-ceux-ci juste au ras du sol, trois semaines après les avoir buttés. La souche porte parfois quelques tiges secondaires que vous pouvez utiliser comme celles de l'aneth.

Ravageurs et maladies Les caprices du temps sont plus dangereux pour le fenouil que les ravageurs ou les maladies.

Variétés recommandées

Pour culture méridionale
'Cantino' : *lent à monter en graine.*
'De Florence' : *saveur anisée marquée, bulbe allongé.*
Pour culture en climat frais
'De Mantoue' *et* **'Domino'.**

	Printemps			Été			Automne			Hiver		
	mars	avril	mai	juin	juil.	août	sept.	oct.	nov.	déc.	janv.	févr.
au Sud				✿	✿		✂	✂	✂			

Céleri-rave et chou-rave
Apium graveolens var. *rapacea* et *Brassica oleracea* 'Gongylodes'

LE CÉLERI-RAVE A POUR PARTIE COMESTIBLE une racine, comme la carotte, alors que celle du chou-rave est un renflement de la base de la tige. Produit dans un potager familial, le premier atteint rarement la taille qu'on lui voit sur certains étals. Mais son feuillage découpé est très décoratif. Après une longue croissance, cette plante a bien du mal à quitter son berceau. Ses racines horizontales l'ancrent solidement dans le sol et son arrachage nécessite de gros efforts. Le chou-rave, qui appartient à la famille des choux, développe une boule lisse, violette ou vert blanchâtre, qui apporte une note colorée.

Culture

C'est au moment de la transplantation que le céleri-rave réclame le plus d'attention. Il faut éviter d'interrompre son développement, et éventuellement, l'arroser. Sa croissance est lente.
Le chou-rave, en revanche, peut atteindre sa maturité huit à dix semaines seulement après avoir été semé, et il supporte mieux la sécheresse que la plupart des choux. Consommez-le lorsqu'il est gros comme une balle de tennis ; au-delà, il devient de plus en plus ligneux.

SOL ET EXPOSITION Plante de marais, le céleri-rave aime les sols riches et humides. Le chou-rave accepte un sol plus sec, sableux, léger et fertile.

SEMIS Semez le céleri-rave à l'intérieur, au printemps (voir p. 168).
La germination demande trois semaines environ. Repiquez alors les plantules dans des terrines, à 7 cm les unes des autres. Pour le chou-rave, semez directement en place, peu et souvent (voir p. 170), à 1 cm de profondeur, en lignes espacées de 30 cm.

TRANSPLANTATION Au moment de leur mise en place à l'extérieur, les plantules de céleri-rave doivent mesurer 7 cm environ et avoir été endurcies (voir p. 169). Espacez-les de 30 à 40 cm. Le point de jonction entre les feuilles et la racine doit se trouver au niveau du sol. Espacez les plants de chou-rave de 15 à 23 cm.

ENTRETIEN Arrosez abondamment le céleri-rave et paillez le sol. Arrachez doucement les feuilles qui s'écartent du globe afin de ne pas laisser se développer des tiges secondaires. Le chou-rave réclame moins de soins ; éliminez cependant les mauvaises herbes.

RENDEMENT ET RÉCOLTE Un rang de 3 m produit de 8 à 10 céleris-raves et de 15 à 20 choux-raves.

RAVAGEURS ET MALADIES Le céleri-rave rencontre les mêmes problèmes que le céleri-branche (voir page ci-contre). Le chou-rave, lui, est sensible à la hernie du chou (voir p. 193), aux altises et à la mouche du chou (voir p. 191).

Variétés recommandées

CÉLERI-RAVE
'Névé' : *variété récente, dont la chair ne se décolore pas.*
'Monarch' : *peau lisse, chair tendre.*
CHOU-RAVE
'Violet de Vienne' : *variété ancienne, résiste assez bien au gel.* **'Superschmelz' :** *vert pâle, à chair blanche, croquante et juteuse ; pomme énorme qui reste tendre.* **'Azurstar' :** *nouvelle variété à pomme violette, précoce.*

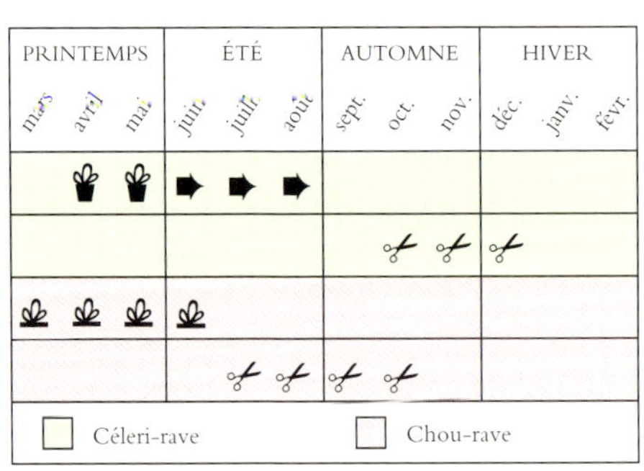

Dans la cuisine

En choisissant des cultivars modernes de céleri-rave, vous n'aurez plus besoin de citronner la chair pour l'empêcher de noircir.

Gratin de céleri-rave (pour 4 personnes)

1 gros céleri-rave ou 2 petits
6 cuil. à soupe de parmesan fraîchement râpé
30 g de beurre
30 g de chapelure
Pour la sauce tomate
125 g de lardons un peu gras ou de coppa, émincés
3 belles gousses d'ail finement hachées
3 cuil. à soupe d'huile d'olive
1 grosse carotte coupée en dés
1 kg de tomates pelées et concassées
15 cl de vin blanc sec
sel et poivre noir
origan séché, selon votre goût
8 feuilles de basilic finement ciselées

1 Préchauffez le four à 190 °C.

2 Préparez la sauce tomate : faites revenir les lardons, l'oignon et l'ail dans l'huile. Ajoutez la carotte, les tomates, le vin et faites cuire à feu vif pendant 15 min. Salez, poivrez et ajoutez les herbes.

3 Épluchez le céleri-rave, coupez-le en morceaux et faites-le cuire à l'eau salée bouillante pendant 15 min.

4 Égouttez et disposez le céleri dans un plat à gratin profond en couches séparées par du parmesan et quelques noix de beurre.

5 Nappez de sauce tomate et recouvrez de chapelure et du reste de beurre et de parmesan. Passez au four de 25 à 30 min : la croûte doit être bien dorée et croquante.

Céleri-branche
Apium graveolens

Des siècles de sélection ont transformé le céleri sauvage, très fort, en céleri-branche délicieux à croquer. Il en existe trois types. Les céleris à côtes vertes, qui ne sont plus guère cultivés, ceux à côtes blanches et feuillage vert, et ceux à côtes blanches et feuillage doré (vert-jaune).

Céleri-branche

Culture

Un bon céleri se reconnaît à la taille et à l'arôme de ses longs pétioles, qui s'obtiennent grâce à une croissance rapide, particulièrement bien arrosée.

Sol et exposition Une terre profonde et bien drainée est indispensable. Travaillez-la avec beaucoup de fumier. Le pH doit se situer entre 6,5 et 7,5.

Semis Les graines mettent parfois du temps à germer, ou ne donnent rien s'il fait trop chaud. Semez-les sous abri, en maintenant une température de 10 à 15 °C, à la surface d'un pot de compost (voir p. 168). Ne les couvrez pas ; elles ont besoin de lumière. Repiquez les plantules en terrines dès que possible.

Transplantation Quand les jeunes plants présentent 5 ou 6 feuilles, endurcissez-les puis tranplantez-les (voir p. 169). Plantez au fond d'une tranchée, creusée sur 30 cm de profondeur. Remplissez à moitié la cavité de fumier puis recouvrez de 5 cm de terre, de sorte que le fond se trouve à 10 cm du niveau du sol. Laissez reposer un peu et installez les plants tous les 30-45 cm.

Entretien Arrosez abondamment pendant toute la période de croissance et paillez pour conserver l'humidité. Apportez au besoin un engrais liquide un mois après la transplantation. Dans les tranchées, faites blanchir le céleri quand les plantes atteignent 30 cm de haut environ, d'abord en comblant les creux, puis en buttant chaque pied (voir p. 167).

Rendement et récolte Un rang de 3 m produit environ 6 kg de céleris.

Ravageurs et maladies Les limaces apprécient beaucoup les tiges juteuses, pleines de sève. La mouche du céleri (voir p. 191) n'est pas moins gourmande. Ses vers blancs causent en effet de sérieuses boursouflures brunes sur les feuilles. La croissance se ralentit sensiblement et les côtes s'étiolent. Vaporisez éventuellement du malathion.

Variétés recommandées

'Géant rouge' : *côtes rouges très décoratives, goût excellent.* **'Grand doré amélioré' :** *côtes blanches et feuillage doré.*
'Golden Spartan' : *larges côtes jaune clair, feuillage doré.*
'Plein blanc Lepage' : *larges côtes, feuillage vert.*

Printemps			Été			Automne			Hiver		
mars	avril	mai	juin	juill.	août	sept.	oct.	nov.	déc.	janv.	févr.
🪴	➡	➡	➡	➡	✂	✂	✂	✂	✂		

ASPERGES
Asparagus officinalis

❀ ASPERGES

LA CULTURE DES ASPERGES demande de l'espace. Il vous faut en effet une trentaine de griffes, ou souches, pour disposer à chaque cueillette d'une récolte suffisante et, lorsqu'elles sont en place, elles y sont pour vingt ans. En contrepartie, dites-vous bien que peu de plantes sont aussi délicieuses, aussi chères sur les marchés… et si fragiles que vous pouvez mettre votre eau de cuisson à bouillir avant d'aller cueillir les longs turions. L'asperge produit spontanément des plants mâles et femelles. Le feuillage de ces derniers porte des sortes de petites baies rouges quand, après la récolte, les plantes sont laissées à elles-mêmes. Il existe aujourd'hui des asperges uniquement mâles, dont les pousses sont plus épaisses.

Culture

Les asperges demandent un sol travaillé et fumé en profondeur. La qualité de la récolte récompensera ce travail. Éliminez toutes les mauvaises herbes vivaces. Les planches d'asperges ont habituellement 1,20 m de large, ce qui permet de planter deux rangs parallèles et d'y accéder facilement. Laissez 1 m entre les planches.

SOL ET EXPOSITION Les asperges ont besoin d'un sol sableux, bien drainé et riche. Dans une terre épaisse, incorporez du sable en même temps que du fumier. Si elle est très lourde, creusez profondément (voir p. 166) afin que l'eau ne stagne pas autour des griffes. Chaulez le sol s'il est trop acide (voir p. 161), pour atteindre un pH de 6,5-7,5.

PLANTATION Vous pouvez semer des graines, mais il est préférable, même si le coût en est supérieur, d'acheter des griffes déjà développées, âgées de 1 à 3 ans. Les plus jeunes se transplantent plus facilement, mais ne seront guère productives avant deux ou trois ans. Des griffes de 1 an vous permettront de récolter vos premières asperges dans la deuxième année suivant leur mise en place. Mettez-les en terre au début du printemps, tous les 45 cm, en rangs espacés eux-mêmes de 45 cm, après les avoir laissées tremper dans l'eau pendant deux heures.

ENTRETIEN Chassez impitoyablement les mauvaises herbes. Si vous préférez les asperges blanches aux asperges vertes, il vous faudra butter les pousses pour les blanchir (voir p. 167). Recouvrez les planches d'un paillis épais de fumier ou de compost à la fin de l'hiver. Coupez le feuillage lorsqu'il a jauni.

RENDEMENT ET RÉCOLTE Chaque griffe bien établie donne de 8 à 10 asperges. Coupez-les sous la surface du sol, au niveau de la souche, quand elles mesurent de 12 à 18 cm. La récolte ne dure que six à huit semaines, et s'achève au début de l'été. Ne prélevez pas les turions de la première année.

RAVAGEURS ET MALADIES Taupes et limaces font parfois de gros dégâts (voir p. 192). Le criocère de l'asperge passe l'hiver dans les planches et pond ses œufs noirs sur les tiges naissantes. Les larves et les adultes attaquent le feuillage (voir p. 191). Le rhizoctone violet, mortel pour la plante, est dû à un champignon (voir p. 193). Les racines se couvrent alors de filaments violets de mycélium. Isolez la zone et brûlez les plantes infectées.

VARIÉTÉS RECOMMANDÉES

'Active d'Argenteuil' : *à pointe violette.*
'Larac' : *très productive et très précoce.*
'Verdi' : *verte mais très tendre.*

PLANTER DES GRIFFES D'ASPERGE
Dans une tranchée de 30 cm de large et de 20 cm de profondeur, montez une butte de terre. Placez les griffes en étalant bien leurs racines de part et d'autre de la butte : elles doivent se trouver à 10 cm sous la surface.

Dans la cuisine

Servez les asperges avec une sauce hollandaise ou à la crème. Faites-les d'abord cuire à l'eau bouillante, à la verticale pour que leurs pointes ne soient pas noyées. Recouvrez la casserole d'un dôme en papier d'aluminium.

Sauce hollandaise (pour 4 personnes, en entrée)

2 cuil. à soupe de vinaigre de vin blanc
4 cuil. à soupe d'eau
4 grains de poivre noir concassés
4 jaunes d'œufs
175 g de beurre fondu
sel et poivre noir
le jus d'un citron

1 Mettez dans une casserole le vinaigre, l'eau, le poivre broyé et faites réduire des 2/3. Placez la casserole au bain-marie.

2 Ajoutez les jaunes d'œufs et fouettez énergiquement jusqu'à ce qu'ils commencent à épaissir. Incorporez peu à peu le beurre, en mince filet, toujours en fouettant.

3 Assaisonnez avec du sel, du poivre et le jus de citron. Servez la sauce très chaude.

Sauce à la crème (pour 4 personnes, en entrée)

30 cl de crème fraîche
2 cuil. à soupe de fines herbes mélangées ciselées (estragon, ciboulette et persil, par exemple)
sel, poivre noir et cayenne

1 Chauffez doucement la crème et incorporez les herbes en fouettant. Salez et poivrez selon le goût.

2 Servez chaud. Cette sauce peut aussi être servie froide ; dans ce cas, ne chauffez pas la crème.

Rhubarbe
Rheum × cultorum

Curieuse rhubarbe... Cette plante potagère a des tiges qui sont utilisées comme des fruits, sur des tartes, en confiture et en compote, mais elle n'est pas aussi belle que sa cousine *Rheum palmatum*, aux feuilles rouge pourpré profondément découpées. La rhubarbe potagère a des pétioles rose verdâtre. En Angleterre, les pétioles sont « forcés » dans des pots spéciaux, mais un simple seau fera aussi bien l'affaire.

RHUBARBE

Culture

Une fois en place, la rhubarbe n'aime pas le changement et elle occupe pendant longtemps sa parcelle. Vous récolterez ses tiges du début du printemps jusqu'à l'été ; elle vous causera peu de soucis.

Sol et exposition Tous les sols conviennent à cette plante, même s'ils sont acides, pourvu qu'ils soient riches et bien drainés. Choisissez un site ouvert, loin de l'ombre des arbres. Bêchez le sol profondément en y incorporant du fumier ou du compost avant de planter.

Plantation On peut bien sûr semer la rhubarbe, mais on la plante généralement à partir d'éclats de souche. Chacun d'entre eux doit avoir un bourgeon situé sur le dessus du rhizome et de nombreuses petites racines en dessous. Plantez-les entre la mi-automne et le début du printemps, tous les mètres. Ne recouvrez pas les bourgeons de plus de 2 cm de terre.

Entretien Arrosez abondamment et paillez avec du fumier ou de l'herbe coupée pour retenir l'humidité. De hautes tiges florales, aux fleurs crème, se développent à maturité. Elles sont très décoratives, mais il vaut mieux les supprimer pour éviter d'épuiser la plante. Tous les cinq ans, les plants doivent être divisés (voir p. 172). Les rejetons les plus vigoureux sont généralement ceux qui se sont formés à la périphérie des touffes.

Forçage Ce procédé permet d'allonger les tiges de la rhubarbe et d'avancer la récolte de plusieurs semaines. Pour forcer une plante, posez sur la touffe au moment où les feuilles se développent un pot spécial en terre cuite en forme de « cheminée » (voir p. 167) ou un seau sans fond retourné. Libérez les rhubarbes quand vous avez commencé à prélever les premières tiges.

Rendement et récolte Un plant produit en moyenne 2,5 kg de tiges. Il vaut mieux les arracher doucement plutôt que de les couper, en en laissant toujours quatre. Ne prélevez plus rien après le milieu de l'été afin que la plante puisse repartir.

Ravageurs et maladies Le pourridié (voir p.193), qui ruine les racines, est impossible à combattre. Diverses attaques virales entravent la croissance ou développent de vilaines taches sur les feuilles. Déterrez les plantes infectées et brûlez-les.

Variétés recommandées

'Timperley Early' : *variété à peau rouge et chair verte.* **'Victoria' :** *bonne variété tardive.* **'Monarch' :** *plante très vigoureuse.*

CAROTTES *Daucus carota*

TOUTES LES CAROTTES ACTUELLES descendent de types violets et jaunes, originaires d'Arabie et introduits en Europe au XIVᵉ siècle. Pendant des décennies, les sélectionneurs ont recherché la carotte parfaite, sans parvenir, hélas, à se débarrasser de la mouche de la carotte, *Psila rosae*, dont les larves voraces attaquent les racines. Oignons ou nigelles parviennent à éloigner cet insecte indésirable. Dans le potager décoratif, les fanes de carotte, érigées, contrastent agréablement avec des laitues arrondies ou les feuilles linéaires de l'ail.

❀ CAROTTES NANTAISES

Culture

Si vous semez des graines de diverses variétés à intervalles réguliers, vous disposerez de carottes fraîches pendant toute l'année, ou presque. Les nantaises et les grelots sont matures du début à la fin de l'été. Les variétés tardives sont prêtes en automne. Les types 'De Chantenay' se récoltent à l'automne et se conservent en hiver, les 'Colmar' et les 'Berlicum', de la fin de l'hiver au printemps. En semant des nantaises avant le début du mois de mai, vous échapperez à la grande période de ponte des mouches de la carotte.

SOL ET EXPOSITION Les carottes apprécient un sol léger, bien drainé, et assez profond pour que les racines s'y développent sans contrainte.

SEMIS Semez très clair (voir p. 170), à 1 cm de profondeur, dans des rayons espacés de 15 cm. Les graines germent mal en dessous de 8 °C. Préparez vos semis précoces en réchauffant le sol avec des cloches ou un plastique alvéolé (voir p. 166).

ÉCLAIRCISSAGE Il est déconseillé, car les mouches de la carotte sont alors attirées par une odeur irrésistible et trouvent dans le sol de petites crevasses idéales pour aller y déposer leur œufs. Il vaut donc mieux faire des semis clairs.

ENTRETIEN N'arrosez pas trop et désherbez bien autour des plantules.

RENDEMENT ET RÉCOLTE Une ligne de 3 m produit de 4 à 5 kg de carottes. Dans les sols légers, arrachez-les au fur et à mesure de vos besoins. Si le sol est lourd, récoltez-les et conservez-les dans des bacs de sable (voir p. 187).

RAVAGEURS ET MALADIES La mouche de la carotte et ses larves qui dévorent profondément les racines (voir p 190) représentent la pire des menaces. Certaines variétés y résistent mieux que d'autres. Il semblerait que la quantité d'acide phénique contenu dans les racines ait une importance. Les larves ont en effet besoin de cet acide pour leur propre croissance, et les mouches délaissent plus facilement les carottes qui en fixent moins.

VARIÉTÉS RECOMMANDÉES

NANTAISES

'Buror F1' : *hybride précoce, résistant à la montée en graine, pour une récolte précoce de printemps ou une culture hâtée en climat doux (semis d'automne).* **'Nanco F1' :** *racines longues, cylindriques, parfumées, matures de la fin de l'été au début de l'automne.*

DE CHANTENAY

'Boltex' : *racines massives, goût excellent ; à semer en mai pour une récolte de fin d'automne et d'hiver.*

DE COLMAR

'De Colmar à cœur rouge' : *racines coniques ; pour une production hivernale.*

BERLICUM

'Ingot' : *longues racines massives, goût excellent ; contient beaucoup de carotène et de vitamine C.*

GRELOT

'Marché de Paris' : *petites racines rondes, sucrées, idéales pour la culture en « primeur ».*

PRINTEMPS			ÉTÉ			AUTOMNE			HIVER		
mars	avril	mai	juin	juill.	août	sept.	oct.	nov.	déc.	janv.	févr.
✿	✿	✿	✿	✿							
✂				✂	✂	✂	✂	✂	✂	✂	✂

❀ CAROTTES GRELOTS

DANS LA CUISINE

Les carottes du potager sont toujours meilleures, plus sucrées, que celles que l'on achète dans le commerce. Ne les faites pas cuire trop longtemps. Préparées à la vapeur, elles sont délicieuses avec du beurre fondu et du persil plat finement ciselé.

CAROTTES D'ÉTÉ ET SAUCE À LA CRÈME (pour 4 personnes)

375 à 500 g de carottes d'été brossées et coupées en morceaux
30 cl de bouillon de volaille
1/2 à 1 cuil. à café de purée d'ail (voir ci-dessous)
15 cl de crème fraîche
1 cuil. à soupe de cerfeuil haché (en garniture)

1 Faites cuire les carottes 8 min dans le bouillon de volaille, à légers frémissements ; elles doivent être tendres.

2 Incorporez en remuant la purée d'ail (voir ci-dessous), selon votre goût. La sauce doit être assez épaisse. Ajoutez la crème et servez parsemé de cerfeuil haché.

NOTES GOURMANDES

- La purée d'ail utilisée dans cette recette est très facile à réaliser. Couvrez d'eau bouillante les gousses pelées de plusieurs têtes d'ail et blanchissez-les de 2 à 3 min. Répétez cette opération deux fois, en changeant l'eau, jusqu'à ce qu'elles soient très tendres. Réduisez-les en purée. Celle-ci se conservera 2 ou 3 mois au réfrigérateur sous une couche d'huile d'olive.
- Des carottes cuites à la vapeur, parsemées de miettes de fourme (ou de tout autre fromage à pâte persillée) et gratinées sous le gril du four, sont savoureuses.

BETTERAVES *Beta vulgaris* ssp. *vulgaris*

LES FEUILLES brillantes des betteraves se marient très agréablement avec celles, si fines, des carottes ou de la coriandre. Elles sont également somptueuses associées à des soucis. Les betteraves sont faciles à cultiver mais souffrent d'une assez mauvaise image. Cuisinez-les cuites, avec du beurre, ou consommez-les crues, râpées et relevées avec du jus d'orange.

BETTERAVES LONGUES

BETTERAVE RONDE

Culture

Outre les traditionnelles variétés d'un rouge profond, il existe beaucoup de « nouvelles » betteraves : des jaunes, des blanches, sans oublier le vieux cultivar 'Chioggia', à la chair sombre marquée de ronds concentriques blancs. Ces contrastes de couleur s'atténuent à la cuisson.

SOL ET EXPOSITION Les betteraves demandent un sol léger et fertile, mais qui n'a pas été fumé récemment.

SEMIS Commencez à semer au milieu du printemps. Si vous le faites précocement, choisissez une variété qui résiste bien à la montée en graine. Semez clair, à 1,5 cm de profondeur, en lignes espacées de 20 cm, ou de 30 cm pour les semis plus tardifs (voir p. 170). Trempez d'abord les graines dans l'eau pendant 30 min : elles germeront plus facilement. Elles sont généralement multigermes, mais il existe aussi des semences monogermes qui, ne produisant qu'un seul plant, réduisent d'autant les besoins d'éclaircissage.

ÉCLAIRCISSAGE Éclaircissez à 15 cm dès que les plantules se touchent.

ENTRETIEN Paillez autour des plantes pour conserver l'humidité et empêcher la levée des mauvaises herbes.

RENDEMENT ET RÉCOLTE Un rang de 3 m produit en moyenne de 5 à 8 kg de betteraves. N'attendez pas que les racines soient trop grosses. En hiver, après avoir arraché les feuilles, conservez les betteraves dans des bacs de sable.

RAVAGEURS ET MALADIES Les betteraves en sont souvent dispensées.

VARIÉTÉS RECOMMANDÉES

BETTERAVES RONDES
'Globe' : *hâtive, très bonne qualité.* **'Rouge plate d'Égypte'** : *légèrement aplatie, résistante à la chaleur.*
BETTERAVES LONGUES
'Crapaudine' : *variété ancienne, goût excellent.* **'Loma'** : *goût agréable, peu ligneuse.*

PRINTEMPS			ÉTÉ			AUTOMNE			HIVER		
mars	avril	mai	juin	juill.	août	sept.	oct.	nov.	déc.	janv.	févr.
	✿	✿	✿	✿							
			✂	✂	✂	✂	✂	✂			

POMMES DE TERRE *Solanum tuberosum*

LA RÉCOLTE DES POMMES DE TERRE réserve plus d'une surprise. L'aspect des tiges et des feuilles ne garantit pas la richesse du trésor caché sous la terre. Parfois, les tubercules sont aussi regroupés que les œufs d'une couvée d'oie. D'autres fois, vous avez beau creuser, votre bêche ne découvre que de pauvres restes laissés par les limaces ou le mildiou. Les pommes de terre, avouons-le, ne sont pas très décoratives, mais elles nous offrent d'autres plaisirs. Cuites au four ou associées à des poireaux dans une soupe consistante, elles réchauffent la plus grise soirée d'hiver. Il faut d'ailleurs remercier les connaisseurs qui ont sauvé de l'oubli d'anciennes variétés et nous permettent, aujourd'hui, de disposer d'un vaste choix. Essayez, chaque année, de varier vos semences. Il en existe de trois types : hâtives, demi-hâtives et tardives (ou de pleine saison).

Culture

Les pommes de terres hâtives parviennent à maturité en quatorze à seize semaines, les demi-hâtives en seize à dix-sept semaines, et les tardives – qui fournissent les récoltes les plus abondantes – en dix-huit à vingt semaines. Choisissez des variétés qui se suivront. Ces tubercules poussent aussi en pots. Mais n'installez pas plus de deux plants dans un conteneur de 30 cm de large sur 30 cm de profondeur.

SOL ET EXPOSITION Si elle préfère un substrat légèrement acide (pH 5-6), retenant bien l'humidité, cette plante s'accommode de sols assez divers. Travaillez la terre en profondeur, avec un bon apport de fumier ou de compost, à l'automne précédant la plantation.

SEMIS Avant la plantation, les pommes de terre sont mises à germer à l'abri, sur des plateaux. Installez-les en une couche unique, le côté présentant le maximum d'« yeux » au-dessus, pour que les tiges puissent apparaître. Cela demande environ six semaines. Ne plantez pas les pommes de terre hâtives plus d'un mois avant la fin des dernières gelées. Placez-les à 10-12 cm de profondeur, tous les 30 cm, dans des rangs espacés de 60 cm (voir page ci-contre). Les demi-hâtives et les tardives se plantent à la mi-printemps, tous les 38 à 40 cm, dans des rangs espacés de 75 cm. Vous pouvez aussi cultiver les pommes de terre en surface, en déposant les semences dans de petites dépressions creusées dans le sol puis en les recouvrant de compost.

ENTRETIEN Buttez les plants pour éviter le verdissement des tubercules qui montent vers la surface (voir page ci-contre). Arrosez abondamment toutes les deux semaines pour accroître le rendement.

RENDEMENT ET RÉCOLTE Un rang de 3 m produit de 6 à 10 kg de pommes de terre. Les premières récoltes peuvent être faites quand les fleurs commencent à s'ouvrir, et les dernières quand le feuillage fané tombe. Entreposez la récolte dans un endroit sec, hors gel et sombre, pour qu'elle ne verdisse pas (voir p. 186).

RAVAGEURS ET MALADIES Le nématode doré est le principal ennemi de la pomme de terre ; la rotation des cultures permet de le combattre (voir p. 192). Le mildiou peut apparaître lors des étés frais et humides (voir p. 193).

VARIÉTÉS RECOMMANDÉES

HÂTIVES

'Manon' : *tubercules ovales, chair jaune pâle, productivité exceptionnelle.* **'Belle de Fontenay' :** *ancienne variété, assez sensible au mildiou ; chair ferme pour cuisson à l'eau.*

DEMI-HÂTIVES

'Charlotte' : *résiste au mildiou ; chair ferme, se tenant bien à la cuisson.* **'Samba' :** *résiste au mildiou, rendement élevé ; idéale pour les purées et la cuisson au four.*

TARDIVES

'Désirée' : *ovale, peau rouge, très bonne en purée et en friture.* **'Blondy' :** *chair ferme, farineuse, résiste au mildiou.* **'Ratte' :** *à maturité à la mi-automne ; chair ferme.*

DANS LA CUISINE

Chaque plat a sa pomme de terre idéale. 'Désirée', par exemple, est excellente pour la purée, 'Samba' est parfaite cuite au four, tandis que 'Ratte' fait merveille en salade. Le gratin dauphinois se prépare avec une variété hollandaise.

GRATIN DAUPHINOIS (pour 4 personnes)

(Les proportions des ingrédients peuvent changer ; tout est question de goût.)

1 kg de pommes de terre de Hollande à chair jaune
1/2 gousse d'ail
30 g de beurre
300 g de crème fraîche, ou plus
1 pointe de noix muscade
sel et poivre

1 Pelez, lavez et séchez bien les pommes de terre. Coupez-les en rondelles minces, étalez-les sur un linge et séchez-les de nouveau complètement.

2 Beurrez un grand plat à gratin. Frottez-en le fond avec l'ail, couchez-y les pommes de terre, salez, poivrez et ajoutez la noix muscade.

3 Versez la crème dans le plat : elle doit affleurer. Parsemez de noisettes de beurre. Faites cuire 1 h 30 dans le four préchauffé à 170 °C.

4 Quelques minutes avant la fin de la cuisson, augmentez la température pour dorer la surface du gratin. Servez très chaud.

NOTES GOURMANDES

§ Le vrai gratin dauphinois, contrairement à ce que l'on croit trop souvent, ne comporte pas de fromage. Le gratin savoyard, lui, se prépare avec des pommes de terre farineuses à chair blanche, sans ail et sans crème, mais avec du bouillon de volaille, du jus de viande et du gruyère râpé.

Planter et butter

1 *Creusez un sillon de 10 à 12 cm de profondeur et mettez-y les plants germés en plaçant les « yeux » vers le haut. Recouvrez de terre. Ne semez pas les pommes de terre hâtives trop tôt car leurs feuilles gèlent facilement.*

2 *Buttez les pommes de terre lorsque leur feuillage atteint 30 cm de haut environ ; avec une houe, relevez bien la terre autour des tiges. Ainsi, les tubercules proches de la surface ne verdiront pas, ce qui les rendrait toxiques.*

Diverses variétés de pommes de terre

NAVETS ET CHOUX-NAVETS
Brassica rapa rapa et *B. napus napobrassica*

LE CHOU-NAVET S'EST RÉPANDU en Europe à partir de la Suède au XVIIIe siècle. Nous l'appelons aussi rutabaga, notamment lorsqu'il est à chair jaune, nom qui lui vient du suédois *rotabaggar* ; pour beaucoup, il reste associé aux pénuries de la dernière guerre, et il participe rarement aux repas gastronomiques. Les navets ont des qualités gustatives bien supérieures ; ils sont cependant moins rustiques. N'oubliez jamais qu'il ne faut pas les laisser trop grossir ni les consommer lorsqu'ils sont trop vieux. Ces deux plantes ne sont pas spécialement décoratives, mais si vous faites pousser des navets, vous pourrez aussi cuisiner et déguster leurs jeunes feuilles.

NAVET BLANC

Culture

Les navets très précoces se conservent mal. Semez à la volée toutes les trois semaines. Une variété comme 'Tokyo Cross F1' arrive à maturité en six semaines ; il en faut douze pour les variétés rustiques d'automne.

SOL ET EXPOSITION Navet et chou-navet ne se développeront pas dans un sol acide. Utilisez une terre fraîche, friable, bien fumée. Les semis de navets d'été supportent une ombre légère sur sol humide.

SEMIS Semez les navets dès la mi-printemps pour les récoltes de printemps et d'été, et du milieu à la fin de l'été pour celles d'automne et d'hiver. Semez clair, en rayons profonds de 1,5 cm et en rangs espacés de 20 à 25 cm (voir p. 170). Les semis de choux-navets se font dès la mi-printemps, à la même profondeur, mais en espaçant un peu plus les rangs.

ÉCLAIRCISSAGE Les navets poussent vite ; éclaircissez-les lorsqu'ils sont encore petits (voir p. 171), à 10 cm pour les plants de printemps et d'été, à 15 cm pour ceux d'automne et d'hiver. Les choux-navets, eux, doivent être éclaircis à 25 cm.

ENTRETIEN Arrosez si nécessaire lors des périodes sèches.

RENDEMENT ET RÉCOLTE Un rang de 3 m produit en moyenne 6 kg de navets et 14 kg de choux-navets. Arrachez les navets nouveaux lorsqu'ils ne sont pas plus gros qu'une balle de golf. Vérifiez leur taille en enlevant un peu de terre au-dessus des racines. Les variétés de pleine saison, semées en été, peuvent rester en place jusqu'à ce que vous en ayez besoin, ce qui est aussi le cas des choux-navets. Au début de l'hiver, sortez toutes les racines et conservez-les dans un lieu frais mais hors gel (voir p. 187).

RAVAGEURS ET MALADIES Les jeunes plants de navet et de chou-navet sont sujets aux attaques des altises (voir p. 191).

NAVET À COLLET ROUGE

VARIÉTÉS RECOMMANDÉES

NAVETS

'De Milan Rouge' : *racines à collet rouge ; passe bien l'hiver.* **'De Milan Blanc à forcer' :** *précoce, racines aplaties.* **'Tokyo Cross F1' :** *petites racines à chair blanche, maturation très rapide ; semé avant le milieu de l'été, risque de monter en graine.* **'Boule d'Or' :** *chair jaune, ferme, sucrée.*

CHOU-NAVET

'Champion jaune à collet rouge' : *grosses racines rondes.*

	PRINTEMPS			ÉTÉ			AUTOMNE			HIVER		
	mars	avril	mai	juin	juill.	août	sept.	oct.	nov.	déc.	janv.	févr.
Navets		🌱	🌱		🌱	🌱						
Navets			✂	✂	✂		✂	✂	✂	✂		
Choux-navets		🌱	🌱	🌱			✂	✂	✂	✂	✂	

Navets · Choux-navets

CHOU-NAVET (RUTABAGA)

PANAIS *Pastinaca sativa*

CETTE PLANTE, TRÈS APPRÉCIÉE au Moyen Âge et à la Renaissance, est un peu tombée dans l'oubli. Depuis quelques années, certains cuisiniers tentent pourtant de la remettre à l'honneur. Tendre, sucré, souvent plus savoureux que le navet, le panais est excellent, notamment dans le pot-au-feu. Voilà qui donne envie de redécouvrir cette racine, qui passe très bien l'hiver dans le sol.

PANAIS

Culture

Le froid accroît l'arôme des panais, car il aide à la transformation de l'amidon en sucre. Cette racine est donc meilleure lors des hivers un peu rudes.

SOL ET EXPOSITION Cultivez les panais en situation exposée, dans un sol léger et profond, avec un pH de 6,5 environ. Dans les terrains acides, les racines sont plus sensibles au chancre. On a longtemps recommandé de ne pas planter les panais dans une terre récemment fumée, qui ferait fourcher les racines. Mais rien ne permet de l'affirmer. Dans un sol peu profond, cultivez une variété courte, comme 'Demi-long de Guernesey'.

SEMIS Les graines doivent être fraîches car, contrairement à beaucoup d'autres, elles meurent en un an ou deux au maximum. Semez-les au printemps, à 1 cm de profondeur, en rangs espacés de 30 cm (voir p. 166). Un sol froid ralentit la germination. Réchauffez-le un mois à l'avance en le recouvrant d'un plastique alvéolé (voir p. 166). Les plantes issues des semis tardifs semblent moins sujettes au chancre.

ÉCLAIRCISSAGE Quand les plantules sont bien établies, éclaircissez à 15 cm pour les variétés à grosse racine et à 7 cm pour celles à petite racine.

ENTRETIEN Un arrosage après une longue sécheresse risque de faire éclater les panais. Donnez-leur de l'eau régulièrement, ou pas du tout.

RENDEMENT ET RÉCOLTE Un rang de 3 m produit en moyenne 3 kg de panais. Les racines peuvent être arrachées à partir de la mi-automne si le sol n'est pas gelé. Dans les régions aux hivers très froids, une couche de paille sur la planche rend l'arrachage plus facile.

RAVAGEURS ET MALADIES Le chancre du panais provoque des taches brun rougeâtre sur le collet de la racine (voir p. 194). Il n'y a pas de remède efficace. Choisissez une variété résistante et semez plutôt tardivement.

VARIÉTÉS RECOMMANDÉES

'Demi-long de Guernesey' : *rustique, bon rendement.* **'Javelin'** : *vigoureux, longue racine fine, rendement élevé.*

PRINTEMPS			ÉTÉ			AUTOMNE			HIVER		
mars	avr.	mai	juin	juil.	août	sept.	oct.	nov.	déc.	janv.	févr.
🌱	🌱	🌱					✂	✂	✂	✂	✂

DANS LA CUISINE

Légumes aromatiques traditionnels du pot-au-feu, les panais sont aussi excellents en purée et, comme ils sont très sucrés, ils se marient bien avec des fruits acides, telles certaines pommes.

PANAIS ET POMMES AU FOUR
(pour 6 personnes)

1,5 kg de panais pelés, coupés en cubes
un peu de beurre
2 grosses pommes à cuire pelées, épépinées et finement tranchées
le jus d'un citron
4 cuil. à café de sucre roux doux

1 Attendrissez les panais de 5 à 10 min dans l'eau bouillante, égouttez-les et réduisez-les en purée. Étendez-en la moitié dans un plat à gratin beurré et recouvrez-la avec la moitié des tranches de pomme.

2 Disposez encore une couche de purée de panais et une de pommes. Arrosez de jus de citron et saupoudrez de sucre.

3 Faites cuire à four moyen (180 °C) de 30 à 40 min.

NOTES GOURMANDES

- Faites glacer des panais dans du beurre fondu additionné d'un peu de jus d'orange frais : servez-les en accompagnement d'une viande.
- Les chips de panais, délicieuses, seront originales à l'apéritif ou en accompagnement. Faites-les cuire à moitié dans de l'eau bouillante, coupez-les dans le sens de la longueur, puis plongez-les dans une fritteuse d'huile bien chaude.
- Faites blanchir les panais 2 min avant de les faire rôtir. Ils seront meilleurs et un peu croquants.
- Vous pouvez réaliser avec des panais les mêmes recettes que celles des carottes.

RADIS *Raphanus sativus*

C'EST EN CHINE ET AU JAPON que les radis sont le plus appréciés. Les chefs chinois sculptent les gros 'Rose de Chine' en fleurs compliquées, et les jardiniers japonais obtiennent des daikons de 15 kg. Le radis rose européen est de taille beaucoup plus modeste, encore qu'il existe un radis noir nettement plus gros, qui se récolte en hiver. Aucun radis n'est très décoratif dans un potager, mais ils apportent tous du croquant aux salades, et les variétés d'été sont très utiles en culture intercalaire.

Culture

L'époque des semis varie en fonction des types de radis. Au début du printemps, commencez avec les petits radis rouges à bout blanc, d'été, ronds ou demi-longs. Ils arrivent à maturité en quelques semaines ; vous pouvez les cultiver entre des plantes à végétation lente (panais).

SOL ET EXPOSITION Un sol léger, sableux, à exposition dégagée, convient bien. Les cultures d'été supportent une ombre légère.

SEMIS Pour les radis d'été, la règle est simple : peu à la fois mais souvent. Semez-les en lignes courtes, espacées de 15 cm, à 1 cm de profondeur, tous les quinze jours (voir p. 170). L'arrosage préalable des sillons accélérera la germination. Semez le daikon et les radis d'hiver à 1 cm de profondeur, dans des lignes espacées de 20 à 25 cm, en arrosant d'abord le sol s'il est sec.

ÉCLAIRCISSAGE Les radis d'été s'éclaircissent à 2 cm, ceux d'hiver et le daikon, à 15 cm au moins.

ENTRETIEN Cette culture facile ne demande pas d'engrais, mais de l'eau, encore qu'un arrosage excessif risque de développer les feuilles au détriment des racines. L'arrosage doit être régulier.

RENDEMENT ET RÉCOLTE Une ligne de 1 m produit en moyenne 30 radis d'été et 1,5 kg de radis d'hiver. Les premiers sont matures en un mois et doivent être consommés rapidement, avant de durcir ou de devenir creux. Si vous les laissez fleurir, ils produisent de petites gousses épicées que l'on peut confire au vinaigre. Le daikon et les radis d'hiver ont un cycle végétatif plus long. Comptez trois ou quatre mois avant de les récolter.

RAVAGEURS ET MALADIES Les altises laissent parfois les feuilles des plantules criblées de petits trous, et les racines des radis d'hiver ne sont pas à l'abri des limaces (voir pp. 191-192).

VARIÉTÉS RECOMMANDÉES

RADIS D'ÉTÉ
'Kiva' : *demi-longs, à bout blanc, très précoces.* **'Tinto F1'** : *ronds, rouges, pour culture précoce.* **'Fluo F1'** : *racines lisses, rouge vif à bout blanc.* **'Savour'** : *ronds à bout blanc, amélioration du* **'National'**.

DAIKON
'April Cross F1' : *racines de plus de 30 cm ; chair douce et juteuse.* **'Minowase Summer Cross F1'** : *très longues racines blanches.*

RADIS D'HIVER
'Radis noir gros long d'hiver de Paris' : *variété ancienne, à racines longues, rugueuses, chair blanche.* **'Noir rond d'hiver'** : *petites racines rondes.* **'Rose de Chine'** : *longues racines roses, chair blanche.* **'Violet de Gournay'** : *longues racines violacées, chair blanche.*

POUR LES GOUSSES
'Münchner Bier' *('Blanc de Munich')* : *bonnes racines d'hiver, blanches, ovoïdes.*

PRINTEMPS			ÉTÉ			AUTOMNE			HIVER		
mars	avril	mai	juin	juill.	août	sept.	oct.	nov.	déc.	janv.	févr.
✿	✿	✿	✿	✿	✿	✿					
	✂	✂	✂	✂	✂	✂	✂				
			✿	✿	✿						
							✂	✂	✂	✂	✂
✂											

☐ Radis d'été ☐ Daikon et radis d'hiver

RADIS D'ÉTÉ

RADIS D'HIVER

DAIKON/RADIS DU JAPON

TOPINAMBOUR *Helianthus tuberosus*

TOPINAMBOUR

ORIGINAIRES D'AMÉRIQUE DU NORD, les topinambours furent introduits en France au début du XVIIe siècle par Samuel Champlain. Leur goût rappelle celui de l'artichaut – les Britanniques les appellent d'ailleurs artichauts de Jérusalem. Le haut feuillage des topinambours forme de bons écrans en été et certains cultivars portent de grandes fleurs jaunes.

Culture

Les hautes tiges des topinambours peuvent atteindre de 2 à 3 m de haut. Elles permettent d'abriter un lieu venté.
SOL ET EXPOSITION Les meilleurs tubercules poussent dans des sols riches et frais, où ils se développent rapidement, devenant même envahissants.
PLANTATION Placez les tubercules, au printemps, à 10-15 cm de profondeur, tous les 30 cm.
ENTRETIEN Le haut du feuillage meurt à la fin de l'automne. Coupez les tiges fanées à 7 cm au-dessus du sol.
RENDEMENT ET RÉCOLTE Chaque plant donne en moyenne 1,5 kg de tubercules. Arrachez-les, selon vos besoins, en hiver, mais nettoyez complètement le sol au printemps avant de replanter.
RAVAGEURS ET MALADIES Les limaces aiment les tubercules (voir p. 192). Brûlez les tiges en cas de sclérotiniose (voir p. 194).

VARIÉTÉ RECOMMANDÉE

'Fuseau' : *tubercules longs, assez lisses.*

SALSIFIS ET SCORSONÈRES
Tragopogon porrifolius et *Scorzonera hispanica*

SCORSONÈRES
SALSIFIS

CES DEUX PLANTES poussent de façon identique et produisent des racines longues, minces, assez délicates à préparer. Il est plus facile de les éplucher après cuisson. Le salsifis est une bisannuelle ; ses boutons floraux, cueillis à peine ouverts, sont délicieux dans une omelette. Sa racine est blanchâtre. Celle de la scorsonère est plus sombre, et son feuillage plus large. Le nom de cette plante vient de l'italien *scorzone*, qui désigne une vipère noire. Cette racine était sensée guérir ceux qui avaient été mordus par ce serpent.

Culture

L'idéal est d'obtenir des racines plus fines que le petit doigt. Mais elles ont tendance à fourcher, notamment dans un sol qui a été trop récemment fumé. Les fleurs des plantes parvenues à maturité sont très décoratives ; celles du salsifis sont bleues ou roses, et celles de la scorsonère, jaune vif. Quand ces plantes vieillissent, leurs racines deviennent ligneuses.
SOL ET EXPOSITION La terre doit être profonde, légère et bien ensoleillée.
SEMIS Semez clair, au milieu du printemps, à 1 cm de profondeur, en rayons espacés de 15 cm (voir p. 170).
ÉCLAIRCISSAGE Éclaircissez à 10 cm.
ENTRETIEN Il se réduit au minimum, si les graines sont semées dans le sol adéquat.
RENDEMENT ET RÉCOLTE Un rang de 3 m produit 20 racines (soit 2 kg). En cas de gel, arrachez les racines, coupez les tiges et conservez-les au frais.
RAVAGEURS ET MALADIES La rouille blanche peut se développer sur les feuilles (voir p. 193).

VARIÉTÉS RECOMMANDÉES

SALSIFIS
'Mammouth' : *longues racines sucrées, peau lisse, jaunâtre.*
SCORSONÈRES
'Duplex' : *longues racines, goût agréable.*
'Géante noire de Russie' : *peau noire, saveur délicate.*

PRINTEMPS			ÉTÉ			AUTOMNE			HIVER		
mars	avril	mai	juin	juill.	août	sept.	oct.	nov.	déc.	janv.	févr.
	✿	✿				✂	✂	✂	✂	✂	

HERBES ET FLEURS COMESTIBLES

LE THYM SE PLAÎT AUTANT dans une rocaille que dans un jardin d'herbes, et le bleu brumeux de la sauge est aussi agréable dans une plate-bande herbacée que dans un potager. Les jardiniers utilisent depuis très longtemps les qualités décoratives des herbes aromatiques. En les rassemblant toutes en un seul lieu, vous retrouverez le charme de la tradition, mais en les associant à des fleurs annuelles ou vivaces, vous vous sentirez plus créatif. Confiez à la ciboulette le soin de souligner un parterre de roses ou associez-la dans une jardinière à du lierre et des chrysanthèmes parthenium. Ne laissez pas une trop grande latitude aux herbes tapissantes : parmi les menthes, seule *Mentha* × *gentilis* 'Variegata' n'envahira pas ses voisines.

LE TEMPS DU BASILIC
Le basilic pousse aussi bien en pleine terre que dans des pots placés sur un rebord de fenêtre. Outre le basilic grand vert, le plus cultivé, il existe des types aux feuilles pourpres et d'autres, tel le fin vert, aussi structurés qu'un topiaire.

BORDURE DE FENOUIL
Dans cette superbe bordure d'herbacées, très travaillée, les fenouils vert et bronze tiennent une place importante. On les voit ici à la fin du printemps. Plus tard, leurs ombelles de fleurs jaunes renforceront les couleurs du houblon doré qui grimpe en arrière-plan.

SAUGE SOPHISTIQUÉE
Parmi les divers cultivars de sauge, 'Tricolor' présente des feuilles vertes bordées de blanc et de jeunes pousses roses et pourpres. Elle n'a pas une croissance vigoureuse et n'est pas très rustique. Plantez-la en plein soleil, en une bordure basse, informelle.

JOYEUSES CIBOULETTES
La ciboulette est souvent utilisée en bordure. Elle est ici associée à des laitues frisées. Ses fleurs pourpres s'harmonisent avec les feuilles sombres des salades. Lorsque la plante se dégarnit trop, coupez-la à ras ; elle ne tardera pas à repartir vigoureusement.

BOURRACHES BLEUES
Son feuillage un peu rustique n'empêche pas la bourrache, aux tiges couvertes de poils très fins et aux jolies fleurs, d'être une plante chatoyante, surtout quand elle est vue à contre-jour. Associez-la à des digitales, ou plantez-la seule et laissez-la se ressemer en toute liberté.

Aromatiques annuelles et bisannuelles

Ces plantes devant être semées dès le retour du printemps, profitez-en pour faire évoluer votre potager-jardin en les changeant de place. Le dessin du jardin d'herbes de la page 49, très géométrique, mêle des vivaces et des annuelles mais, si vous cultivez ces dernières en lignes, entre diverses plantes potagères, vous apporterez couleur et contraste à des parcelles qui en manquent parfois. Vous pouvez aussi consacrer un espace bien exposé à des plantes aimant le soleil, qui se développeront plus librement.

Aneth

Anethum graveolens

Les feuilles et surtout les graines de l'aneth ont un goût très anisé. Cette plante a des feuilles très plumeuses et des fleurs jaunes en ombelles qui s'épanouissent du milieu à la fin de l'été. 'Fernleaf' a des feuilles plumeuses comme celles des fougères.
Culture Hauteur 1 m. Semez en rangs ou à la volée dans un site ensoleillé (voir p. 170), du printemps à la mi-été. Pour récolter des graines parvenues à maturité, semez au milieu du printemps. Coupez les ombelles quand les graines brunissent et secouez-les sur une feuille de papier. Conservez-les dans une boîte hermétique.

Angélique

Angelica archangelica

Cette bisannuelle produit des ombelles de fleurs vert pâle au sommet de hautes tiges. Celles d'*Angelica gigas* sont pourpres.
Culture Hauteur 1,80 m. Se plaît dans un sol humide, au soleil ou à la mi-ombre. Elle se ressème abondamment. Semez-la à l'extérieur à la mi-printemps et éclaircissez à 30 cm. Transplantez-la avec soin dans son emplacement définitif à la fin de l'été.

Cerfeuil

Anthriscus cerefolium

Lorsque l'on ne connaît que le cerfeuil séché, l'arôme du cerfeuil frais est une révélation. Ses feuilles, très découpées, peuvent être récoltées après six semaines.
Culture Hauteur 30 cm. Préfère une ombre légère. Semez en lignes ou à la volée (voir p: 170), tous les quinze jours, en petites quantités, du début du printemps à la fin de l'été. Cultivé en terrines profondes dans une serre, à 8 °C, le cerfeuil vous donnera des feuilles fraîches pendant tout l'hiver.

Bourrache

Borago officinalis

Les fleurs bleu vif de la bourrache agrémentent les salades, et ses feuilles, à la saveur de concombre, sont délicieuses dans les fromages frais.
Culture Hauteur 60 cm. Demande un endroit ensoleillé et un sol bien drainé. Semez au printemps, en sillons espacés de 30 cm. Éclaircissez à 30 cm.

Souci

Calendula officinalis

Cette plante porte des fleurs orange vif pendant tout l'été. Leurs pétales peuvent remplacer le safran ou se consommer frais, parsemés sur une salade verte.
Culture Hauteur 45 cm. Aime le soleil. Semez à la volée au début du printemps (voir p. 171), en recouvrant de 5 mm de terre. Éclaircissez à 15 cm.

Coriandre

Coriandrum sativum

Ce sont les feuilles basses et les graines de la coriandre que l'on utilise en cuisine.
Culture Hauteur 1 m. Préfère le soleil. Les graines germent vite. Pour des récoltes régulières, semez en sillons ou à la volée, tous les quinze jours, en petites quantités, à partir du début du printemps (voir p. 170). Vous pouvez aussi faire des semis assez denses, dans un grand pot, sous abri, et couper les feuilles au fur et à mesure de vos besoins. Les graines sont mûres à la fin de l'été ; récoltez-les sans attendre, car elles tombent alors très vite.

Basilic

Ocimum basilicum

Cette herbe, très recherchée, peut se cultiver sur un appui de fenêtre abrité (voir p. 42, « Un mini-jardin en ville ») et être cueillie jusqu'à la fin de l'hiver. En plein air, sa saison est plus courte, car elle est fragile. Pincez les extrémités des plants buissonnants quand ils sont bien établis afin d'encourager la formation des nouvelles pousses. Le basilic fin vert est le plus buissonnant. La forme pourpre 'Moulin rouge', aux grandes feuilles, est très décorative. Il existe bien d'autres variétés, toutes excellentes.
Culture Hauteur 30-45 cm. Demande chaleur et soleil. Semez à l'abri, en godets ou en terrines, au début du printemps, et repiquez les plantules, en pots individuels ou en conteneurs (voir p. 168), sur un appui de fenêtre. En plein air, semez les graines, à 1 cm de profondeur, en lignes espacées de 38 cm, à la fin du printemps ou au début de l'été (voir p. 170). Éclaircissez les plantules à 30 cm. Au début, protégez-les sous un plastique alvéolé (voir p. 166).

Persil

Petroselinum crispum

Le persil est l'une des herbes aromatiques les plus utilisées en cuisine. Le type frisé est très décoratif ; associez-le aux soucis et aux laitues rouges. Le type plat a beaucoup plus de goût.
Culture Hauteur 30-45 cm. Demande un sol fertile, bien drainé, au soleil ou à mi-ombre. Semez clair, en lignes espacées de 25 cm, du début du printemps au début de l'été (voir p. 170). La germination est parfois lente, mais ne désespérez pas. Éclaircissez peu à peu, jusqu'à ce que les plants soient espacés de 23 cm. Coupez à ras au début de l'automne et arrosez abondamment pour favoriser la repousse.

Capucine

Tropaeolum majus

Leurs fleurs colorées dessinent de jolies bordures dans le potager, et elles sont comestibles. Les feuilles, au goût poivré, relèveront aussi les salades, ou les sandwiches. Les graines peuvent être confites au vinaigre, comme les câpres.
Culture Hauteur 25-30 cm. Aime le soleil. Semez les graines en place, à 1 cm de profondeur, à la mi-printemps (voir p. 170),

Aneth
Angélique
Cerfeuil
Bourrache
Souci
Basilic
Basilic pourpre
Coriandre
Persil plat
Persil frisé
Capucine

Aromatiques vivaces herbacées

Certaines de ces plantes atteignent une hauteur impressionnante en été, mais elles disparaissent en hiver. Associez-les avec des espèces à feuilles persistantes. Plusieurs d'entre elles, et notamment l'estragon, le fenouil, la menthe et l'oseille, sont très envahissantes, et vous passerez plus de temps à contenir leur croissance qu'à les cultiver. Emprisonnez la menthe dans un seau sans fond enfoncé dans le sol. Le fenouil se ressemant sans complexe, pensez à couper ses fleurs. La ciboulette, elle, est irréprochable.

Ciboulette

Allium schoenoprasum

La ciboulette, dont les feuilles ont un délicat goût d'oignon, ouvre ses fleurs rondes, roses ou violacées, du début à la mi-été. Elle borde les allées de façon nette et pousse aussi très bien en jardinière. La variété géante 'Forescate' est deux fois plus grande que la normale. La ciboule à couper 'Kobold', *Allium tuberosum* (allium odorant ou ail chinois), a des fleurs étoilées blanches à la fin de l'été (voir p. 23), et ses feuilles ont un léger goût d'ail.
Culture Hauteur 15-25 cm. Demande un sol humide et fertile. Le plus simple est d'acheter une touffe et de la diviser avec un couteau bien aiguisé au début de l'automne. Espacez les plants de 30 cm.

Raifort

Armoracia rusticana

Sa racine, à la forte saveur poivrée, est râpée pour aromatiser diverses sauces. Une fois installé, le raifort n'aime guère être déplacé ; octroyez-lui un coin qu'il pourra occuper tranquillement.
Culture Hauteur 60 cm. Au printemps, plantez des éclats de racine, à 5 cm de profondeur, tous les 30 cm, dans un rang court. Arrachez les racines à la bêche quand vous en avez besoin.

Estragon

Artemisia dracunculus

L'estragon se développant rapidement à partir de son rhizome, une seule souche devrait vous suffire. Plus la plante est âgée, plus l'arôme de ses feuilles diminue. Renouvelez-la tous les deux ou trois ans.
Culture Hauteur 45-60 cm. Plantez au printemps ou en automne, dans un site ensoleillé et abrité et dans un sol bien drainé. Quelques rhizomes sous châssis froid allongent le temps de la récolte.

Fenouil amer

Foeniculum vulgare

Le fenouil apporte un élément vertical fort, notamment la variété au feuillage bronze, *Foeniculum vulgare* 'Purpureum'. De petites fleurs en ombelles jaune d'or s'épanouissent au milieu de l'été.
Culture Hauteur 1,50-2,50 m. Semez (voir p. 170) ou achetez des plants. Installez-les à l'extérieur dans un sol bien drainé au printemps ou en automne. Rabattez les tiges en automne, et supprimez sans pitié les rejets inutiles.

Livèche

Levisticum officinale

Cette plante exubérante a des feuilles au goût de céleri. Mais vous pouvez aussi utiliser ses graines pour aromatiser une soupe. La livèche demande trois ans pour atteindre son plein développement.
Culture Hauteur 1,80 m. La livèche aime les sols riches et humides, en situation ensoleillée ou de mi-ombre. Vous pouvez acheter des plants ou les faire lever à partir de semis pratiqués sous abri au début du printemps (voir p. 168) ; la transplantation des jeunes plants à l'extérieur se fait au début de l'été.

Menthe

Mentha ssp.

Les menthes ont tendance à envahir leurs voisines. Essayez de les rassembler en une seule parcelle. La menthe verte, *Mentha rotundifolia*, aux feuilles rondes et poilues, est recommandée pour la sauce à la menthe. *Mentha × gentilis* 'Variegata' a des feuilles ovales panachées qui font un excellent tapis.
Culture Hauteur 45 cm-1 m. Les menthes aiment les sols riches et humides et l'ombre. Si leur feuillage se dégarnit au milieu de l'été, rabattez-le.

Marjolaine

Origanum ssp.

La marjolaine commune *(Origanum vulgare)* a des fleurs rose pourpré, que les abeilles apprécient ; mais ses feuilles sont moins aromatiques que celles de la marjolaine officinale *(Origanum majorana)*. Celle-ci a un port buissonnant, des feuilles vert-gris et des fleurs blanches. Toutes deux fleurissent à la fin de l'été, mais la floraison de la seconde est plus longue. Ces herbes, fraîches ou séchées, apportent en cuisine une forte saveur méditerranéenne.
Culture Hauteur 35-40 cm. Plantez à la fin du printemps, dans un sol bien drainé, en plein soleil. Rabattez les buissons aux deux tiers à la fin de l'automne. Les deux types sont plutôt rustiques.

Oseille

Rumex ssp.

L'oseille *(Rumex acetosa)* est une plante qui porte de larges feuilles. Elles sont acides, et deviennent plus amères en vieillissant. Elles s'utilisent fraîches dans les salades, ou cuites et réduites en purée. L'oseille permet de préparer aussi une soupe délicieuse. Les feuilles de l'oseille ronde *(Rumex scutatus)* sont plus jolies.
Culture Hauteur 25-30 cm. L'oseille se développe dans tout sol bien drainé, au soleil ou à mi-ombre. Vous pouvez acheter des plants ou les faire lever à partir de semis (voir p. 170). Mettez-les en place au printemps ou en automne. Pincez les tiges florales quand elles apparaissent afin de favoriser la production de feuilles.

Violette odorante

Viola odorata

Les fleurs, aux teintes violettes et blanches, apparaissent de la fin de l'hiver au milieu du printemps. Cristallisées, elles décorent des gâteaux ou des glaces. On peut aussi les utiliser fraîches pour parsemer une salade ou liées en petits bouquets avec quelques-unes de leurs feuilles, pour décorer un plateau de fruits.
Culture Hauteur 7 cm. Les plants de violettes odorantes prennent facilement dans les sols fertiles et humides Ils se développeront au soleil ou à mi-ombre et forment rapidement des touffes grâce à leurs stolons tapissants.

Ciboulette
Raifort
Estragon
Fenouil amer
Livèche
Menthe Eau de Cologne
Menthe commune
Menthe panachée
Marjolaine
Oseille
Violette odorante

AROMATIQUES VIVACES PERSISTANTES

LES PLANTES RÉUNIES ICI ont des feuilles toujours vertes et des tiges ligneuses ; elles forment des buissons miniatures… ou des petits arbres. Tels les meubles d'une pièce, elles assurent une structure permanente parmi les diverses plantations du jardin et vous devrez donc choisir très soigneusement leur emplacement. Elles aiment toutes le soleil et certaines d'entre elles, comme le thym, le romarin ou la sauge, risquent de pourrir si vous les plantez dans un sol humide et mal drainé. Le laurier-sauce se taille très bien, et le romarin se prête également à cette mise en forme végétale.

LAURIER-SAUCE

Laurus nobilis

Laissé à lui-même, le laurier-sauce devient un bel arbre, aussi large que haut, dont le feuillage persistant se pare, au milieu du printemps, de petites grappes de fleurs vert pâle. On l'appelle aussi laurier noble ou laurier d'Apollon ; c'est lui, en effet, qui fournissait les couronnes dont on ceignait dans l'Antiquité le front des athlètes vainqueurs. Taillé en topiaire ou formé sur tige, il est parfait dans un jardin ou un potager au plan strict. Ses feuilles sont utilisées en cuisine, fraîches ou séchées ; elles constituent, avec le thym et le persil, l'un des trois aromates du bouquet garni.

CULTURE Hauteur 3-6 m. Plantez à la mi-printemps, dans un endroit ensoleillé et abrité du gel. Le laurier-sauce n'est pas complètement rustique, mais il poussera bien dans un pot que vous rentrerez lors des hivers rigoureux. Taillez-le pendant l'été. Il est parfois infesté par les cochenilles (voir p. 191).

ROMARIN

Rosmarinus officinalis

La plupart des romarins ont un feuillage verdâtre et des fleurs bleu violacé. Le cultivar 'Miss Jessopp's Upright' est nettement plus grand et plus érigé que la forme commune ; on peut le tailler et l'utiliser pour donner structure et hauteur à un massif mélangé. 'Severn Sea', aux fleurs bleu vif, tapissera au contraire le rebord d'une planche surélevée, ou recouvrira la pente d'un talus. Le romarin peut également être palissé en palmette contre un mur. Si vous souhaitez lui donner une apparence plus particulière, installez une forme en fil de fer, attachez-y les pousses et taillez régulièrement. « Corsetez » à l'aide de fins fils de nylon.

CULTURE Hauteur 1 m. Plantez à la mi-printemps, dans un lieu ensoleillé et un sol bien drainé. Certains cultivars sont moins rustiques que le type commun. À la mi-printemps, rabattez sévèrement les buissons tapissants et coupez les pousses indésirables des plantes qui ont été palissées contre un mur, pour assurer la floraison de l'année suivante.

SAUGE

Salvia officinalis

Les variétés panachées de la sauge sont aussi utiles en cuisine que le type vert ordinaire. Leur arôme est pratiquement le même. 'Icterina' présente un feuillage doré. 'Tricolor' est encore plus remarquable, avec ses feuilles marquées de rose, de blanc et de vert. Celles de 'Purpurascens' sont pourpres et tout à fait superbes associées à des herbes à feuillage vert ou à des soucis orangés. La sauge, avec ses épis de fleurs bleu vif, est assez belle pour être utilisée dans des bordures.

CULTURE Hauteur 45 cm-1 m. Les sauges ne supportent pas les longs hivers humides et pourrissent parfois dans les sols lourds. Plantez-les au printemps, dans une terre légère et bien drainée, inondée de soleil. Vous devrez les remplacer tous les trois ou quatre ans, mais elles sont faciles à multiplier à partir de boutures semi-ligneuses d'été. Prélevez des boutures à talon de 7 cm de long et plantez-les sous un châssis froid ou dans des pots de compost mélangé à du sable. Quand elles sont enracinées, pincez les extrémités pour favoriser la ramification. Vous pouvez aussi essayer un marcottage en cépée (voir p. 173). Taillez les touffes pour leur conserver leur forme pendant l'été. Faites sécher les feuilles coupées et conservez-les dans des récipients hermétiques.

SARRIETTE VIVACE

Satureja montana

La sarriette vivace est un sous-arbrisseau nain, rustique, à feuillage semi-persistant, tandis que la sarriette commune est une annuelle. Si la seconde a un goût plus prononcé que la première, la durée de la récolte de la sarriette vivace est plus longue. Ses feuilles, poivrées, servent notamment à aromatiser les saucisses. Des fleurs minuscules, rose blanchâtre, apparaissent en été.

CULTURE Hauteur 30 cm. Plantez la sarriette vivace au printemps, dans un sol fertile, bien drainé et ensoleillé. Les plants devenant rapidement ligneux à la base, il faut les remplacer tous les deux ou trois ans. Multipliez-les par division des souches au printemps ou en automne. Ils peuvent aussi être marcottés en cépée (voir p. 173).

THYM

Thymus ssp.

La famille du thym comprend de très nombreuses espèces. Certaines forment des petits buissons, d'autres, tapissantes, s'enracinent peu à peu. Les formes prostrées, comme le thym serpolet, sont parfaites dans les allées. Les variétés à port érigé, tel *Thymus vulgaris*, le thym commun (ou des jardins), conviennent mieux dans une planche d'herbes mélangées. Le cultivar buissonnant 'Silver Posie' a de jolies feuilles panachées argentées et des fleurs roses. *Thymus × citriodorus* dégage une odeur citronnée, et il en existe une forme panachée, *T. × c.* 'Aureus', aux feuilles jaune doré nuancées de vert. Le cultivar *T × c* 'Variegatus' est un thym rampant aux feuilles vertes panachées d'or.

CULTURE Hauteur 25-30 cm. Un sol calcaire, sec et bien drainé, est idéal pour tous les thyms. Plantez au printemps, en incorporant éventuellement un peu de gravier dans la terre pour en améliorer le drainage. Taillez souvent au printemps et en été. Plus les thyms sont coupés et mieux ils repoussent. Ils se multiplient aisément par marcottage en cépée (voir p. 173). Comme la plupart des plantes présentées dans cette double page, ils souffrent plus d'un hiver humide et d'un sol détrempé que de n'importe quels ravageurs ou maladies.

LAURIER-SAUCE

ROMARIN

SAUGE À FEUILLES POURPRES

SAUGE COMMUNE

THYM COMMUN

THYM PANACHÉ

SARRIETTE VIVACE

DANS LA CUISINE

Certaines herbes sont depuis longtemps étroitement associées à des poissons, des viandes ou des volailles : estragon et poulet, romarin et agneau... Mais le respect des classiques ne doit pas interdire d'autres expériences. Parsemez les fraises de menthe ciselée, relevez de thym vos salades de feuilles et de fleurs mélangées. C'est l'estragon (voir p. 112) qui fait l'originalité de cette recette.

ŒUFS À L'ESTRAGON (pour 4 personnes)

Un peu de beurre
4 œufs
4 cuil. à soupe de crème épaisse
4 cuil. à soupe d'eau
2 beaux brins d'estragon
sel et poivre noir

1 Beurrez 4 petits ramequins et cassez un œuf dans chacun d'entre eux. Chauffez doucement la crème dans une petite casserole avec l'eau et l'estragon. Faites réduire lentement, en pressant les herbes avec une cuillère en bois.

2 Retirez l'estragon et versez le mélange crémeux sur les œufs en le répartissant également entre les ramequins. Ajoutez une pincée de sel et donnez un tour de moulin à poivre au-dessus de chaque œuf.

3 Portez à ébullition dans une grande casserole 1 cm d'eau, puis placez les ramequins dans ce bain-marie. Laissez cuire les œufs 4 à 5 min, le temps que les blancs prennent. Servez parsemé de quelques feuilles d'estragon frais.

NOTES GOURMANDES

❧ Si vous faites vous-même votre pain, aromatisez la pâte, avant qu'elle ne lève, avec des feuilles de sauge finement hachées et des morceaux de tomates séchées au soleil ou d'olives noires.

LES FRUITS

SI LES PLANTES POTAGÈRES sont des hôtes de passage dans le jardin, les arbres fruitiers, une fois plantés, s'installent pour de nombreuses années. Grâce à une sélection minutieuse, certains fruits, comme les pommes et les pêches, sont aujourd'hui très différents de leurs ancêtres. D'autres, comme les mûres, conservent un petit goût sauvage. Les fruitiers ne produiront que si leurs fleurs ont été correctement pollinisées. Certains s'autofertilisent, d'autres non, et vous devrez alors avoir plusieurs variétés pour assurer leur fructification. Vous découvrirez dans les pages suivantes comment obtenir les meilleurs résultats. Les étoiles signalent les variétés très décoratives, notamment lorsque les arbres ou les buissons ont été taillés.

Arbres fruitiers

Ce seront les éléments les plus stables de votre jardin. Choisissez-les en fonction de la place que vous leur réservez (les différents styles sont présentés pp. 174-175).
Les fuseaux donnent, lorsqu'ils sont très jeunes, des fruits faciles à cueillir, mais ils n'auront jamais la majesté d'un arbre sur haute tige. Les cordons palissés sur des fils métalliques vous permettront de moduler l'espace de votre jardin. Moins productifs que les arbres de plein champ, ils sont cependant parfaits dans des jardins de petite taille. Les arbres palissés en palmettes sont toujours très élégants. Lorsqu'ils sont adossés à un grillage, ils font d'excellents écrans. Les demi-tiges, eux, ont un tronc bien individualisé, de 1,20 m au moins, tandis que celui des hautes tiges se dresse à 1,80 m avant le départ des branches.
Leur récolte est un peu plus difficile, mais ils ont beaucoup plus d'allure que des buissons nains. Tous les arbres peuvent être cultivés sur tige ou demi-tige ; sous les climats frais, pêchers, nectariniers, pruniers et abricotiers seront cependant plus à l'aise s'ils sont palissés contre un mur ensoleillé.

Fruits rouges

On ne pense pas assez souvent à tailler ces arbustes, et pourtant les groseilliers rouges font de beaux U simples, et les groseilliers à maquereau sont métamorphosés lorsqu'ils sont taillés en boule sur une simple tige. Utilisez les longues pousses de la ronce pour délimiter une haie, ou transformez le loganberry, la ronce-framboise, en écran d'été. Les fraises, elles, dessinent des bordures très nettes.

Plantes grimpantes

La vigne donne beaucoup de charme à un potager décoratif. Outre ses fruits, elle offre en effet un feuillage superbe, dont l'exubérance apporte toute sa générosité à un jardin. Sous les climats frais, les amateurs de raisin devront sans doute la cultiver dans une serre, en palissant ses sarments et en éclaircissant régulièrement les grappes quand elles se gonflent. À l'extérieur, les fruits seront moins parfaits, mais le feuillage se développera mieux. D'autres plantes grimpantes à fruits, comme les kiwis et les fruits de la Passion, doivent être plus ou moins protégées.

ARBRES FRUITIERS

LES ARBRES FRUITIERS TAILLÉS apportent au potager décoratif ce que les haies d'ifs et les topiaires offrent au jardin d'agrément : une solide structure. Bien entretenus, les pommiers et les poiriers créeront des écrans vivants entre deux parcelles du jardin, ou serviront de riche toile de fond à une traditionnelle bordure de fleurs. Et ces arbres rembourseront deux fois leur occupation du sol : au printemps, avec leurs fleurs, et en automne, avec leurs fruits. En outre, des arbres comme les pommiers et les poiriers vieillissent bien, accueillant des lichens sur leurs vastes branches. Dans un petit jardin, un seul arbre sur demi-tige peut devenir la pièce centrale d'une pelouse ; déployé en palmettes, il animera un mur ensoleillé. Une fois bien installé, il servira même de support à un rosier ou à des clématites.

SQUELETTE DE BOIS
Ce vieux pommier a perdu depuis longtemps son support, mais il a conservé la charpente qui lui a été imposée dans sa jeunesse. Quelle allure ! Il se suffit désormais à lui même et ne demande plus qu'une légère taille d'entretien au milieu de l'été.

PRUNIER PRINTANIER
Un chaud mur de briques protège des derniers froids la floraison de ce prunier et, plus tard, il hâtera le mûrissement des fruits. Le vieil arbre a perdu depuis longtemps toute prétentieuse perfection, mais il laisse libre cours à son exubérance joyeuse.

DES PÊCHES ATTENDUES
Le mur blanc d'une serre réfléchit la lumière sur un pêcher dont les fruits encore verts ont été éclaircis régulièrement le long des branches. Une serre adossée à un mur abrité fournit des conditions de croissance idéales aux pêchers, abricotiers et nectariniers.

UN FILET DE CITRON
Les citrons comptent parmi les agrumes les plus faciles à cultiver en pot. Bien alignés, ils structurent le plan d'un jardin, mais ils sont aussi parfaits dans une cour plus informelle, avec diverses herbes aromatiques méditerranéennes.

UN ÉCRAN DE POIRIERS
Des poiriers, conduits en palmettes horizontales le long de fils métalliques parallèles, forment un écran assez strict derrière une planche d'asperges. Ces arbres sont relativement faciles à former, tandis que les pommiers se montrent plus récalcitrants.

POMMES *Malus sylvestris* var. *domestica*

LA PROCHAINE FOIS que vous croquerez dans une 'Cox's Orange Pippin', ayez une pensée pour Richard Cox, un brasseur à la retraite, passionné de jardinage, qui fit pousser ce fruit pour la première fois, en 1826, à partir d'un pépin de 'Ribston Pippin'. Cette nouvelle pomme n'aurait sans doute jamais été connue hors du petit jardin de Mr Cox, à Slough, dans le Buckinghamshire, sans l'intervention de Joseph Paxton, alors jardinier du duc du Devonshire. Quand Paxton devint, au milieu du XIXe siècle, le premier président de la British Pomological Society, il défendit ardemment la nouvelle pomme et envoya le greffon 'Cox' à travers toute l'Angleterre . Mais pour vous, quel type de pommier choisir ? Dans une pelouse, un fuseau, aux fruits vite matures et faciles à cueillir, est attirant, mais il vous gênera quand vous tondrez et n'aura jamais l'allure d'un arbre de plein vent. Cordons, palmettes horizontales ou obliques peuvent servir d'écrans décoratifs dans le jardin.

Culture

Les variétés de pommes sont greffées sur des porte-greffes qui déterminent largement la taille finale de l'arbre (voir p. 175). En fait, le meilleur porte-greffe dépend du style que vous avez décidé de donner à l'arbre (voir p. 174). On semble privilégier actuellement les petits modèles, comme M27, en oubliant qu'ils réclament de très bons sols et ne les partagent pas avec une pelouse ou d'autres plantes. MM106 représente un bon compromis, notamment pour les fuseaux et les cordons.

SOL ET EXPOSITION Les pommiers aiment les sols profonds, bien drainés et qui ne s'assèchent pas. Dans une terre pauvre, incorporez beaucoup de compost. Ces arbres apprécient peu les régions côtières, où ils risquent de souffrir des embruns. Évitez de les installer dans un site très venté, ou au sommet d'une colline, où ils seraient sans doute retardés par les derniers froids.

PLANTATION Il vaut mieux planter les pommiers à racines nues, à la fin de l'automne. Leurs racines seront ainsi bien établies lorsqu'elles devront puiser eau et nourriture, au printemps, au moment de la nouvelle éclosion des fleurs et des feuilles. Faites un trou assez grand pour qu'elles puissent s'étaler et tuteurez l'arbre avec un piquet court (voir p. 176).

POLLINISATION La récolte sera meilleure si vous pouvez assurer une pollinisation croisée (voir p. 177). Cela signifie qu'il doit exister plus d'une variété dans le voisinage. Assurez-vous aussi que les variétés associées fleurissent bien à la même époque. La plupart des bons catalogues précisent ce point, mais les derniers froids troublent parfois les plans les plus soigneusement établis.

ENTRETIEN Lors des deux premiers hivers, tassez la terre autour du jeune arbre, qui peut avoir été soulevé par le gel. Arrosez abondamment lors d'un printemps sec. À la fin de cette saison, quand la terre s'est réchauffée, couvrez le sol, au pied, d'un épais paillis de compost ou de fumier. S'il vous paraît peu vigoureux, apportez-lui du sulfate d'ammoniaque, à raison de 30 g par mètre carré. Si les fruits se développent mal, enrichissez le sol, à la fin de l'hiver, avec du sulfate de potasse dans les mêmes proportions. Désherbez soigneusement un cercle de 1,20 m de diamètre autour du tronc. Desserrez les liens le long du tuteur au fur et mesure que la tige grossit. Éclaircissez éventuellement les fruits (voir page ci-contre).

TAILLE Les pommiers qui poussent en plein vent, sur une pelouse ou dans un verger, n'ont pas nécessairement besoin d'être taillés. En revanche, les cordons et les palmettes demandent une soigneuse taille d'été (voir pp. 178-179) pour conserver leur charme géométrique. À la fin de la belle saison, coupez les pousses divergentes – toutes celles qui n'entrent pas dans la charpente de base. Ne taillez pas trop tôt, car l'arbre produirait des rejets et vous devriez recommencer.

RENDEMENT ET RÉCOLTE Le rendement dépend du style et de la variété de l'arbre. Les pommes précoces, comme 'Astrakan' ou 'Transparente de Croncels', doivent être cueillies dès que leur queue se détache facilement et consommées rapidement. 'Cox's Orange' et 'Reine des reinettes' se garderont jusqu'au début de l'hiver. 'Jonagold', 'Melrose' et surtout 'Starking Delicious' et 'Reinette du Canada', conservées au frais dans de bonnes conditions, pourront se consommer jusqu'au printemps (voir p. 187).

RAVAGEURS ET MALADIES Certaines variétés sont plus résistantes que d'autres aux maladies communes. Mais, face au feu bactérien (voir p. 192), peu de pommiers s'en sortent. Heureusement, cette maladie est très surveillée et combattue par les services du ministère de l'Agriculture. La tavelure apparaît surtout lors de saisons trop douces et humides (voir p. 194). Surveillez de près les porte-greffes nains, particulièrement exigeants.

VARIÉTÉS RECOMMANDÉES

(PAR ORDRE DE MATURITÉ)

'Astrakan' : *les fruits, lavés d'écarlate sur fond jaune, sont mûrs en juillet/août.* **'Cox's Orange' :** *jaune saumoné, très bonne qualité (octobre).* **'Reine des reinettes' :** *épiderme lisse, jaune vif, bandes rouges et orangé (à partir d'octobre).* **'Jonagold' :** *fruits jaunes striés de rouge, acidulés, très juteux (novembre).* **'Melrose' :** *fruits verts virant au rouge, bien sucrés (octobre/novembre).* **'Belle de Boskoop' :** *fruits jaunâtres lavés de rouge, chair acidulée (décembre à février).* **'Reinette du Canada' :** *gros fruits à épiderme rugueux, bruns sur fond jaune (maturité tardive d'hiver).* **'Starking Delicious' :** *fruits lisses, rouge foncé sur fond vert (janvier à mars).*

❀ **Pomme**
'Starking Delicious'

❀ **Pomme**
'Cox's Orange'

❀ **Pomme**
'Melrose'

❀ **Pomme**
'Reinette du Canada'

❀ **Pomme**
'Astrakan'

Éclaircir des pommes

1 *Lorsqu'un arbre est trop chargé de fruits, il faut l'éclaircir. Attendez qu'il ait spontanément perdu quelques pommes, ce qui arrive souvent au milieu de l'été.*

2 *Ôtez tous les fruits trop petits et mal formés, en laissant de 10 à 15 cm entre les autres, qui auront alors suffisamment de place pour se développer et mûrir.*

❀ **Pomme**
'Jonagold'

POIRES *Pyrus communis* var. *sativa*

LES POIRES SONT ORIGINAIRES du bassin méditerranéen et elles ont besoin de chaleur et de soleil pour mûrir dans de bonnes conditions. Elles sont d'ailleurs plus délicates que les pommes. Cela tient plus au fruit qu'à l'arbre lui-même. La poire, en effet, se dégrade rapidement après avoir été cueillie. Sa chair, encore ferme lors de la récolte, peut devenir aussi tendre que du beurre. Le point de non-retour est vite atteint, sans qu'il soit évident de savoir, sans ouvrir le fruit, s'il a été dépassé. Les poires ont ceci d'étrange que leur apparence ne reflète pas toujours leur réalité interne.

Culture

Les poiriers sauvages *(Pyrus communis)* sont des arbres profondément enracinés, qui se satisfont de sols pauvres. Ceux qui sont commercialisés, à l'exception des demi-tiges, sont greffés sur des cognassiers. Ces porte-greffes limitent la taille des arbres et accélèrent la mise à fruits, mais leurs racines peu profondes demandent un sol riche. Les poiriers atteignent généralement de 4,50 à 6 m de haut. Leur exposition et leur style (voir p. 174) doivent être soigneusement étudiés. Certaines des poires les plus réputées, comme 'Beurré Clairgeau' ou 'Doyenné du Comice', viennent mieux en palmettes obliques ou horizontales palissées contre un mur chaud. D'autres, telles 'Beurré Hardy' et 'Conférence', moins difficiles, peuvent pousser en fuseau ou en demi-tige.

SOL ET EXPOSITION Les poiriers fleurissent en général deux semaines avant les pommiers. Ils redoutent donc les dernières gelées ; réservez-leur un coin abrité. Ils s'accommodent de tous les sols, à l'exception de ceux qui sont calcaires.

PLANTATION L'automne est la meilleure saison (voir p. 176). Espacez les buissons de 3,50 à 4,50 m, les demi-tiges de 6 à 7,50 m, les cordons de 2 à 3 m et les palmettes de 2,50 à 3 m.

POLLINISATION Les époques de floraison permettent de classer les cultivars en trois groupes de pollinisation (voir p. 177). Pour assurer la meilleure pollinisation croisée, choisissez des poires du même groupe. Cependant, les périodes de floraison se chevauchent suffisamment pour que vous puissiez associer des arbres de groupes voisins.

ENTRETIEN Apportez en automne ou au printemps un bon paillis de fumier. Ajoutez 30 g par mètre carré de sulfate de potasse. Désherbez bien un cercle de 1,20 m de diamètre autour du tronc.

TAILLE Les jeunes poiriers ne demandent qu'une taille légère, voire pas de taille du tout pour les arbres en haute tige. Les cordons et les palmettes devront être taillés en été (voir pp. 178-179).

RENDEMENT ET RÉCOLTE Cueillez les poires avant qu'elles ne soient mûres, dès qu'elles se détachent de l'arbre. Celles d'été sont immédiatement consommables. Les autres doivent être conservées (voir p. 187) puis mises à mûrir, peu de temps, dans un endroit chaud.

RAVAGEURS ET MALADIES Les poiriers connaissent les mêmes maux que les pommiers (voir p. 120). Les oiseaux s'attaquent parfois aux bourgeons. Certaines variétés, comme 'Conférence', sont plus fragiles que d'autres. De mauvaises conditions de croissance rendent les arbres plus sensibles aux maladies.

VARIÉTÉS RECOMMANDÉES

(PAR ORDRE DE MATURITÉ)

'Bon chrétien William' : *gros fruits allongés, jaune doré marqué de fauve ; très productif.* **'Marguerite Marillat' :** *petit arbre érigé aux énormes fruits dorés, lavés d'écarlate.* **'Beurré Hardy' :** *bonne résistance à la tavelure.* **'Conférence' :** *autofertile, résiste mal au vent.* **'Doyenné du Comice' :** *délicieuse, mais production irrégulière et risque de tavelure ; recommandée pour l'espalier.* **'Joséphine de Malines' :** *une des meilleures poires d'hiver, mais un arbre peu vigoureux.*

DANS LA CUISINE

Pour réaliser ce célèbre dessert, choisissez de beaux fruits à la chair ferme. Veillez à ce que les poires ne soient pas meurtries.

POIRES AU VIN ROUGE (pour 4 personnes)

4 belles poires
250 g de sucre
1/2 cuil. à café de cannelle en poudre
15 cl d'eau
15 cl de vin rouge charpenté (bourgogne passe-tout-grain, par exemple)
crème épaisse

1 Pelez les poires, sans ôter la queue. Ne les épépinez pas. Dressez-les, queue en haut, dans une casserole juste assez grande pour les contenir sans qu'elles soient serrées. Saupoudrez-les avec la cannelle et le sucre. Ajoutez l'eau, couvrez et faites frémir de 10 à 15 min.

2 Ajoutez le vin et laissez mijoter, à découvert, de 10 à 15 min encore. Sortez les poires, disposez-les dans un plat de service et laissez-les refroidir.

3 Pendant ce temps, portez le liquide de cuisson à ébullition pendant 5 à 7 min ; réduisez-le en un sirop léger.

4 Versez délicatement le sirop sur les poireset mettez le plat au réfrigérateur. Servez très frais, avec de la crème.

NOTES GOURMANDES

Les vrais amateurs de poires aiment déguster ce fruit cru, quand il a atteint sa parfaite maturité. Soigneusement pelée, puis coupée en morceaux piqués au bout de la fourchette, une 'Doyenné du Comice', par exemple, laissera un grand souvenir gourmand. Sa chair juteuse, parfumée, fond littéralement dans la bouche.

❀ **POIRE**
'Beurré Hardy'

❀ **POIRES**
'Conférence'

❀ **POIRES**
'Doyenné
du Comice'

❀ **POIRES**
'Joséphine
de Malines'

PRUNES *Prunus domestica*

LA PROFUSION OU LA CARENCE semblent être la règle dans la famille des prunes, les maigres récoltes étant dues surtout à l'appétit des oiseaux et aux gelées tardives. L'abondance dépendra de la variété que vous avez choisie. Si vous appréciez par-dessus tout les 'Gouttes d'or de Coe', une récolte de quinze fruits seulement vous comblera... Mais quels fruits ! Leur subtile saveur sucrée est trois fois plus intense que celle d'une reine-claude. Plantés en plein vent ou palissés contre un mur, les pruniers sont superbes, qu'ils soient en fleurs ou en fruits ; leur floraison n'est cependant pas aussi impressionnante que celle des pommiers ou des poiriers. Choisissez des demi-tiges ou des tiges pour occuper une pelouse. Vous profiterez pendant longtemps de ces arbres et vous pourrez tondre l'herbe sans vous cogner dans leurs branches.

Culture

Comme les pommes et les poires, les prunes sont greffées sur des porte-greffes plus ou moins vigoureux (voir p. 175). Le plus commun est le 'Saint Julien'. Il entraînera un prunier 'Victoria' à 4,50 m de haut, ou plus, en dix ans environ. Les porte-greffes nains sont très rares ; il en existe un, cependant, baptisé 'Pixy'. Il réduit la taille de l'arbre d'un tiers ou de la moitié, mais vous devrez lui fournir un sol plus riche et des soins plus attentifs que pour la même variété greffée sur 'Saint Julien'. Si vous ne pouvez planter qu'un seul prunier, choisissez 'Victoria', qui est autofertile, assez peu exigeant quant à son exposition et d'un bon rendement régulier. Il aurait plutôt tendance à surproduire, au risque de se reposer l'année suivante.

SOL ET EXPOSITION Les pruniers aiment les étés chauds, les hivers rudes et les printemps tardifs et courts. Ils ont aussi besoin d'être abrités du vent et soigneusement protégés des dernières gelées. Des variétés à floraison tardive, tel 'Reine-claude d'Oullins', ont davantage de chances de leur résister que le précoce 'Methley'. Les meilleurs fruits proviennent souvent d'arbres palissés contre des murs abrités. Les pruniers sont trop productifs pour être conduits en cordons ou en palmettes horizontales. Les pruniers de Damas, plus proches des formes sauvages, sont plus rustiques.

PLANTATION Plantez en automne (voir p. 176), mais lorsque le sol est encore assez chaud pour que les jeunes racines se développent. Dans une pelouse, désherbez complètement un cercle d'au moins 1,20 m de diamètre. Si vous achetez des arbres déjà formés, ils auront sans doute 6 ou 8 branches. Fixez le nombre correspondant de bambous contre un mur ou sur un autre support. Liez les branches sur les bambous et déplacez les attaches au fur et à mesure de la croissance.

POLLINISATION Certains cultivars, comme 'Victoria' et 'Prune d'Ente', sont autofertiles, mais ils seront cependant plus productifs s'ils bénéficient d'une pollinisation croisée avec une variété différente. Dans ce cas, les arbres doivent fleurir en même temps ; n'oubliez pas cette règle lorsque vous les choisirez (voir p. 177). Les pépiniéristes sérieux mentionnent les périodes de floraison – précoce, moyenne ou tardive – afin que vous puissiez réunir des compagnons complémentaires.

ENTRETIEN Tassez fermement la terre autour des arbres nouvellement plantés et qui a été soulevée par les gels du premier hiver. Apportez chaque année un épais paillis de fumier. Si vous en manquez, donnez aux arbres bien implantés du sulfate d'ammoniaque, dans des proportions de 60 g pour 1 m². Éclaircissez les fruits des branches surchargées, en laissant une prune tous les 7 à 10 cm.

TAILLE Les arbres de plein vent ne nécessitent qu'une taille d'entretien : bois mort et rameaux en surnombre. N'effectuez aucune coupe avant la fin du printemps ou l'été. Vous limiterez ainsi la pénétration des spores du champignon qui donne la maladie du plomb. Les arbres palissés réclament une attention particulière (voir p. 179). Les rameaux s'écartant de la charpente principale doivent être supprimés en deux temps. Au milieu de l'été, rabattez toutes les pousses latérales en leur laissant environ six feuilles. Ce sont ces tiges qui porteront des fruits à l'été suivant. Quand elles ont fructifié, coupez ces pousses de moitié, en leur laissant environ trois feuilles. Supprimez tous les rameaux qui pointent vers l'avant ou se courbent vers l'arrière, contre le mur.

RENDEMENT ET RÉCOLTE Un prunier palissé de dix ans produit environ 14 kg de fruits, et un arbre de plein vent, environ 23 kg. Cueillez les prunes quand elles sont bien mûres.

RAVAGEURS ET MALADIES La maladie du plomb (voir p. 193) est un problème auquel il n'y a pas de remède. Coupez les branches atteintes... et gardez espoir. Si plus du tiers de l'arbre est infecté, vous aurez de la chance s'il s'en remet. La criblure (coryneum), la rouille ou la moniliose sont d'autres maladies des pruniers.

VARIÉTÉS RECOMMANDÉES

(PAR ORDRE DE MATURITÉ)

PRUNES PROPREMENT DITES

'Prune d'Ente' : *gros fruits bleu violacé, idéal pour la confection des pruneaux (fin août).* **'Victoria'** : *gros fruits très juteux (début septembre).* **'Goutte d'or de Coe'** : *très faible récolte, mais fruits de qualité exceptionnelle (fin septembre).*

REINES-CLAUDES

'd'Oullins' : *fruits jaune canari (fin juillet).* **'De Bavay'** : *gros fruits jaune-vert (fin septembre).*

QUETSCHES

'Commune' *(d'Alsace) : gros fruits violets (septembre).*

MIRABELLES

'De Nancy' : *petits fruits à épiderme jaune ponctué de rose (début août).*

DANS LA CUISINE

Les chutneys, d'origine indienne, sont arrivés en Europe grâce aux Britanniques. Ces conserves aigres-douces, souvent épicées, sont préparées avec des fruits, des légumes, ou les deux à la fois. Ce chutney à base de prunes relèvera agréablement des viandes rouges ou blanches froides.

CHUTNEY DE PRUNES
(pour 2 kg de chutney)

1 k de prunes lavées, dénoyautées et coupées en quatre
500 g de pommes pelées, épépinées et hachées
500 g d'échalotes, pelées et hachées
500 g de raisin
175 g de sucre roux
1 cuil. à café de gingembre moulu
1 cuil. à café de piment de la Jamaïque en poudre
1/2 cuil. à café de cayenne, de clou de girofle en poudre, de poudre de graines de moutarde et de noix muscade râpée
30 g de sel
60 cl de vinaigre

1 Portez doucement à ébullition tous les ingrédients dans une bassine à confiture. Laissez frémir pendant 1 à 2 h, en remuant de temps en temps.

2 Versez le chutney dans des pots préalablement ébouillantés. Recouvrez-les d'une couche de paraffine puis, après refroidissement, d'un disque de papier sulfurisé.

NOTES GOURMANDES

❦ En France, le succès des prunes remonte à la Renaissance. L'une d'entre elles, la reine-claude, dont il existe de nombreuses variétés, doit son nom à Claude de France (1499-1524), première épouse de François Ier.

❀ **QUETSCHES** 'Commune'

❀ **PRUNES** 'Victoria'

❀ **REINES-CLAUDES** vertes

PRUNES DE DAMAS

❀ **PRUNES** 'Goutte d'or de Coe'

PÊCHES ET NECTARINES
Prunus persica et *P. p.* var. *nectarina*

LA CULTURE DES PÊCHES et des nectarines sous les climats frais serait-elle vouée à une longue suite de drames ? Les seuls mots de cloque, chancre, araignée rouge et autre oïdium du pêcher ôteraient toute envie de s'y essayer pour l'abandonner aux arboriculteurs du Languedoc ou de la vallée du Rhône. Oubliez ces catastrophes – le pire n'est jamais sûr ! Pensez plutôt à Mme Récamier, dont le célèbre salon parisien attirait les plus brillants esprits de la première moitié du XIXe siècle. Alors qu'elle se croyait à l'article de la mort et qu'elle refusait toute nourriture, aussi appétissante fût-elle, le goût de vivre lui fut rendu, dit-on, par l'odeur puis la saveur d'une pêche tout juste cueillie.

Culture

Les pêchers ne peuvent être cultivés en plein air que s'ils bénéficient d'un printemps ensoleillé, gage d'une bonne pollinisation, d'un été chaud, qui fera mûrir les fruits, d'un automne sec, afin que les nouvelles pousses se préparent aux récoltes de l'année suivante, et d'une courte et froide saison de repos en hiver.

SOL ET EXPOSITION Les pêchers ne seront plantés en plein vent que dans les régions bénéficiant d'un climat de type méditerranéen. Partout ailleurs, il faut les palisser contre un mur ensoleillé et abrité, où ils atteindront parfois une envergure de 4,50 m. Dans les régions fraîches, une serre vitrée s'impose.

PLANTATION Ces arbres sont autofertiles et n'ont donc pas besoin du voisinnage d'autres variétés. Mais dans les serres ou quand ils fleurissent avant l'arrivée des insectes volants, vous devrez assurer leur pollinisation (voir p. 177).

ENTRETIEN Apportez aux arbres de plein air, à chaque printemps, un épais paillis de fumier. Dans les serres, à la fin de l'hiver, remplacez la couche superficielle du sol par une bonne terre de jardin travaillée avec de la poudre d'os et du sulfate de potasse. Éclaircissez les bourgeons et les fruits au printemps et au début de l'été (voir page ci-contre).

TAILLE Les fruits apparaissent sur les rameaux de la saison précédente ; il faut donc couper chaque printemps un peu de vieux bois pour encourager les nouvelles pousses. Si vous rêvez d'un arbre en palmettes, achetez-le déjà formé. Supprimez les pousses en surnombre, et éclaircissez les boutons à feuilles sur chaque branche latérale (voir page de droite). En début d'été, rabattez ces tiges à six feuilles. Une fois le fruit cueilli, coupez le rameau qui le portait et fixez les nouveaux (voir p. 179).

RENDEMENT ET RÉCOLTE Une palmette pleinement épanouie produit environ 9 kg de fruits ; un arbre de plein champ est plus productif. Cueillez les fruits lorsque la chair autour des queues s'est amollie.

RAVAGEURS ET MALADIES Les ravageurs sont plus actifs dans une serre. Maintenez-y une atmosphère humide pour décourager les araignées rouges (voir p. 191). La cloque est le principal problème des pêchers poussant en plein air (voir p. 194).

VARIÉTÉS RECOMMANDÉES

(PAR ORDRE DE MATURITÉ)
PÊCHES

'Amsden' : *chair blanche ; bonne résistance aux maladies (juin).* **'Précoce de Hale' :** *chair blanche, sucrée (juillet).* **'Red haven' :** *gros fruits savoureux à chair jaune ; toutes régions (début août).* **'Reines des vergers' :** *gros fruits sucrés à chair blanche ; idéal au nord de la Loire (septembre).*

NECTARINES ET BRUGNONS

'Lord Napier' : *nectarines à chair blanche (début août).* **'Nectarose' :** *nectarines à chair blanche (fin août).* **'Fantasia' :** *gros brugnons à chair jaune (fin août).*

DANS LA CUISINE

Vous ne ferez cuire les pêches et les nectarines que si votre récolte a été très abondante, car rien ne vaut le plaisir de croquer dans leur chair juteuse et fondante. Cette recette associe des pêches à un coulis de framboises.

PÊCHES POCHÉES ET COULIS DE FRAMBOISES
(pour 4 personnes)

4 pêches bien mûres
125 g de sucre
15 cl d'eau
250 g de framboises

1 Plongez les pêches 1 min dans l'eau bouillante. Égouttez-les, pelez-les délicatement et coupez-les en deux.

2 Dans une casserole, mélangez le sucre et l'eau, sur feu doux, en remuant sans arrêt jusqu'à ce que le sucre ait fondu. Portez ce sirop à ébullition, mettez-y les moitiés de pêches et laissez frémir 5 min jusqu'à ce qu'elles soient tendres.

3 À l'aide d'une cuillère percée, sortez-les et posez-les sur un plat de service. Portez de nouveau le sirop à ébullition et faites-le réduire de moitié.

4 Mettez les framboises dans un tamis et réduisez-les en purée avec une cuillère de bois, en ajoutant peu à peu le sirop, jusqu'à ce que le coulis soit bien lisse. Versez-le sur les pêches et mettez au réfrigérateur avant de servir.

NOTES GOURMANDES

Depuis des années, on nous affirme que le mot « frais » peut s'appliquer à tout produit qui n'est pas en conserve. Mais le jour où vous récolterez vos premières pêches ou nectarines, vous comprendrez combien elles surpassent les fruits vendus sur leurs barquettes de plastique dans les supermarchés !

❀ PÊCHES

❀ NECTARINES

ÉCLAIRCIR LES TIGES

1 *Cette branche, avec ses pousses très denses, doit être éclaircie. Au printemps, il est souvent nécessaire de supprimer des bourgeons sur les pêchers afin que les fruits aient assez d'espace pour grossir et mûrir.*

2 *Laissez une ou deux bonnes pousses près de la base et une à l'extrémité de chaque branche fructifère ; elles donneront les rameaux à fruits de l'année suivante. Supprimez les autres pour n'en garder qu'une tous les 15 cm.*

ÉCLAIRCIR LES FRUITS

Lorsque les fruits ont la taille d'une noisette, éclaircissez encore. Supprimez ceux qui sont mal placés ou font face au mur, en laissant un espace d'environ 23 cm entre chacun d'eux.

ABRICOTS *Prunus armeniaca*

L'ABRICOT PARFAIT est un fruit rare. Trop souvent, sa chair ne laisse dans la bouche qu'une sensation cotonneuse. En revanche, quand ils sont bons, ces fruits sont un régal. Dans les régions fraîches, pour mûrir parfaitement, et libérer ainsi toute leur saveur, ils ont besoin d'un mur ensoleillé. Bien qu'ils ne soient pas sujets à la cloque, les abricotiers ont une fâcheuse tendance à dépérir brutalement (apoplexie), en commençant souvent par les branches charpentières. Les cultivars modernes sont d'ailleurs moins sensibles à cette maladie.

Culture

C'est en suivant la célèbre route de la soie que l'abricotier est arrivé de Chine jusqu'en Arménie (son nom savant, *Prunus armeniaca*, nous le rappelle), où les Européens l'ont découvert. Il faut à cette plante des hivers froids et des printemps précoces, puis des étés longs et chauds pour que ses fruits mûrissent parfaitement. Elle s'accommode des étés de l'Europe du Nord, mais préfère de loin des climats plus chauds.

SOL ET EXPOSITION Le sol doit être bien drainé mais pas trop riche. Palissez l'arbre contre un mur chaud, bénéficiant d'un bon ensoleillement.

PLANTATION Effectuez-la à la fin de l'automne (voir p. 176). Une palmette pouvant atteindre 3,50 m d'envergure, laissez au moins 4,50 m entre deux arbres si vous en plantez plusieurs les uns à côté des autres. Placez l'arbre à 30 cm environ en avant du mur et inclinez-le vers lui. Attachez les branches, entre les yeux, aux fils de fer tendus.

POLLINISATION Les abricotiers sont autofertiles, mais ils fleurissent très tôt, souvent à la fin de l'hiver. En plein air, protégez-les des gelées avec un filet à petites mailles. Si les insectes ne sont pas au rendez-vous, pollinisez vous-même les fleurs manuellement, avec une brosse fine (voir p. 177).

ENTRETIEN Arrosez abondamment lors des étés secs pour favoriser le développement des fruits. Désherbez complètement le sol autour des arbres, sans abîmer les racines, qui sont peu profondes. Éclaircissez les fruits de temps en temps, du milieu à la fin de l'été, en les espaçant d'environ 10 cm.

TAILLE Pour un abricotier en palmettes, cherchez à développer des rameaux à fruits tous les 15 cm le long des branches. Raccourcissez les pousses latérales (les tiges qui partent des branches principales) en début d'été, en ne leur laissant que 7 cm environ. Toutes les tiges partant de ces pousses latérales doivent être coupées pour ne garder qu'une feuille. Attachez les nouvelles pousses situées à l'extrémité des branches principales pour conserver l'architecture des palmettes (voir p. 179). Les fruits apparaissant sur les tiges de la saison précédente, il faut couper sur les arbres de plein vent bien développés, au début du printemps, un peu de vieux bois afin d'encourager chaque année l'apparition de nouvelles pousses.

RENDEMENT ET RÉCOLTE Une bonne palmette produit en moyenne 9 kg de fruits, et un abricotier de plein vent, deux fois plus. Cueillez les fruits délicatement (ils s'abîment vite), quand la queue se détache facilement de la branche. Vous les conserverez deux semaines ou plus dans un endroit frais.

VARIÉTÉS RECOMMANDÉES

(PAR ORDRE DE MATURITÉ)

'Luizet' : *gros fruits orangés très parfumés ; préfère le Midi ; convient aux petits jardins (juillet).* **'Bergeron'** : *énormes fruits allongés, tachés de rouge ; floraison tardive ; convient en toutes régions (juillet).* **'Pêche de Nancy'** : *très gros fruits à épiderme épais ; recommandé au nord de la Loire (août).*

❀ **ABRICOTS**

CERISES *Prunus avium* et *P. cerasus*

GUIGNES NOIRES

UN CERISIER LAISSÉ À LUI-MÊME devient assez rapidement un bel arbre, dont l'envergure peut atteindre 9 m et parfois plus. L'herbe et les fleurs sauvages qui poussent librement à son pied créent un décor champêtre au charme impressionniste. Les cerisiers sont superbes lorsqu'ils se couvrent de fleurs, et le feuillage de nombre d'entre eux s'embrase, en automne, de rouge et d'orange. Ceux qui portent des cerises douces peuvent être taillés en palmettes, mais il vous faudra alors un grand mur et vous aurez quelque difficulté à contrôler leur charpente. Le type 'Griotte', aux cerises acides, se prête beaucoup mieux au palissage, surtout si le mur d'accueil est exposé au nord. Ses fruits, parfaits pour garnir une tarte, se conservent aussi très bien dans l'alcool.

Culture

Pour fructifier, la plupart des cerisiers ont besoin d'une pollinisation croisée. Si votre jardin n'est pas assez grand pour en accueillir au moins deux, choisissez 'Belle Magnifique' (cerises douces) ou 'Griotte du Nord', qui s'autofertilisent.

SOL ET EXPOSITION Les cerisiers apprécient les climats secs et chauds, encore que les griottes acceptent des températures plus fraîches. Évitez de les planter dans des endroits où les dernières gelées risqueraient de ruiner leur floraison. Le sol doit être riche et bien drainé.

PLANTATION Effectuez-la à la fin de l'automne (voir p. 176), en espaçant de 12 m les demi-tiges et les hautes tiges, et de 6 m les arbres palissés.

POLLINISATION La 'Griotte du Nord', aux fruits acides, pollinisera des cerisiers à fruits doux, ou la 'Bigarreau Napoléon'. 'Early Rivers' est autofertiel, comme 'Belle Magnifique'.

ENTRETIEN Apportez un paillis de compost ou de fumier au printemps et disposez des épouvantails si les oiseaux s'attaquent aux boutons. En été, arrosez abondamment les cerisiers palissés.

TAILLE Les cerisiers à fruits doux de haute ou de demi-tige n'ont pas besoin d'être taillés. Éliminez simplement le bois mort et les branches qui s'entrecroisent. Les griottes du Nord ne fructifient que sur le bois nouveau ; taillez chaque année quelques vieilles tiges pour forcer l'arbre à produire de jeunes rameaux (voir p. 179). Quand un cerisier palissé a donné ses fruits, coupez les longues pousses situées à ses extrémités ; il en fera ainsi de nouvelles au centre.

RENDEMENT ET RÉCOLTE Un cerisier adulte de plein vent produit environ 32 kg de fruits, une griotte palissée, 9 kg.

RAVAGEURS ET MALADIES Le feu bactérien (voir p. 192) est le principal problème. Les spores pénétrant par les blessures, évitez d'abîmer l'écorce et ne taillez pas avant la fin de l'été. Les pucerons peuvent déformer les jeunes pousses (voir p. 190). Coupez les tiges atteintes et brûlez-les. Vaporisez les arbres avec une solution goudronnée pour tuer les ravageurs qui s'y installent en hiver. Un filet protégera les arbres palissés.

BIGARREAUX CLAIRS

VARIÉTÉS RECOMMANDÉES

(PAR ORDRE DE MATURITÉ)

GUIGNES

'Early Rivers' : *fruits brillants, juteux, à chair noire (mi-juin).*

BIGARREAUX

'Moreau' : *fruits à peau noire, jus coloré (fin mai/début juin).* **'Napoléon'** : *fruits à peau claire, chair blanche et sucrée (mi-juin).*

CERISES DOUCES

'Anglaise hâtive' : *peau claire, chair douce, légèrement acidulée (début juin).*

GRIOTTES

'Griotte de Montmorency' : *fruits acides à peau claire (début juillet).*

'Griotte du Nord' *(ou 'Morello') : fruits noirs, très acidulés (fin juillet).*

GRIOTTES CLAIRES

AGRUMES *Citrus* spp.

CES ARBRES, PLANTÉS DANS DE BELLES POTERIES ou des bacs à orangerie, sont de véritables sculptures végétales. Au centre d'un potager ou alignés comme à la parade au bord d'une volée de marches, ils sont superbes et semblent toujours un peu irréels. Les feuilles sont persistantes, brillantes, et les fruits pendent aux branches comme des décorations d'arbre de Noël. Fragiles, les agrumes ne supportent pas le froid. Il faut donc, sous la plupart des climats, les rentrer dans une orangerie en hiver. Ils y sont tout aussi superbes, et leurs fleurs, qui commencent à s'ouvrir au printemps, embaument l'air pendant des semaines. Elles apparaissent alors que les fruits de la saison précédente mûrissent encore sur l'arbre.

Culture

Si vous ne vivez pas sous un climat de type méditerranéen très doux, vous ne pourrez faire pousser des agrumes que dans des pots. Ils s'y adaptent très bien, et notamment *Citrus × meyeri* 'Meyeri', hybride de citron et de mandarine, ainsi que le calamondin, hybride de mandarine et de kumquat.

SOL ET EXPOSITION Aucun agrume ne supporte le gel. En hiver, il lui faut une température d'environ 10 °C pour bien fructifier. Utilisez un compost acide, une terre de bruyère (pH 6-6,5, un peu moins pour les citronniers), et un conteneur bien drainé. Incorporez du sable à la terre.

PLANTATION Les arbres peuvent croître d'abord dans de petits pots, mais il faudra leur fournir ensuite des bacs plus vastes. Ce rempotage s'effectue en hiver. Lorsqu'ils seront installés définitivement, ôtez chaque année, au printemps, une couche de 5 cm de terre et remplacez-la par du compost.

POLLINISATION Les agrumes sont parthénocarpiques, ce qui signifie qu'ils peuvent fructifier sans que les fleurs aient été fécondées. Une seule plante se suffit donc à elle-même pour porter des fruits.

ENTRETIEN L'arrosage et la nourriture sont essentiels. En été, des produits fortement azotés assureront la croissance de la plante. En hiver, elle aura aussi besoin d'oligoéléments (surtout fer, magnésium, manganèse et zinc). Sans eux, les feuilles jaunissent, la croissance s'arrête et les fruits risquent de tomber en hiver. Quant au substrat, il ne doit jamais être sec.

TAILLE Les agrumes ne nécessitent pas une taille régulière. Raccourcissez les nouvelles pousses au début du printemps.

RENDEMENT ET RÉCOLTE
La production dépend de la taille et de l'âge de l'arbre. Une plante bien établie fournit en moyenne de 20 à 30 fruits. Vous pouvez les cueillir de la fin de l'automne jusqu'au début du printemps.

RAVAGEURS ET MALADIES Dans une orangerie, ces plantes peuvent souffrir des araignées rouges, des pucerons, de fumagine, des cochenilles farineuses (voir pp. 190-193).

VARIÉTÉS RECOMMANDÉES

ORANGES AMÈRES (BIGARADIER)
Citrus aurantium **'Bouquet'** : *fruits amers sur un arbre épineux aux feuilles minces et pointues.*

ORANGES DOUCES
Citrus sinensis **'Navelina'** : *fruits orangé rougeâtre de bonne qualité.*

MANDARINES ET MANDARINES HYBRIDES
Citrus reticulata **'Clementine'** : *gros arbre buissonnant, vigoureux, aux mandarines rondes.*
× Citrofortunella microcarpa, *syn.* **C. mitis,** *ou calamondin : hybride de mandarine-kumquat qui fleurit et fructifie encore jeune.*
Citrus × meyeri **'Meyeri'** : *hybride de citron-mandarine, croissance lente, idéal en conteneur.*

POMELOS (PAMPLEMOUSSES)
Citrus × paradisi **'Golden Special'** : *arbre à belles branches, à feuilles ovales, brillantes.*

CITRONS
Citrus limon **'Eureka'** : *arbre ouvert, étalé, excellents fruits juteux.*

CITRONS VERTS (OU LIMES)
Citrus aurantiifolia **'Bearss'** : *arbre compact aux fruits très juteux, sans pépins.*

DANS LA CUISINE

De nombreuses recettes à base d'agrumes utilisent leur zeste, qui donne au plat une légère amertume. Cette salade d'oranges est relevée par la saveur de très fins bâtonnets de zeste confits et répartis sur les fruits.

SALADE D'ORANGES (pour 6 personnes)

6 belles oranges
30 cl d'eau
125 g de sucre

1 Pelez finement le zeste d'une orange et coupez-le en très fins bâtonnets de 2 cm de long.

2 Mettez les zestes dans une petite casserole avec l'eau et le sucre, portez à ébullition et laissez frémir pendant 30 min environ, jusqu'à ce que le liquide soit épais et sirupeux.

3 Pelez les autres oranges et coupez les 6 fruits en fines rondelles ; enlevez tous les pépins. Disposez les tranches d'orange dans un plat et nappez-les du sirop et des zestes confits. Mettez au frais avant de servir.

NOTES GOURMANDES

La célèbre marmelade d'oranges amères date de la fin du XVIIIe siècle, et elle nous vient d'Écosse. Faite à la maison, elle a souvent un parfum inimitable. Les limes font aussi une excellente marmelade, mais elle est plus difficile à réaliser, car les peaux résistent à l'épluchage. Si vous en êtes à votre premier essai, préparez plutôt une marmelade de pamplemousses. Ajoutez 300 g de citrons, riches en pectine, pour 1 kg de pamplemousses. Faites macérer les fruits coupés en morceaux dans un poids égal de sucre pendant 24 h, puis cuisez doucement, jusqu'à ce que la marmelade ait la consistance d'une purée.

❀ MANDARINE

❀ ORANGE

❀ ORANGE AMÈRE

❀ CITRON

❀ PAMPLEMOUSSE

❀ LIME

❀ **LE CALAMONDIN**
Cet hybride de mandarinier et de kumquat (× Citrofortunella microcarpa, *syn.* C. Mitis*) est idéal pour la culture en pots.*

FIGUES ET MÛRES EN ARBRE
Ficus carica et *Morus (nigra, alba, rubra)*

FIGUIERS ET MÛRIERS semblent résister à tout ; ils se dressent encore dans de vieux jardins bien après la disparition des murs ou des pelouses qui les accueillaient. Ils ont la distinction des descendants de vieux lignage et sont splendides en situation isolée. Mais ils doivent être protégés des vents frais et s'acclimatent mal aux régions trop froides. Les figuiers se plaisent dans les serres fraîches ou palissés sur un mur ensoleillé ; les mûriers, qui forment de gros arbres à la couronne arrondie, ont besoin d'espace pour se sentir à l'aise. Ces mûriers sont de proches cousins de ceux qui nourrissent les « vers à soie ». Tous deux perdent leurs feuilles en hiver mais, même dénudés, ils apportent au jardin une forte structure.

❀ MÛRES

❀ FIGUES À PEAU FONCÉE

❀ FIGUES À PEAU VERTE

Culture

Dans un espace limité, installez un figuier dans un grand pot placé dans un coin abrité. Le mûrier a besoin de place, car il va devenir un arbre d'au moins 6 m de haut et de 4,50 m de large, parfois plus.

SOL ET EXPOSITION Sous les climats frais, vous pouvez ne planter qu'un figuier, pour le seul plaisir de son feuillage et du parfum délicat qu'il dégage dès que le soleil chauffe. Si vous en attendez une récolte, souvenez-vous qu'il a besoin de soleil et de protection ; installez-le contre un mur bien abrité ou dans une serre. Le mûrier demande un sol profond, bien drainé, même en été, riche.

PLANTATION Mieux vaut planter ces deux arbres au printemps (voir p. 176). Les figuiers, qui font souvent trop de pousses dans les climats du nord de l'Europe, fructifient plus abondamment si leurs racines sont contenues. Creusez un trou d'environ 1 m de profondeur et de largeur et tapissez le de briques ou de dalles en ciment. Plantez-y le figuier en incorporant beaucoup d'engrais à base d'os.

ENTRETIEN Apportez à ces arbres un épais paillis de fumier à la fin du printemps. Arrosez les mûriers en été, et les figuiers par temps sec, lorsque leurs fruits se développent ; évitez en revanche un excès d'eau lorsque les figues mûrissent, car elles risqueraient d'éclater.

TAILLE Les mûriers supportent mal la taille, car leurs blessures « pleurent ». Sur des arbres adultes, il faut parfois, en hiver, couper le bois mort ou les branches croisées. Au milieu du printemps, débarrassez les figuiers des rameaux endommagés par le gel et des jeunes pousses en surnombre, et attachez les tiges des sujets palissés. Raccourcissez au besoin les branches au milieu de l'été. En supprimant chaque année les plus âgées d'entre elles, vous favoriserez la production de jeunes pousses partant de la base.

RENDEMENT ET RÉCOLTE La production dépend des conditions hivernales et de l'âge de l'arbre. Les figues sont habituellement bonnes à cueillir à la fin de l'été ou au début de l'automne. Attendez que les fruits se détachent de leur tige, avec un épiderme qui commence à se fendre et une goutte de nectar perlant de l'« œil ». Pour récolter les mûres, étalez un vieux drap sous l'arbre et secouez les branches.

RAVAGEURS ET MALADIES Ces arbres sont peu attaqués, mais la pourriture grise/*Botrytis* s'installe parfois sur les jeunes pousses des figuiers (voir p. 193). Elle peut aussi faire pourrir le fruit.

VARIÉTÉS RECOMMANDÉES

FIGUES

'Blanche d'Argenteuil' : *fruits vert jaunâtre.* **'Dauphine'** : *gros fruits violets.*

MÛRES

Trois espèces donnent des fruits comestibles : **Morus rubra** *(mûre rouge),* **Morus nigra** *(mûre noire) et* **Morus alba** *(mûre blanche).*

PRODUIRE DAVANTAGE DE FIGUES
En été, vous encouragerez la fructification des figuiers en pinçant les nouvelles pousses à 5 ou 6 feuilles. Ainsi, l'arbre ne dilapidera pas son énergie dans la production de tiges inutiles.

NÈFLES ET COINGS
Mespilus germanica et *Cydonia vulgaris*

❀ NÈFLES

LORS DE LEUR FLORAISON, ces deux plantes sont aussi belles que des arbres uniquement ornementaux, et en automne elles vous donneront en outre des fruits dont vous ferez d'excellentes gelées. Les coings étaient très répandus dans le sud-est de l'Europe avant l'invasion des pommes, et ils demeurent solidement implantés en Turquie. Comme les figuiers et les mûriers, les néfliers et les cognassiers apportent au jardin le calme des temps passés. Le néflier, très ramifié, est un arbre plus large que haut, à l'ombre profonde ; si le sol et les conditions climatiques le permettent, son feuillage flamboie d'orange, de jaune et de rouge avant de tomber. Les cognassiers virent au jaune beurre clair.

❀ COINGS

Culture

Les cognassiers sont habituellement des arbustes à la couronne arrondie, de 3,50 m de haut, pouvant grimper jusqu'à 6 m dans de très bonnes conditions. Toutes les variétés sont autofertiles et commencent à produire des fruits au bout de six ans. Les néfliers, cultivés depuis très longtemps, ont des fruits qui rappellent ceux de l'églantier. Surveillez et supprimez les rejets, car ces arbres sont souvent greffés sur des aubépines.

SOL ET EXPOSITION Les cognassiers aiment les sols profonds, riches et chauds, peu calcaires. Ils apprécient l'eau et vous verrez parfois de vieux arbres plantés au bord d'une mare. Un coin humide leur conviendra très bien. Plus rustiques, les néfliers se contenteront de toute terre de jardin bien drainée.

PLANTATION Ne l'effectuez qu'après la chute des feuilles, en creusant un trou assez large pour y étendre confortablement les racines. Tuteurez les arbres pendant leurs premières années de croissance (voir p. 176). Désherbez soigneusement le sol autour des troncs.

ENTRETIEN Apportez à chaque printemps un paillis de compost ou de fumier.

TAILLE Coupez en hiver les branches en surnombre des cognassiers. Faites de même avec les néfliers, en supprimant les branches mal formées ou croisées.

RENDEMENT ET RÉCOLTE Des demi-tiges adultes produisent environ 23 kg de coings et peut-être 14 kg de nèfles. Les premiers se récoltent à la mi-automne, avant le retour du gel. Entreposez-les dans des caissettes, dans un endroit frais et sombre, où ils se conserveront jusqu'à un mois. Tenez-les le plus possible éloignés des autres fruits, qui s'imprégneraient de la forte odeur des coings. Les nèfles seront encore très dures lorsque vous les récolterez sur l'arbre à la fin de l'automne ; vous pouvez attendre qu'elles aient subi une ou deux gelées. Vous les consommerez ensuite lorsqu'elles seront « blettes ».

RAVAGEURS ET MALADIES Les cognassiers peuvent être touchés par la sclérotiniose (voir p. 194). Vaporisez un fongicide quand les boutons des feuilles s'ouvrent puis quand les fruits apparaissent. Les néfliers sont habituellement peu sujets aux maladies.

VARIÉTÉS RECOMMANDÉES

NÈFLES

'De Hollande' : *très gros fruits sur un petit arbre pleureur.*

'De Nottingham' : *productif, porte souvent des fruits quand il n'a encore que trois ans.*

COINGS

'Vranja' : *gros fruits en forme de poire.*

'Champion' : *gros fruits en forme de pomme, très parfumés.*

'Du Portugal' : *vigoureux ; gros fruits oblongs à peau très laineuse.*

NOIX, NOISETTES, AMANDES

LES NOISETIERS SONT DES ARBRES que tous les jardiniers apprécient. Ils créent de bonnes haies informelles et sont très décoratifs en hiver lorsqu'ils laissent pendre leurs longs chatons mâles. En automne, ils vous donneront de belles récoltes. Laissés à eux-mêmes, ils deviennent d'utiles taillis dans lesquels vous puiserez longues baguettes, tuteurs et tiges souples ; entrecroisées, ces dernières fourniront d'élégants supports à vos haricots grimpants. Les amandiers et les noyers doivent être plantés en situation isolée. Au printemps, les premiers connaissent une floraison éblouissante. Les noyers sont plus grands, plus majestueux, mais ils poussent lentement. Ils ne donnent parfois leurs premières noix qu'au bout d'une vingtaine d'années. Patience, patience…

Culture

Renseignez-vous sur les conditions climatiques des régions d'origine si vous voulez avoir des espèces productives. Les noisetiers *(Coryllus avellana)* se plaisent dans l'Europe du Nord tempérée. Les quatre types principaux ont donné naissance à deux catégories de fruits : des noisettes rondes, partiellement recouvertes par leur enveloppe (involucre), et des noisettes allongées et complètement protégées. Les noyers *(Juglans regia)* apprécient également les climats frais, alors que les amandiers *(Prunus amygdalus)*, originaires d'Afrique du Nord, fructifient mieux dans les régions méditerranéennes.

SOL ET EXPOSITION Les noisetiers se développeront au soleil ou à mi-ombre, dans une terre calcaire profonde et humide. Les amandiers ont avant tout besoin de chaleur. Choisissez bien l'emplacement d'un noyer, car il l'occupera peut-être pendant quelque deux cents ans, atteignant une hauteur de 30 m et une envergure d'au moins 15 m.

PLANTATION Le milieu de l'automne est le meilleur moment (voir p. 176). Pour un noyer, choisissez-le jeune, car il se transplante mal après quelques années.

POLLINISATION Les noisetiers (portant à la fois des fleurs mâles et femelles) sont pollinisés par le vent. Mais, pour avoir des récoltes plus abondantes, associez diverses variétés. Les nouveaux cultivars de noyer sont autofertiles. Les amandiers demandent une pollinisation croisée.

ENTRETIEN Arrosez jusqu'à ce que les arbres soient bien établis et paillez-les.

TAILLE Lorsque les noisetiers ont quatre ou cinq ans, rabattez au niveau du sol, à la fin de l'hiver, quelques-unes des plus vieilles tiges. Les noyers, qui « pleurent » beaucoup, ne réclament pas de taille régulière. Supprimez les branches croisées, au milieu du printemps ou à la fin de l'été. Les amandiers se passent aussi de taille régulière ; coupez seulement le bois mort.

RENDEMENT ET RÉCOLTE L'âge et le climat influent sur la production. Des arbres adultes donnent environ 11 kg de noisettes, 9 kg d'amandes et 20 kg de noix. Les noisettes mûres tombent de l'arbre, mais les amandes peuvent être cueillies dès que leur coque se fend. Le brou colle encore à la coque des noix lorsqu'elles sont prêtes pour la récolte, et il faut l'enlever si l'on veut conserver les fruits. Enfilez des gants, car le jus de cette enveloppe tache la peau.

RAVAGEURS ET MALADIES Les écureuils peuvent dévorer toutes les noisettes.

VARIÉTÉS RECOMMANDÉES

NOISETIERS À FRUITS RONDS

'Grosse ronde du Piémont' : *gros fruits à coque mi-dure ; variété fertile.* **'Merveille de Bolwiller' :** *très gros fruits délicieux.*

NOISETIERS À FRUITS ALLONGÉS

'Purpurea' ('Noisetier pourpre') : *bel arbre aux feuilles pourpres, portant de petites noisettes au goût fin.*

AMANDIERS

'Princesse' : *la meilleure variété pour la table (récolte en vert, en juin).*

NOYERS

'Franquette' *et* **'Mayette' :** *autofertiles.*

DANS LA CUISINE

Ces fruits secs, très caloriques, qui se conservent bien, ont toujours été très appréciés en hiver. Cette compote de fruits secs et de noix nous vient des pays musulmans. Elle est traditionnellement préparée avec sept fruits et, avant de la déguster, la coutume veut que l'on lise sept versets du Coran.

COMPOTE AFGHANE (pour 4 à 6 personnes)

125 g de petits abricots secs et 125 g de raisins noirs secs sans pépins
60 g de raisins de Smyrne, et autant d'amandes, de pistaches et de noix (nature et décoquillées)
6 cerises (fraîches ou en conserve)
crème fraîche, pour servir

1 Lavez les fruits secs, mettez-les dans une jatte et mouillez-les juste à hauteur d'eau froide ; laissez-les tremper au frais pendant 2 jours.

2 Mettez les amandes et les pistaches dans un bol et couvrez-les d'eau bouillante. Laissez refroidir, puis mondez-les.

3 Ajoutez les noix, les amandes et les pistaches aux fruits ramollis. Décorez avec les cerises. Mettez au réfrigérateur pendant 1 jour ou 2. Servez avec de la crème fraîche.

NOTES GOURMANDES

- Une noix fraîche, récoltée dans le jardin, récompensera votre patience. Sa texture tendre, crémeuse, ne se compare pas avec celle des noix sèches, que l'on achète lors des fêtes de fin d'année.
- Pilées, les noisettes permettent d'épaissir des potages. Elles s'associent très bien avec des légumes délicatement parfumés comme le chou-fleur et le céleri.

❀ NOISETTES ALLONGÉES

❀ NOISETTES RONDES

AMANDES

LA FÉERIE DES AMANDIERS
Un amandier en fleur est l'un des plus beaux spectacles que vous puissiez admirer par un clair matin de printemps. Cet arbre a cependant besoin de chaleur pour fructifier généreusement.

NOIX

NOIX IMMATURES DANS LEUR ENVELOPPE VERTE (BROU)

PETITS FRUITS ROUGES ET GRIMPANTS

LES VIGNES LES PLUS SPECTACULAIRES ne portent pas forcément les plus belles grappes. Elles ont cependant toutes un beau feuillage, qui part à l'assaut des tonnelles, des grillages et des pergolas. Les arbustes à baies, tels les groseilliers ou les groseilliers à maquereau, ne sont pas moins décoratifs lorsqu'ils sont soigneusement entretenus. Des groseilliers à maquereau sur tige, taillés en boule, habilleront avec élégance les angles d'un jardin. Des groseilliers rouges conduits en U simple sur des fils métalliques auront une grâce aérienne. Les fraises, et tout particulièrement les variétés alpines (type fraises des bois), plantées au milieu d'aspérules et d'hostas, formeront un ravissant tapis. Elles apprécient tous les sols riches et humides.

FLAMBOYANTES AIRELLES
Les airelles ont besoin d'un sol acide. Associées à d'autres plantes réfractaires au calcaire, comme les azalées ou les rhododendrons, elles feront un très beau couvre-sol. En fin d'été, leur feuillage s'embrase d'un orange brillant.

GRAPPES RAFRAÎCHISSANTES
Cette vigne est plantée en pleine terre, mais ses sarments ont été dirigés à l'intérieur de la serre. Son beau feuillage laisse filtrer une agréable lumière tamisée et assure une ombre bienfaisante aux cultures qu'il surplombe.

MELON PARFAIT
Une feuille de plastique protège ce melon du contact avec la terre. Les melons galias sont plus petits que les charentais ou les espagnols. Sous les climats chauds, on peut conduire la tige des melons sur une tonnelle. Ailleurs, ils doivent être cultivés sous châssis de verre.

ABONDANTE RÉCOLTE
Les framboises remontantes sont moins attaquées par les oiseaux que leurs cousines non remontantes, beaucoup plus précoces. Elles n'ont donc pas besoin de la protection d'un filet. Elles forment de très utiles haies de séparation dans le jardin.

TAPIS DE FRAISES
Les cloches en forme de lanterne ancienne sont à la fois pratiques et décoratives. Elles protègent les fruits et accélèrent leur mûrissement. Les fraisiers à gros fruits, comme ceux-ci, réclament un sol frais régulièrement renouvelé ; les fraises des bois se répandent plus librement.

FRAMBOISES *Rubus idaeus*

LES FRAMBOISIERS SONT ASSEZ PEU DÉCORATIFS en eux-mêmes ; mais, bien conduits sur des fils métalliques, ils peuvent servir d'écrans dans un jardin en été, ou diviser en parcelles une surface consacrée aux fruits. Plantez-les en diagonale dans un grand carré pour délimiter quatre triangles, que vous consacrerez à des groseilliers à maquereau, des groseilliers et des fraisiers (voir le dessin du verger p. 25). Les framboisiers seront ainsi beaucoup plus élégants que si vous les installez en rangs parallèles. Les variétés remontantes sont plus denses que les autres et forment des touffes de tiges épaisses. Elles présentent le double avantage d'offrir une délicieuse récolte tard dans la saison et de peu attirer les oiseaux. Ne plantez pas d'autres fruits à proximité des rangs de framboises, car ils seraient vite envahis.

FRAMBOISES

Culture

Les framboisiers ont besoin d'un substrat humide et acide. Ils doivent être palissés. Vous pouvez les contenir entre deux fils métalliques parallèles ou les fixer à des fils de fer tendus entre des poteaux distants de 1,80 m (voir p. 180).

SOL ET EXPOSITION Les framboisiers aiment les sols profondément travaillés, légers et humides. Ils poussent mieux dans des sols un peu acides (pH 6,5-6,7) et bénéficiant d'une ombre légère.

PLANTATION Plantez les jeunes rejets à la fin de l'automne en n'enfouissant pas les racines fibreuses à plus de 7 cm sous la surface du sol : s'ils sont trop enterrés, ils ne pousseront pas. Espacez les pieds de 40 à 60 cm, les variétés les plus vigoureuses demandant davantage de place. Si vous installez plusieurs rangs, espacez-les de 1,20 à 1,80 m. Après la plantation, rabattez les tiges au-dessus d'un bourgeon à environ 23 cm du sol.

ENTRETIEN Au début du printemps, apportez un paillis de fumier, de compost ou d'une autre matière non calcaire (évitez le compost à champignons). Désherbez bien le sol, sans biner trop profondément autour des pieds afin de ne pas abîmer les racines superficielles. En été, arrosez abondamment si nécessaire.

TAILLE Lorsque les framboisiers non remontants ont fructifié, rabattez les vieilles tiges près du sol et éclaircissez les nouvelles en ne gardant que cinq à six tiges solides sur chaque pied. Attachez-les à des fils métalliques si vous les disposez sur un seul rang. À la fin de l'hiver, coupez les tiges juste au-dessus du fil supérieur. Les framboisiers remontants nécessitent d'autres soins. À la fin de l'hiver, rabattez tout ce qui a déjà porté des fruits : les tiges de deux ans jusqu'au sol et celles qui ont produit à l'automne à mi-hauteur.

RENDEMENT ET RÉCOLTE Les variétés non remontantes sont plus ou moins précoces et se récoltent du milieu à la fin de l'été. Les remontantes donnent leurs fruits du début à la mi-automne. Les premières produisent environ 5,5 kg de fruits pour un rang de 3 m, et les secondes deux fois moins.

RAVAGEURS ET MALADIES Dans les sols calcaires, les framboisiers montrent parfois des signes de chlorose, qui jaunit les feuilles (voir p. 192). Utilisez du sequestrene, ou apportez un engrais à base de sulfate d'ammoniaque. Plantez des variétés résistant aux virus pour diminuer les risques de maladies transmises par le puceron du framboisier. L'anthracnose du framboisier (voir p. 193) est un champignon qui développe de petites pustules pourpres sur les tiges à la fin du printemps ou au début de l'été. Coupez les tiges atteintes et vaporisez un fongicide systémique tous les quinze jours, du début à la fin de la floraison. Tendez des filets pour protéger les fruits de la gourmandise des oiseaux (voir ci-contre). Le ver du framboisier (anthonome) peut s'attaquer aux fruits (voir p. 191).

VARIÉTÉS RECOMMANDÉES

FRAMBOISIERS NON REMONTANTS
'Superlative' : *précoce, productif ; bonne qualité de fruits.* **'Malling Promise' :** *récolte abondante de très gros fruits rouge vif à chair ferme ; très productif.*
FRAMBOISIERS REMONTANTS
'Lloyd George' *: gros fruits très sucrés.*
'Zéva' : *très gros fruits ; très productif.*

PROTÉGER LES FRUITS
Les framboises non remontantes ont souvent besoin d'être protégées des oiseaux. Préparez un cadre sur lequel vous tendrez un filet avant que les fruits ne commencent à mûrir.

LOGANBERRIES ET TAYBERRIES

LA CONSANGUINITÉ, dans le monde des plantes, donne d'excellents résultats. Ainsi, le croisement des framboisiers et des ronces cultivées a produit de beaux hybrides. Le premier, le loganberry, fut découvert à la fin du XIXe siècle par un juge californien, Logan. Un autre croisement, entre une ronce cultivée baptisée 'Aurora' et un framboisier tétraploïde et répondant à l'appellation poétique de N° 626/67, donna le tayberry.

LOGANBERRIES

TAYBERRIES

Culture

Ces deux plantes, très vigoureuses, doivent être fixées sur des fils métalliques ou contre des palissades. Elles n'aiment pas les hivers froids et, en cas de gel, les rameaux risquent de dépérir.

SOL ET EXPOSITION La plupart des hybrides à fruits rouges n'apprécient pas les sols détrempés et se développent mal dans une couche de terre trop mince recouvrant un substrat calcaire.

PLANTATION La fin de l'automne est la meilleure période, mais ces hybrides peuvent encore être plantés au début du printemps. Ne les enfoncez pas trop dans le sol pour favoriser l'émission de rejets.

FIXATION Si vous attachez ces hybrides sur des fils métalliques pour réaliser un écran, plantez des pieux d'au moins 1,80 m de haut. Tendez un premier fil à 1 m au-dessus du sol, puis plusieurs autres, parallèlement, au-dessus. Attachez-y soigneusement les tiges, en liant les nouvelles pousses en bottes au centre et en disposant les plus vieilles, celles qui fructifient, horizontalement, à partir du centre (voir p. 180). Après la récolte des fruits, coupez les vieux rameaux, libérez les nouveaux et fixez-les à l'emplacement des anciens.

ENTRETIEN Apportez au printemps du compost, qui conservera l'humidité et nourrira les plants. Dans les régions froides, il vaut mieux laisser les faisceaux de nouvelles pousses couchés sur le sol en hiver et ne les attacher qu'au printemps.

RENDEMENT ET RÉCOLTE Un pied de 1 an produit 2,5 kg de fruits environ, et 6 kg quand il est adulte. La fructification a lieu du milieu à la fin de l'été.

RAVAGEURS ET MALADIES Les vers du framboisier creusent des galeries dans les fruits. Dans ce cas, vaporisez les plantes, lors de la chute des pétales, avec un insecticide liquide (voir p. 191).

VARIÉTÉS RECOMMANDÉES

LOGANBERRIES
Il n'existe pas de variété spécifique. Les fruits sont longs, au goût acidulé.

THORNLESS LOGANBERRIE
Sans épines, facile à manipuler, mais moins vigoureux.

TAYBERRIES
Plus larges et plus sucrés que les loganberries. Il n'existe pas de variété spécifique. Le type Medana constitue le meilleur choix.

DANS LA CUISINE

Les desserts aux fruits rouges sont un des plaisirs de la fin de l'été. Ce gâteau en est un exemple ; il doit toujours comporter une bonne proportion de framboises. Préparez-le 24 heures avant de le servir.

GÉNOISE D'ÉTÉ
(pour 4 à 6 personnes)

15 g de beurre
Plusieurs tranches de génoise, de préférence un peu sèche
1 kg de fruits rouges mélangés (framboises, groseilles rouges, cassis, fraises), lavés et équeutés
250 g de sucre
crème épaisse

1 Beurrez l'intérieur d'un moule à cake de 1,25 litre. Tapissez-en le fond et les côtés avec des tranches de génoise.

2 Dans une casserole, faites cuire doucement les fruits avec le sucre jusqu'à ce qu'ils soient juste tendres, mais surtout pas trop cuits. Versez-les alors dans le moule, sans défaire les tranches de génoise ; ils doivent le remplir, sans dépasser le bord supérieur.

3 Couvrez les fruits avec le reste de la génoise. Tassez bien le tout, puis mettez le gâteau au réfrigérateur pendant 24 h au moins.

4 Retournez la génoise sur un plat de service et servez-la avec de la crème épaisse.

NOTES GOURMANDES

- Pour préparer un coulis délicieux, un peu acidulé, pressez des framboises fraîches à travers un tamis. Cette sauce vous servira à présenter des desserts frais et colorés, des pêches pochées par exemple (voir recette p. 126).

MÛRES *Rubus fruticosus*

DANS CERTAINES RÉGIONS, les ronces sauvages sont tellement envahissantes que les jardiniers n'imaginent pas de consacrer le moindre espace aux ronces cultivées. Pourtant, elles portent des fruits plus gros que les espèces sauvages et, bien conduites, elles forment d'utiles écrans à l'épreuve du vent. Les types les plus vigoureux, tel 'Himalaya Giant', ont des tiges épineuses qui peuvent atteindre 5 m. Ils constituent des barrières très efficaces contre les aninaux errants. D'autres cultivars, comme 'Oregon Thornless', n'ont pas d'épines. Leurs feuilles, très découpées, sont décoratives et, en certaines régions, se parent de riches teintes orangées et rouges en automne. Les ronces fructifient à l'ombre et on peut très bien les palisser contre un mur froid.

MÛRES SAUVAGES

MÛRES CULTIVÉES

Culture

N'oubliez pas, avant de les planter, que les ronces, même les moins vigoureuses, ont besoin d'espace. Installez-les sur une palissade, contre un mur ou le long de fils métalliques tendus entre des poteaux (voir p. 180). Vous pouvez également les associer à une haie (voir le dessin p. 27). Si vous avez fait ce choix, laissez d'abord les arbres se développer avant d'ajouter les ronces qui, si elles sont plantées trop tôt, risquent de les envahir.

SOL ET EXPOSITION Les mûres poussent mieux dans un sol qui retient l'humidité et n'est pas trop calcaire. Améliorez-le, éventuellement, en y incorporant beaucoup de fumier ou de compost avant la plantation. Les ronces ne fleurissant pas avant le début de l'été, elles peuvent pousser dans des endroits légèrement exposés au gel, à l'ombre ou au soleil, pourvu que le sol ne soit pas sec.

PLANTATION Elle s'effectue à la fin de l'automne ou, au plus tard, avant le début du printemps. Rabattez les tiges à 23 cm dès la plantation effectuée. Espacez les plants d'au moins 3,50 m, et même de 4,50 m si vous avez choisi une variété vigoureuse comme 'Himalaya Giant'. Fixez les nouvelles pousses contre une palissade ou un mur, ou sur des fils métalliques parallèles. Dans une haie, il est inutile de soutenir les ronces.

ENTRETIEN Arrosez lors des étés secs. Apportez du compost au printemps.

TAILLE Comme pour les framboises ou les loganberries, les tiges fructifères doivent être coupées après la fin de la récolte. Avec une variété tardive, comme 'Himalaya Giant', cette taille interviendra vers la mi-automne. Attachez les nouvelles cannes à la place des anciennes (voir p. 180). 'Himalaya Giant' ne produisant pas beaucoup de nouvelles pousses, vous pouvez lui laisser un peu d'ancien bois.

RENDEMENT ET RÉCOLTE Selon la variété, un plant donne de 5 à 9 kg de baies de la fin de l'été au début de l'automne. 'Himalaya Giant', le plus tardif, fructifie jusqu'au milieu de l'automne.

RAVAGEURS ET MALADIES La pourriture grise/*Botrytis* atteint parfois les baies, notamment lors des étés humides (voir p. 193). Supprimez les fruits touchés, ou vaporisez un fongicide systémique au moment de la floraison, puis tous les quinze jours durant l'été.

VARIÉTÉS RECOMMANDÉES

'Himalaya Giant' : *très grand et très épineux, fruits nettement acides.* **'Oregon Thornless' :** *l'un des plus décoratifs ; très beau feuillage et fruits à saveur moyenne.*

OREGON THORNLESS
Installé en écran ou contre un mur mitoyen, une palissade ou un treillis, 'Oregon Thornless', aux feuilles profondément découpées, décore agréablement n'importe quelle partie du jardin.

MYRTILLES *Vaccinium* ssp.

LES MYRTILLES NE POUSSENT bien que dans les sols humides et tourbeux qui conviennent aussi aux rhododendrons, et elles sont donc idéales en bordures libres ou en couvre-sol parmi les autres buissons réfractaires au calcaire. Les fleurs blanc-vert, teintées de rose, apparaissent à la fin du printemps et au début de l'été. En automne, le feuillage se pare souvent de nuances orangées et cuivrées.

MYRTILLES

Culture

Les myrtilles cultivées aujourd'hui sont le résultat de l'association de plusieurs espèces sauvages américaines, dont *Vaccinium corymbosum,* qui est un arbuste ligneux, érigé, commun dans l'est des États-Unis. Les fruits bleu-noir, couvert d'une fine poussière argentée, sont mûrs à la fin de l'été ou au début de l'automne. Renoncez aux myrtilles si vous ne pouvez leur assurer les conditions très particulières de culture qu'elles réclament. Elles ne survivront pas dans un terreau ordinaire, et encore moins dans un sol calcaire ou fortement argileux. En revanche, vous pouvez les installer dans de grands pots remplis de terre de bruyère, à condition de les arroser avec de l'eau non calcaire.

SOL ET EXPOSITION Les myrtilles prospèrent dans un substrat humide, tourbeux, avec un pH inférieur à 5,5. Elles aiment les sols bien drainés et les endroits relativement dégagés, mais elles poussent aussi bien au soleil qu'en mi-ombre.

PLANTATION Plantez entre la mi-automne et le début du printemps (voir p. 176), en utilisant des plants âgés de deux ou trois ans que vous espacerez d'environ 1,50 m.

POLLINISATION Associez deux cultivars différents pour assurer une bonne polinisation.

ENTRETIEN Protégez les plants avec un filet dès que les baies commencent à mûrir. Au printemps, incorporez un peu de poudre d'os à la terre autour des pieds et apportez un paillis de compost acide. Arrosez régulièrement lors des étés secs.

TAILLE En hiver, supprimez les branches mortes ou endommagées ainsi qu'un peu de vieux bois, à la couleur sombre. Au printemps, taillez le sommet des buissons.

RENDEMENT ET RÉCOLTE Un buisson adulte fournit en moyenne 3 kg de fruits. Vos récoltes s'échelonneront dans le temps, car les baies mûrissent durant une période relativement longue, de la fin de l'été au début de l'automne.

RAVAGEURS ET MALADIES Les myrtilles sont peu sujettes à leurs attaques, mais elles montrent parfois des signes de chlorose si le sol n'est pas suffisamment acide (voir p. 192).

VARIÉTÉS RECOMMANDÉES

'Berkeley' : *buisson vigoureux, étalé ; gros fruits bleu pâle en août.* **'Earlblue' :** *fruits précoces (juillet).* **'Herbert' :** *de l'avis des connaisseurs, les fruits les plus savoureux.*

DANS LA CUISINE

Les baies sauvages comme les mûres font d'excellentes gelées, mais vous en obtiendrez moins que si vous préparez une confiture. Si vous n'avez pas suffisamment de fruits, ajoutez quelques pommes.

GELÉE DE MÛRES
Vous obtiendrez 750 g de gelée par livre de sucre

4 kg de mûres
le jus de 3 ou 4 gros citrons
90 cl d'eau
sucre (voir ci-dessous)

1 Mettez les fruits lavés dans une bassine à confiture avec le jus de citron. Versez l'eau et laissez frémir jusqu'à ce que les fruits soit tendres.

2 Passez la pulpe obtenue à travers une mousseline ébouillantée. Ne pressez pas si vous souhaitez une gelée claire.

3 Mesurez le volume de jus et remettez-le dans la bassine nettoyée. Portez à ébullition et ajoutez 500 g de sucre pour 60 cl de jus. Remuez bien.

4 Faites bouillir pendant 10 min, sans remuer, jusqu'à la prise de la gelée (si vous en déposez une goutte sur une assiette froide, elle doit se solidifier en quelques minutes). Écumez et versez aussitôt la gelée dans des pots stérilisés et chauds. Recouvrez la surface d'un disque de paraffine, et fermez les pots avec leur couvercle ou un cercle de cellophane maintenu par un élastique.

NOTES GOURMANDES

Pour faire une bonne gelée, il faut un juste équilibre entre la pectine (agent gélifiant naturel présent dans le fruit), l'acidité et le sucre. Essayez de mélanger pommes et prunes, pommes et prunelles, ou groseilles rouges et framboises.

FRAISES *Fragaria × ananassa*

AUCUNE FRAISE VENDUE dans le commerce ne rivalisera jamais avec celles que vous cueillerez dans le jardin, encore chaudes de soleil. La plupart des variétés récentes ont privilégié les fruits qui voyageaient bien. Les jardiniers, eux, peuvent s'intéresser essentiellement à leur saveur. La fraise est le seul fruit qui, comme le centre Pompidou, porte ses organes vitaux à l'extérieur. Les graines qui parsèment sa chair sont en fait les vrais fruits – la baie n'est que leur support. Lorsque vous choisirez vos fraises, associez des variétés non remontantes et remontantes, et n'oubliez pas les fraises des « quatre saisons » (fraises des bois), qui forment d'excellentes bordures dans les potagers et le long des allées d'un jardin. Leurs baies sont petites mais très nombreuses, et elles ne semblent pas tenter les oiseaux.

Culture

La saison des fraises est assez courte, mais les plants occupent le sol douze mois sur douze. Faut-il pour autant y renoncer ? N'oubliez pas que vous n'en achèterez jamais d'aussi bonnes que les vôtres.

SOL ET EXPOSITION Pour être productifs, vos fraisiers ont besoin d'une terre saine, profonde, poreuse et enrichie. Préparez les planches en été, en y incorporant beaucoup de fumier.

PLANTATION Procurez-vous des plants sains, garantis sans virus, dès que l'été arrive, et pratiquez une rotation triennale des parcelles afin que les plants se renouvellent dans un sol frais (voir page ci-contre la propagation par stolons). Le dessin de la page 25 propose d'associer les fraises avec d'autres baies. Plantez les stolons qui ont fait des racines à la fin de l'été : ils auront le temps de s'établir avant l'hiver. Installez les plants tous les 45 cm en rangs espacés de 1 m. Les fraises des « quatre saisons » se contentent d'intervalles de 30 cm.

ENTRETIEN Un apport de sulfate de potasse à la fin de l'hiver développera l'arôme des fruits. Disposez de la paille autour des plants lorsque les fruits se forment (voir page ci-contre). Le plastique, parfois conseillé, semble favoriser l'apparition de la pourriture grise/*Botrytis*. Pincez les stolons qui apparaissent, à moins que vous n'ayez besoin de nouveaux plants. Après la récolte, coupez les vieilles feuilles (voir ci-contre) et apportez au sol un peu d'engrais complet. Éliminez les plants âgés de trois ans et créez une nouvelle planche avec de jeunes stolons. Les fraises des « quatre saisons » vivent plus longtemps.

RENDEMENT ET RÉCOLTE Certaines variétés sont plus productives que d'autres, mais la quantité et la qualité font rarement bon ménage. Chaque plant produit environ 250 g de fruits. Les fraises des « quatre saisons » fructifient de façon sporadique de la mi-été à l'automne. Les fraises remontantes portent une seconde récolte, moins abondante, au début de l'automne. Les non remontantes sont plus ou moins précoces.

RAVAGEURS ET MALADIES Protégez les fraises des oiseaux en les couvrant d'un filet ; les limaces en sont aussi friandes. La principale maladie, la pourriture grise/*Botrytis* (voir p. 193), attaque les fruits en les recouvrant d'un champignon duveteux brun-gris, surtout lors des étés humides. Vous pouvez la prévenir en vaporisant un fongicide lorsque les premières fleurs s'ouvrent, puis tous les quinze jours jusqu'à ce que les fruits commencent à mûrir. Arrosez plutôt le matin que le soir.

VARIÉTÉS RECOMMANDÉES

'Garriguette' : *la plus précoce et la meilleure ! Fruits allongés, fermes, juteux, parfumés.* **'Rabunda'** : *variété remontante aux fruits courts, rouge orangé.* **'Sengana'** : *variété non remontante mais tardive ; fruits à la saveur musquée très particulière.* **'Délices'** : *fraisier des « quatre saisons » ; variété remontante, fruits très parfumés, à l'arôme développé.*

DANS LA CUISINE

Vous récolterez vos fraises lorsqu'elles auront atteint leur parfaite maturité. Un filet de citron relève l'arôme de ces fruits délicats.

SABLÉ AUX FRAISES
(pour 6 personnes)

Pour le sablé

250 g de farine
2 cuil. à café de levure chimique
1/2 cuil. à café de sel
1 cuil. à soupe de sucre en poudre
125 g de beurre coupé en parcelles
2 à 3 cuil. à soupe de lait

Pour la garniture

500 g de fraises
1 cuil. à soupe de sucre en poudre
30 cl de crème épaisse

1 Beurrez 2 plaques à pâtisserie de 23 cm de diamètre et préchauffez le four à 230 °C.

2 Tamisez la farine, la levure et le sel dans un grand bol et saupoudrez de sucre. Incorporez le beurre du bout des doigts jusqu'à ce que vous obteniez des miettes. Ajoutez un peu de lait pour lier le mélange ; travaillez-le à la spatule.

3 Sur un plan de travail fariné, divisez la pâte en deux et, avec la paume de la main, étalez chaque moitié en un cercle d'environ 15 cm de diamètre. Posez chacun d'eux sur une plaque et pressez légèrement pour bien la recouvrir. Enfournez 15 min, jusqu'à ce que la pâte soit dorée. Laissez-la refroidir.

4 Réservez quelques fraises pour la décoration. Coupez les autres en deux et saupoudrez-les de sucre.

5 Fouettez la crème jusqu'à ce qu'elle épaississe et étalez-en une moitié sur un cercle de pâte. Recouvrez-la de fraises coupées et posez le second cercle de pâte. Nappez du reste de crème et décorez avec les fraises entières.

❀ **Fraises des bois**

Fraises à gros fruits

Fraises 'Sengana'

Propagation par stolons

1 *Pour avoir des fraisiers productifs, vous devez les renouveler tous les trois ans. Sélectionnez quelques stolons qui partent des plants et laissez-les s'enraciner dans le sol environnant.*

2 *Quand les petits plants sont développés, arrachez doucement les stolons et séparez-les de la plante mère. Repiquez ces nouveaux plants dans un sol frais, bien travaillé avec du fumier.*

Protéger les fruits
Étendez une bonne couche de paille autour des plants dès qu'ils fructifient. Vous protégerez ainsi les fruits de la terre et leur assurerez une bonne aération.

Nettoyer le feuillage
Après la récolte, coupez toutes les feuilles à 10 cm de la touffe, et enlevez la vieille paille pour diminuer les risques dus aux ravageurs et aux maladies.

GROSEILLES À GRAPPES ET CASSIS

Rubus rubrum et *R. nigrum*

LES GROSEILLES, QU'ELLES SOIENT ROUGES ou blanches, appartiennent au même groupe *(Rubus rubrum)*, les secondes n'étant qu'une variante des premières. Rien n'égale la beauté lumineuse, translucide, des groseilles rouges, que les peintres hollandais ont si bien su intégrer dans leurs tableaux intimistes. Les jardiniers les cultivent souvent en buissons, mais elles peuvent être conduites en cordons très décoratifs qui font de jolis écrans autour des planches de légumes. Les cassissiers sont de véritables boîtes à pharmacie naturelles. Six petites baies contiennent davantage de vitamine C que le plus gros des citrons. Si votre jardin est petit, choisissez une variété compacte.

CASSIS

❀ GROSEILLES ROUGES

GROSEILLES BLANCHES

Culture

Cultivés en buissons, ces arbustes n'ont pas besoin de support. En revanche, si vous voulez leur donner une forme de cordon simple ou double, en U (voir p. 174), vous devrez les fixer contre un mur ou une palissade, ou les attacher à des fils métalliques. Leur taille dépend des variétés ; elle est en moyenne de 1,20 à 1,50 m. Les cassissiers ont tendance à former de larges buissons étalés ; les groseilliers sont plus érigés. Conduits en cordons, ils atteignent 1,80 m.

SOL ET EXPOSITION Ces plantes poussent bien en situation dégagée, tout en tolérant un peu d'ombre. Les cassissiers sont plus gourmands que les groseilliers. Incorporez au sol beaucoup de fumier ou de compost avant de planter.

PLANTATION Installez les arbustes de la fin de l'automne au début du printemps (voir p. 176), en laissant des intervalles de 1,50 à 1,80 m. Les cassissiers doivent être plantés assez profondément. Rabattez leurs tiges à 7-10 cm du sol juste après la plantation.

ENTRETIEN Apportez au printemps un épais paillis de fumier ou de compost et fumez en surface les groseilliers avec du sulfate de potasse (30 g par arbuste). Ne bêchez pas autour des pieds, mais désherbez soigneusement.

TAILLE Les cassissiers ne se taillent pas comme les groseilliers, car leurs fruits se forment sur du bois jeune, âgé d'un an, alors que chez les seconds ils apparaissent sur des rameaux issus du vieux bois. Quand les cassissiers ont fructifié, coupez le bois ancien (voir ci-dessous), en laissant les nouvelles pousses qui seront productives l'année suivante. Pour les groseilliers, la taille est moins sévère. Après la récolte, raccourcissez les branches d'un tiers pour conserver aux arbustes leur forme compacte. Sur ceux qui sont palissés en cordon, rabattez les pousses latérales à 3 cm environ de la tige principale (voir p. 180).

RENDEMENT ET RÉCOLTE Les récoltes ont lieu du milieu à la fin de l'été. Des arbustes adultes produisent 5 kg de fruits.

RAVAGEURS ET MALADIES Protégez les fruits des oiseaux (voir p. 180). Les pucerons infestent parfois ces plantes, provoquant des boursouflures sur les feuilles (voir p. 190). Si les cassissiers manquent de vigueur et produisent peu, ils souffrent peut-être du virus de la réversion du groseillier (voir p. 194). Il n'y a pas de remède. Détruisez les buissons.

VARIÉTÉS RECOMMANDÉES

CASSIS

'Wellington XXX' : *très productif, gros fruits noir foncé.* **'Noir de Bourgogne' :** *précoce, bonnes récoltes de gros fruits.*

GROSEILLES ROUGES

'Jonkheer van Tets' : *buisson érigé à gros fruits précoces.* **'Red Lake' :** *buisson érigé portant de très gros fruits.* **'Stanza' :** *buisson érigé aux petits fruits sombres.*

GROSEILLES BLANCHES

'Gloire des Sablons' : *arbuste vigoureux, fruits assez peu acides.*

TAILLER LES CASSISSIERS

Après la récolte, coupez au moins un tiers du vieux bois sombre, en laissant les nouvelles tiges claires qui fructifieront à la saison suivante. Cette taille ne concerne pas les groseilliers.

GROSEILLES À MAQUEREAU
Ribes uva crispa

CES FRUITS DÉLICIEUX, qu'ils soient consommés frais ou sous forme de confiture, n'ont pas la place qu'ils méritent. Cueillis trop tôt, encore verts, ils ne possèdent pas la douceur sucrée et l'arôme puissant qu'ils acquièrent en pleine maturité. Les groseilliers à maquereau ont tout à gagner à être conduits sur tige. Cependant, comme ils atteignent facilement plus de 1 m de haut, il faut les tuteurer solidement.

❀ **GROSEILLES À MAQUEREAU VERTES**

❀ **GROSEILLES À MAQUEREAU ROUGES**

Culture

Les groseilliers à maquereau poussent volontiers dans les régions tempérées de l'hémisphère Nord, fraîches et humides. Vous pouvez les cultiver en buisson, en cordon ou sur tige. Les buissons atteignent de 1,20 à 1,50 m de haut et les cordons, de 1,50 à 1,80 m.

SOL ET EXPOSITION Un sol bien drainé mais retenant l'humidité est idéal pour que les fruits gonflent. Choisissez une exposition au soleil ou à mi-ombre.

PLANTATION Effectuez-la de la fin de l'automne au début du printemps (voir p. 176). Les arbustes poussent mieux sur une tige courte. Espacez-les d'environ 1,50 m et ne les plantez pas trop profondément. Prévoyez pour les cordons des intervalles de 30 cm.

ENTRETIEN Apportez un paillis de fumier ou de compost au début du printemps. Arrosez les arbustes nouvellement plantés en été. En hiver, donnez 30 g de sulfate de potasse à chaque buisson. Coupez les rejets qui apparaissent autour du pied.

TAILLE Ces groseilliers ne nécessitent pas une taille régulière, mais vous obtiendrez de meilleures récoltes en coupant, chaque hiver, quelques pousses centrales pour aérer la plante (voir p. 181). Sur les cordons, raccourcissez les pousses latérales à 3 bourgeons ; rabattez d'un tiers au moins les branches des arbustes sur tige.

RENDEMENT ET RÉCOLTE Les baies à cuire seront cueillies encore vertes à la fin du printemps et en début d'été. Les fruits à consommer crus doivent mûrir sur pied. Un arbuste produit de 3 à 5 kg de fruits, et un cordon, de 1 à 1,5 kg.

RAVAGEURS ET MALADIES L'oïdium américain du groseillier est la maladie la plus redoutable (voir p. 194). Taillez les buissons pour bien les aérer. Vaporisez au besoin un fongicide systémique ou plantez 'Resistenta', une variété résistante. En hiver et au printemps, protégez les plantes des oiseaux par un filet.

VARIÉTÉS RECOMMANDÉES

'Careless' : *variété répandue, aux fruits vert pâle sur un buisson étalé.* **'Resistenta' :** *fruits blanc ambré (maturité : début août).* **'Leveller' :** *délicieuses groseilles de dessert, très grosses, jaune verdâtre.* **'Whinham's Industry' :** *arbuste érigé, fruits rouge foncé, à cuire ou à consommer en dessert.*

DANS LA CUISINE

Les groseilles à maquereau sont très appréciées dans la gastronomie des pays d'Europe du Nord, tant en cuisine, en accompagnement par exemple de viande blanche ou de gibier, qu'en pâtisserie, comme garniture de tarte. Cette *Stachelbeerkuchen* est un classique en Allemagne.

TARTE AUX GROSEILLES À MAQUEREAU

1 kg de grosses groseilles à maquereau bien mûres
1 paquet de pâte feuilletée prête à l'emploi
1 kg de sucre semoule
250 g de crème fleurette très froide

1 Nettoyez les groseilles à maquereau à l'aide d'un torchon.

2 Garnissez un moule à tarte de 23 cm de diamètre de pâte feuilletée. Piquez le fond avec une fourchette et cuisez à blanc 25 min dans le four préchauffé à 200 °C.

3 Dans une casserole, cuisez le sucre au cassé (juste avant qu'il caramélise). Ajoutez les groseilles. Quand le sucre est devenu liquide, égouttez les fruits.

4 Faites réduire le jus jusqu'à ce qu'il se transforme en gelée.

5 Remettez les groseilles dans la casserole. Portez juste à ébullition, puis laissez refroidir.

6 Garnissez du mélange la pâte cuite. Fouettez vivement la crème et nappez-en la tarte.

NOTES GOURMANDES

❧ Cuites dans de l'eau sucrée (150 g de sucre pour 1 litre), puis passées au tamis lorsqu'elles sont bien crevées, les groseilles à maquereau permettent de préparer des sauces très parfumées. Leur emploi le plus traditionnel demeure cependant la gelée ou la confiture.

RAISINS *Vitis vinifera*

LES RAISINS SONT LES FRUITS les plus récoltés dans le monde. La production de vins explique à elle seule cette primauté. Les jardiniers amateurs s'intéressent cependant bien davantage au feuillage de la plante et à la beauté de ses grappes et privilégient plutôt les raisins de table. Conduite au-dessus d'un lieu de repos ou de détente, elle crée une ambiance paisible. Associée à des clématites, elle est idéale pour habiller une pergola. Sous les climats chauds, elle tisse un toit vivant au-dessus d'une terrasse, où vous viendrez vous asseoir sous son ombre lumineuse (voir le dessin de la page 45). Dans une serre, en été, la vigne protégera du soleil trop ardent les plantes installées dessous. Certaines vignes supportent mieux le froid que d'autres. Ainsi, aux États-Unis, les jardiniers utilisent très largement 'Concord', une forme cultivée de *Vitis labrusca*, une espèce endogène. En Europe, les vignes dérivent d'une autre espèce, *Vitis vinifera*.

Culture

Que vous fassiez pousser de la vigne à l'intérieur ou en plein air, sa taille et son entretien sont essentiels. Dans les régions humides et fraîches, elle a tendance à lancer trop de pousses ; il faut limiter leur croissance.

SOL ET EXPOSITION Rustiques, les vignes ont cependant besoin de longs étés chauds pour que leurs grappes arrivent à maturité. Dans le nord de la France, la vigne a besoin d'une exposition particulièrement ensoleillée – contre un mur qui la réchauffera et l'abritera – et d'un sol fertile et bien drainé.

PLANTATION Dans une serre, préparez un riche substrat de terreau et de fumier. Vous pouvez aussi installer la vigne à l'extérieur en automne, en gardant le pied à l'intérieur de la serre de façon qu'il puisse ensuite se développer à l'abri de la verrière. Dans tous les cas, plantez de la mi-automne à la fin de l'hiver, en ménageant des intervalles de 1,20 à 1,50 m.

ENTRETIEN Dans une serre, maintenez une atmosphère humide en mouillant le sol régulièrement ; entretenez une bonne aération dès que les fleurs apparaissent (voir p. 182). Pollinisez celles-ci à la main à l'aide d'une petite brosse (voir p. 177). Éclaircissez les grappes tous les 30 cm le long de la tige. Quand elles commencent à gonfler, coupez les plus petites et supprimez le surplus de grains au centre des grappes. Apportez un engrais liquide tous les dix jours, jusqu'au mûrissement complet des raisins. Pendant la maturation, assurez une bonne ventilation dans la serre et diminuez le taux d'hygrométrie. En hiver, réduisez la température, détachez les sarments de leur fil métallique de soutien et couchez-les sur le sol. Ainsi, lorsque la sève recommencera à circuler, au début du printemps, elle atteindra plus facilement l'extrémité des tiges. Au printemps, remettez les sarments à leur place. En plein air, au début de cette saison, apportez un paillis de fumier.

TAILLE ET ENTRETIEN Dans des serres vitrées, les vignes doivent être conduites sur des fils métalliques espacés de 30 cm et dégagés d'au moins 15 cm du verre. La tige porteuse doit être maintenue à la verticale, et les tiges latérales à l'horizontale. Après la floraison, rabattez les pousses latérales en ne laissant que deux feuilles au-delà des grappes. Toutes les pousses partant des tiges latérales doivent être coupées à une ou deux feuilles au maximum. En automne, après la fructification, coupez la tige porteuse au niveau de son bois bien ferme, et les pousses latérales à deux yeux. Pour les vignes palissées à l'extérieur contre un mur, ne gardez que deux ou trois tiges principales par pied. Après la première saison, rabattez les pousses des deux tiers, et faites de même chaque année, au début de l'automne, jusqu'à ce que la plante ait recouvert l'espace qui lui est alloué. Sur les jeunes plantes, attachez les sarments latéraux et laissez-les pousser jusqu'à 60 cm environ avant de les pincer. Sur des vignes adultes, coupez-les juste après les bourgeons floraux, en ne conservant que deux feuilles au maximum. Les pousses qui partent de ces sarments latéraux doivent être arrêtées à une feuille. (Voir p. 181 pour d'autres détails sur la taille.)

RENDEMENT ET RÉCOLTE Une vigne adulte donne en moyenne 7 kg de fruits. Coupez les grappes en leur conservant un petit morceau de sarment en forme de T. Si vous voulez les conserver quelque temps, mettez dans l'eau l'une des extrémités de la tige.

RAVAGEURS ET MALADIES Le mildiou est la principale maladie de la vigne (voir p. 194). Avant tout, évitez les arrosages excessifs. Vaporisez un fongicide systémique, qui préviendra aussi la pourriture grise/*Botrytis* (voir p. 193), fréquente à l'extérieur lors des étés humides. Les araignées rouges (voir p. 191) peuvent infecter les plantes dans les serres chaudes et sèches. Une humidification régulière du sol permet de les éloigner.

VARIÉTÉS RECOMMANDÉES

RAISINS BLANCS (EN PLEIN AIR)

'Madeleine Royale' : *maturité précoce (septembre), recommandée à la latitude de Paris ; convient à la culture en cordon.*

'Chasselas doré de Fontainebleau' : *fruits excellents (maturité août-septembre) ; s'accommode bien de l'espalier.*

RAISINS NOIRS (EN PLEIN AIR)

'Cardinal' : *longues grappes rouge-violet (maturité mi-septembre).*

RAISINS BLANCS (EN SERRE)

'Foster's Seedling' : *abondante récolte de raisins savoureux (août/septembre).*

'Muscat d'Alexandrie' : *ancienne variété aux fruits délicieux ; demande de la chaleur (octobre-novembre).*

RAISINS NOIRS (EN SERRE)

'Muscat de Hambourg' : *l'un des meilleurs raisins de table (octobre-novembre).*

Dans la cuisine

Les grains de raisin apportent du croquant à cette crème brûlée. Les gros grains devront être coupés en deux et épépinés. Les raisins *seedless* (sans pépins), plus petits, ont simplement besoin d'être lavés.

Crème brûlée aux raisins (pour 4 personnes)

500 g de raisins
4 jaunes d'œufs
60 cl de crème fraîche
90 g de cassonade

1 Épépinez éventuellement les grains de raisin et disposez-les en une large couche au fond d'un plat résistant à la chaleur.

2 Battez les jaunes d'œufs dans une petite casserole. Chauffez légèrement la crème et versez-la sur les jaunes battus. Mélangez bien.

3 Faites chauffer de l'eau dans une grande casserole. Placez la petite casserole dans ce bain-marie et remuez sans cesse le mélange crème-jaunes d'œufs jusqu'à ce qu'il commence à épaissir ; il ne doit surtout pas bouillir. Quand il est assez épais, versez-le sur les raisins et laissez le tout une nuit au réfrigérateur.

4 Le lendemain, saupoudrez la crème d'une couche régulière de cassonade et placez le plat sous un gril très chaud, jusqu'à ce que le sucre caramélise. Servez aussitôt ; le sucre doit être très chaud et la crème froide.

Notes gourmandes

❧ Les raisins noirs cultivés au jardin ont la peau recouverte d'un joli velouté (la pruine) qui part facilement. Frottez-les délicatement avec un torchon, sans les laver, et présentez-les à table posés sur quelques-unes de leurs plus jolies feuilles.

❀ **Raisins noirs**

❀ **Raisins blancs muscat**

Fixer les sarments
En hiver, couchez les sarments sur le sol. Au printemps, la sève atteindra ainsi plus facilement l'extrémité des tiges, que vous pourrez alors fixer fermement aux fils métalliques.

MELONS *Cucumis melo*

LES MELONS NE POUSSENT en plein air que dans les régions au climat très doux, de type méditerranéen. Vous pouvez les lancer à l'assaut d'un grillage, mais il vous faudra soutenir les fruits lorsqu'ils s'alourdiront. Leur croissance ressemble à celle des courges, mais vous devrez éclaircir les fruits de sorte que chaque plant n'en produise que quatre. Dans les régions plus fraîches, les melons ne mûriront que sous la protection d'un châssis froid, d'une cloche ou d'une serre. Une très ancienne variété comme 'Petit gris de Rennes' est bien adaptée à la culture de pleine terre en climat océanique.

❀ MELON CHARENTAIS

❀ MELON 'JAUNE DES CANARIES'

Culture

Pour devenir parfumés et sucrés, les melons ont besoin de temps et d'une bonne température. Ils mûriront plus vite si les tiges courent sur une surface qui emmagasine et réfléchit la chaleur.

SOL ET EXPOSITION Dans les régions fraîches, seule une serre leur assurera cette chaleur indispensable. Ils poussent bien dans des sacs de culture ; vous pouvez aussi les planter dans les bordures de la serre, bien travaillées avec du fumier. Sous châssis froid, le sol a besoin d'être enrichi.

SEMIS Semez les graines au printemps, en les enfonçant par la tranche, à 1 cm de profondeur, dans des pots de compost de 7 cm de diamètre (voir p. 168). Arrosez et recouvrez d'une feuille de plastique. Maintenez une température d'environ 18 °C, jusqu'à la germination. Repiquez les plantules à l'extérieur lorsqu'elles présentent quatre feuilles.

REPIQUAGE Mettez-les en place à la fin du printemps (voir p. 169). Les melons poussent mieux sur un léger monticule cerné par un muret de compost destiné à retenir l'eau. Dans une bordure de serre, espacez les plants d'au moins 1 m.

ENTRETIEN La tige principale produit des pousses secondaires, que vous devrez raccourcir lorsqu'elles auront fait cinq feuilles. De ces pousses partent de nouvelles branches, qu'il faut couper à trois feuilles. Les fleurs vont apparaître sur ces nouvelles branches, et il faut donc en pincer les extrémités pour que la plante consacre son énergie à la production des fruits. Le sol doit rester humide et l'atmosphère bien ventilée. Pollinisez les fleurs, de préférence à midi, en ôtant les pétales d'une fleur mâle et en appliquant son cœur contre le centre d'une fleur femelle (celle-ci se reconnaît à son léger renflement derrière les pétales) ; une fleur mâle peut ainsi polliniser au moins quatre fleurs femelles. Éclaircissez les fruits (un par nouvelle branche). Protégez-les du contact direct avec la terre en glissant une tuile dessous.

RENDEMENT ET RÉCOLTE Chaque plant doit donner quatre fruits. Ne cueillez les melons que lorsqu'ils sont parfaitement mûrs.

RAVAGEURS ET MALADIES Les melons sont des cucurbitacées et souffrent du virus de la mosaïque (voir p. 194). Les feuilles se fripent et se tachent. Il n'y a pas de remède.

VARIÉTÉS RECOMMANDÉES

MELONS CANTALOUP CHARENTAIS (CHAIR ORANGE)

'Petit gris de Rennes' : *petits fruits mouchetés ; bien adapté à la pleine terre.*

'Santon' : *précoce, fruits d'excellente qualité.*

MELONS BRODÉS

'Orus F1' : *chair orangée, goût musqué.*

'Ananas d'Amérique à chair rouge' : *petits fruits, chair rouge très parfumée.*

'Galia F1' : *petits fruits ronds très brodés, chair vert pâle très sucrée.*

MELONS ESPAGNOLS

'Piel de Sapo Pinonet' : *précoce ; fruits vert marbré, ovales, à chair blanche, sucrée.*

'Jaune des Canaries' : *fruits jaunes, ovales, à chair blanche croquante.*

Kiwis et fruits de la Passion
Actinidia chinensis et *Passiflora edulis*

Ces deux fruits appartiennent à des genres de plantes grimpantes. Le kiwi – ou groseille de Chine – a des feuilles vert sombre en forme de cœur. Le fruit, couvert de poils bruns, doit être récolté en automne. Le fruit de la Passion (ou grenadille), cousin de la fleur de la Passion *(Passiflora caerula),* porte, au milieu de l'été, de jolies fleurs blanches à couronne pourpre et des feuilles trilobées d'un vert plus ou moins foncé. À l'extérieur, sous les climats frais, cette plante ne résiste pas aux gelées de l'hiver ; dans ce cas, il lui faut repartir, au printemps, de la base, ce qui retarde l'apparition des fleurs et ne laisse pas aux fruits le temps de mûrir.

❀ **Kiwis**

Culture

Offrez aux actinidias le coin le plus chaud du jardin, en les palissant sur un mur ensoleillé. Vous pouvez installer la passiflore dans l'atmosphère protégée d'une serre ou d'une orangerie. Si elle s'y trouve bien, elles peut devenir très envahissante. Pour que ses fruits viennent à maturité, le kiwi a besoin d'une période de croissance longue de huit mois. Et vous devrez avoir un plant femelle et un plant mâle. Le fruit de la Passion est plus fragile. Vous ne pourrez le cultiver en plein air que si vous habitez une région où la température hivernale n'est jamais inférieure à 8-10 °C. La fructification de la passiflore est assez capricieuse, mais ces deux plantes ont un très agréable feuillage qui, sur une tonnelle ou un abri de jardin, formera un bel écrin pour des clématites ou d'autres grimpantes à fleurs.

Sol et exposition Ces deux plantes demandent un sol riche et bien drainé.

Plantation Ne les installez en plein air qu'à la fin du printemps, quand tout risque de gelée est écarté. Elles doivent toutes les deux être palissées et attachées sur un support, très résistant pour le kiwi, qui peut atteindre 9 m de long. Kiwis mâle et femelle doivent être très proches, chaque groupe étant en revanche espacé de 4 m au moins.

Pollinisation Le fruit de la Passion, autofertile, n'a pas les exigences du kiwi.

Entretien Ces deux plantes ont besoin d'engrais et d'eau. Paillez-les généreusement avec du fumier au printemps et arrosez-les régulièrement pendant la période de croissance.

Taille Ces plantes doivent être correctement maîtrisées si l'on veut atteindre son but, en l'occurrence, pour le jardinier, la production de fruits plutôt que de feuilles. Ceux du kiwi apparaissent sur les pousses issues des trois à six premiers bourgeons de la tige de l'année. Traitez-les comme la vigne (voir p. 181), en coupant en été la nouvelle pousse juste après le fruit. La taille d'hiver peut être plus sévère. Taillez le fruit de la Passion au début du printemps, en éclaircissant les plantes trop fournies et en raccourcissant les pousses latérales à 15 cm environ.

Rendement et récolte Ces deux plantes produisent environ 9 kg de fruits chacune, mais il faut attendre qu'elles soient bien établies, ce qui peut demander sept ans. Cueillez les fruits lorsque, comme les pêches, ils cèdent légèrement sous la pression du pouce.

Ravageurs et maladies Habituellement, ces plantes y sont peu sujettes.

Variétés recommandées

Kiwis

'Hayward' : *gros fruits trapus.* **'Bruno'** : *très productif.*

Fruits de la Passion

La sélection en est vite faite, car il existe peu de variétés…

❀ **Fruits de la Passion**

3

AMÉNAGER ET CULTIVER UN POTAGER

LES CONSEILS PRATIQUES réunis dans cette dernière partie vous seront précieux. La fumure, les semis, les cultures intercalaires, la taille, la pollinisation... Ces quelques sujets, et bien d'autres, sont traités dans ces pages d'une façon claire et simple. Comme toutes les règles, celles du jardinage sont faites pour être contournées. Votre connaissance personnelle des réactions des plantes au rythme des saisons vous sera la plus utile des expériences. Apprenez aussi la patience. Les meilleurs soins ne préservent pas toujours d'un échec. Restez serein. Un autre printemps viendra.

FAIRE LES BONS CHOIX

LES JARDINIERS SONT D'ABORD et avant tout confrontés à l'espace dont ils disposent. Vous pouvez très bien faire pousser des légumes sur un balcon, mais pas des asperges. Si vous ne disposez que d'un rebord de fenêtre, vous deviendrez peut-être un spécialiste du basilic ou de la roquette mais, en revanche, les carottes garderont pour vous tout leur mystère. Pour s'assurer du succès, il convient surtout d'installer chaque plante à l'emplacement qui lui convient le mieux. Les unes préfèrent la mi-ombre, d'autres le soleil. Certaines réclament d'être nourries et arrosées abondamment, d'autres se satisfont de très peu de soins. En aménageant votre jardin, songez autant à vos besoins propres qu'à ceux des végétaux que vous souhaitez cultiver.

LES ALTERNATIVES

Si vous êtes convaincu que les fruits et les légumes ne sont pas nécessairement condamnés au purgatoire, loin des autres plantes du jardin, tout devient possible. Plutôt que de planter un rosier contre un mur abrité de votre maison, pourquoi ne pas y installer un poirier palissé en palmettes ? Au lieu de dresser un écran de thuyas, pourquoi ne pas conduire des mûres sans épines sur des fils métalliques parallèles pour obtenir une haie très productive ? Pensez aussi à installer un artichaut dans un parterre de fleurs – il leur apportera ce qui leur manque souvent le plus, de la hauteur et une structure – ou à border une allée avec du persil frisé, que vous ferez éventuellement alterner avec des touffes de pensées bien rondes. Et pourquoi ne pas remplacer dans un panier suspendu les pétunias par des tomates buissonnantes ? Toutes ces plantes sont à la fois décoratives… et nourrissantes. Et quel plaisir d'aller récolter votre dîner par une belle soirée d'été ! L'arrachage des poireaux dans un sol durci par le froid est moins amusant, mais ne manque pas de charme non plus. Et vous pourrez en faire une délicieuse tarte (voir p. 94) qui vous récompensera de vos efforts.

DES LAITUES PARTOUT
Les laitues ont de jolies feuilles, frisées ou ondulées, rouges ou vertes. Elles se détachent bien dans une bordure de fleurs ou au milieu de soucis jaunes ou de zinnias écarlates.

PERSPECTIVES
Les structures en tunnel agrandissent l'espace. Ici, des rosiers, superbes au milieu de l'été, ont été associés à des kiwis et à de la vigne, magnifiques un peu plus tard dans la saison.

DÉCOR VÉGÉTAL
Ce potager commence tout juste à s'épanouir, avec ses rangs bien nets de jeunes plants. Le wigwam et l'écran en vannerie – qui marque une frontière et supportera plus tard un houblon doré à croissance rapide – retiennent le regard alors que la végétation ne les a pas encore envahis.

DES TONS ÉLÉGANTS
Aucun jardin, si petit soit-il, n'interdit de mettre en scène les végétaux. Ici, un cercle de jeunes choux forme un écrin audacieux autour d'un pot. Les fleurs des iris, une fois ouvertes, souligneront les teintes sombres des légumes.

COULEURS ET FORMES
Ces herbes et ces végétaux sont tous utiles dans la cuisine, mais ici ils ont été avant tout choisis pour leurs formes et leurs couleurs. Les têtes fleuries rondes des poireaux ajoutent une touche sculpturale à l'arrangement très coloré du fenouil, de la chicorée en fleurs, des capucines, des poirées et de la sauge.

DES POINTS FORTS

Quand vous faites vos choix, pensez d'abord aux plantes clés, qui seront les plus permanentes. Il s'agit souvent d'arbres fruitiers. Pouvez-vous installer un pommier sur la pelouse ? Oui, bien sûr. Mais lequel ? Vous vous simplifierez la vie en retenant un demi-tige, dont le tronc mesure au moins 1,20 m de haut avant le départ des branches. Il deviendra un très bel arbre, sous lequel vous pourrez tondre facilement, et qui aura beaucoup plus d'allure qu'un fuseau bas, à la tige courte.

Comment mieux utiliser une allée qu'en l'habillant d'une tonnelle croulant sous les grappes de raisin ou, plus prosaïquement, recouverte de haricots grimpants ? Vous la construirez avec des arceaux métalliques solidement renforcés, ou vous la préférerez démontable. Pour accueillir des haricots, recourbez de longues tiges de noisetier et reliez-les par des perches horizontales qui les stabiliseront (voir p. 10). Cette structure conviendra très bien dans un potager, où des courgettes et de l'ail prendront place sous les haricots.

LE CHOIX DES PLANTES

Cette étape n'intervient qu'après l'organisation générale du jardin. Vous ne disposerez peut-être pas d'un endroit suffisamment grand et ensoleillé pour réaliser tous vos désirs. Pensez également aux goûts de vos proches. Aussi décorative soit-elle, une planche de poireaux s'impose-t-elle si votre famille n'apprécie guère cette plante potagère ? Une récolte de tomates aura sans doute davantage de succès. En outre, ces fruits peuvent être cultivés en hauteur, ce qui libère autant d'espace au sol et permet de créer un élément vertical intéressant. Les tomates poussent bien, également, sur les balcons ; installez-les sur des tuteurs piqués dans des sacs de culture que vous entourerez de pots plantés de laitues à couper, de chicorée et de roquette.

Si l'esthétique a pour vous autant d'importance que le goût, privilégiez des végétaux beaux et bons à la fois. Ainsi, vous préférerez la ronce 'Oregon Thornless', aux fines feuilles très découpées, à un type standard pourtant plus productif, et vous opterez pour des courgettes jaunes, des tomates tigrées, des poirées à cardes rouges... Vous profiterez alors d'un jardin généreux et décoratif.

AMÉNAGER L'ESPACE

NE LIMITEZ PAS VOS RÊVES à la taille de votre jardin. Bien sûr, plus celui-ci est petit, plus le jardinier tentera d'y gagner le moindre centimètre carré. Quoi qu'il en soit, il vous faut avant tout aménager l'espace et vous avez plusieurs façons d'y parvenir. La première consiste à vous intéresser à la disposition de votre jardin. Il vous faut des lignes simples, audacieuses ; tracez des allées plus larges que nécessaire et dessinez des parcelles plus grandes que vous ne le pensiez possible. Vous pouvez aussi introduire des plantes clés, ou très imposantes, pour pallier l'impression de manque. En fait, l'aménagement de l'espace ne repose sur aucune règle stricte, et chacun finit par trouver ses propres solutions. Même si nous travaillons tous selon les mêmes principes de base, nous obtenons des résultats totalement différents, reflets de ce que nous souhaitons faire de nos jardins.

DIVISION DE L'ESPACE

Imaginons un jardin classique, où une petite surface pavée s'ouvre sur une pelouse centrale bordée sur ses côtés par d'étroits parterres de fleurs. Au fond se trouve peut-être une remise ou un espace de jeu avec un portique. Que se passerait-il si, pour commencer, vous supprimiez la pelouse et répartissiez l'espace d'une façon moins stricte ? Ce n'est peut-être pas idéal pour les enfants, mais dans un premier temps oubliez-les et ne songez qu'à l'emplacement qu'occupe la pelouse, et à ses atouts. Lorsque vous vous trouvez sur la surface pavée, devant la maison, ou lorsque vous êtes à la fenêtre, votre regard a besoin d'un élément qui attire l'attention. Le jardin lui-même doit être riche, exubérant. Nous n'imaginons pas ici qu'il puisse être indigent.

Lorsqu'ils décident d'aménager leur terrain, de nombreux jardiniers commencent par les côtés, bêchant laborieusement des bordures qui sont pour la plupart trop étroites pour être utilisables et laissant un vide au centre. Faites le contraire : partez du centre et vous multiplierez les possibilités.

PLAN EN DIAGONALE Si vous divisez le rectangle qui vous fait face en un X géant, grâce à deux larges allées tracées en diagonale, comme sur le plan 1, vous y trouverez divers avantages. L'espace est distribué d'une façon claire et simple en quatre larges parcelles triangulaires, dans lesquelles vous ferez pousser des fleurs, des fruits et des légumes.

PLAN 1 : DIAGONALE
Ce jardin rectangulaire est divisé par deux larges allées qui se croisent. Elles délimitent quatre grands triangles, assez vastes pour que vos plantes soient bien mises en valeur.

PLAN 2 : RECTANGLE
Ici, le jardin est pavé en son centre et bordé de larges parcelles rectangulaires, plantées d'arbres fruitiers palissés, de fleurs et de nombreuses plantes potagères.

Vous pourrez alors créer une composition forte le long de la surface pavée, où le regard se porte spontanément. À la croisée des allées, le centre devient un point focal. Ces deux chemins doivent être larges, ce qu'autorise l'exubérance des triangles plantés. Soyez généreux.

Les parcelles cultivées seront plus ou moins strictes. Chacune d'elles peut accueillir une plante surprenante : un fenouil géant, par exemple, ou un pommier taillé en boule. Selon la taille du terrain, le bord le plus éloigné de l'X peut en constituer la limite, ou bien accueillir le portique des enfants ou une remise. Cachez celle-ci derrière un écran végétal suffisamment souple pour que votre regard n'y rebondisse pas comme une balle contre un mur. Des arbres fruitiers en cordons obliques ou en palmettes horizontales feront très bien l'affaire.

PLAN RECTANGULAIRE Une surface centrale pavée rectangulaire, comme sur le plan 2, avec de larges bordures de fleurs et de légumes sur les côtés et un petit verger au fond, sera également très agréable. Un treillis-écran, recouvert de pois de senteur, sépare le verger du reste du jardin. Les interstices entre les pavés sont occupés par des touffes de thym et d'orpins aux feuilles charnues.

PLAN EN S Ici, le jardin est construit de part et d'autre d'une allée sinueuse. Les dalles, serties dans de larges bandes de lobélias bleus, font penser aux pierres d'un gué. Des pommiers conduits en palmettes basses à une seule branche (voir p. 175) bordent l'allée. Des pruniers en fuseau, un cognassier et divers groseilliers offrent d'autres fruits. Légumes et fleurs se partagent les parcelles, tandis que courges et courgettes courent sous les fruitiers.

PLAN SYMÉTRIQUE Une quatrième option, présentée sur le plan 4, propose, de part et d'autre d'une allée centrale, deux longs rectangles de pelouse bordés par de larges planches surélevées. En fonction de l'environnement, l'allée sera recouverte de briques ou de pierres. Des tomates buissonnantes retombent le long d'une des planches, devant les hautes tiges des tournesols et des maïs sucrés. L'autre planche accueille des légumes, des herbes aromatiques et des fleurs. Au fond, trois wigwams donnent de la hauteur ; ils servent de support à des clématites, à des haricots grimpants et à des cobées.

AVANT DE COMMENCER

Les jardiniers débutants pensent souvent qu'avant de sortir pelle, bêche et brouette, il faut tracer des plans sur le papier. Cette méthode, que pratiquent les paysagistes professionnels, n'est pas forcément la meilleure pour les amateurs. Un plan sur papier, en effet, risque souvent de compliquer un projet tout en laissant de côté des éléments essentiels. Aucun crayon ne peut consigner toutes les informations nécessaires pour faire les bons choix. Vous ne rassemblerez celles-ci qu'en parcourant votre terrain, en découvrant ses particularités, les différences de niveau par exemple, et leurs conséquences sur le plan d'ensemble. C'est sur le terrain aussi que vous découvrirez un arrière-plan disgracieux qu'il vous faudra cacher. C'est là encore que vous noterez les coins les plus ensoleillés et ceux qui sont à l'ombre, ou les dommages du vent sur un wigwam trop rapidement installé. Enfin, et surtout, c'est en travaillant sur place que vous développerez votre sens des proportions. Deux conseils encore : pensez simple et, même dans un petit espace, pensez grand.

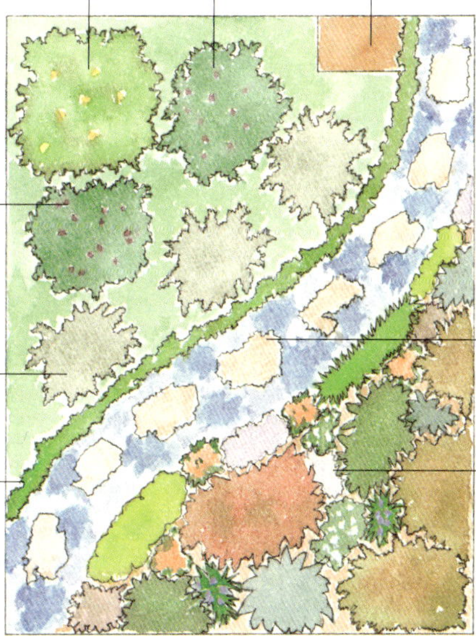

PLAN 3 : ALLÉE SINUEUSE
De grandes dalles, cernées par des lobélias bleus, serpentent à travers le jardin, le divisant en deux grandes parcelles qui accueillent fruits, légumes et fleurs.

PLAN 4 : SYMÉTRIE
Ce plan symétrique présente des planches surélevées sur les côtés, deux rectangles de pelouse et trois wigwams de grimpantes, qui donnent de la hauteur et servent d'écran.

DÉCIDER DES ALLÉES

LES ALLÉES SONT LES GRANDES LIGNES du plan d'un jardin. Elles n'ont pas besoin d'être toutes de même importance. Le chemin principal peut être large et revêtu d'une surface dure, tandis que les passages plus étroits, qui circulent entre les parcelles, se contenteront de terre battue. Établissez ce réseau de communication avant d'aménager complétement votre terrain. Pensez aussi au type de revêtement dont vous souhaitez le doter. Les matériaux les plus agréables d'aspect et de texture sont souvent aussi ceux qui réclament l'entretien le plus régulier. Si vous n'aimez ni les mauvaises herbes ni les désherbants, vous devriez trouver des qualités au ciment !

SURFACES SIMPLES

L'aménagement de vos allées dépend à la fois de vos moyens financiers et de vos goûts. La terre battue est évidemment le « matériau » le plus simple, mais sa texture et sa couleur contrasteront peu avec les parcelles cultivées, et elle se transformera en boue par temps de pluie. En revanche, ces chemins ne coûtent rien et vous modifierez facilement leur tracé lors d'un réaménagement.

Si votre jardin est en pleine campagne, la paille, à l'aspect rustique, est facile à trouver. Elle absorbe rapidement l'humidité. En s'enfonçant dans la terre, elle crée d'agréables chemins, très adaptés dans un potager à l'ancienne.

Les débris d'écorce constituent également un revêtement bon marché, bien que, comme la paille, il faille les renouveler souvent. Mais ils sont à déconseiller si vous les utilisez déjà pour pailler vos parcelles. Votre jardin risque de ressembler à une décharge de l'industrie du bois. Pour étouffer les mauvaises herbes, couvrez les allées d'un plastique noir avant de répandre l'écorce ; dans ce cas, cependant, elle ne s'intégrera pas à la terre. L'écorce broyée disparaît plus vite dans le sol ; elle donne un fini lisse, luisant, et son aspect est moins rustique que celui des débris d'écorce. Toutes deux sont de couleur sombre.

GRAVIER ET EMPIERREMENT

Le gravier, si vous ne l'utilisez pas ailleurs, fait de bonnes allées. Bien sûr, il se coince facilement dans la semelle de vos chaussures et, comme par magie, ne veut plus s'en séparer quand vous rentrez dans la maison. Mais il crisse très agréablement sous les pas et ce bruit, si caractéristique, dissuaderait, dit-on, certains visiteurs indésirables. Il n'empêchera pas les plantes de pousser ; les bulbes – et les mauvaises herbes ! – s'en accommoderont. Donc, si vous adoptez ce matériau pour sa netteté stricte, couvrez d'abord le sol d'un plastique noir.

Il existe des graviers de différentes teintes et grosseurs. Choisissez le vôtre de façon que sa couleur s'harmonise avec celle des bâtiments alentour. Si vous recherchez une finition particulièrement soignée, passez un râteau à larges dents en longues lignes parallèles. Le gravier se marie bien avec d'autres matériaux, notamment avec des dalles de pierre disposées à intervalles réguliers le long de l'allée.

Pour empierrer un chemin, préparez un mélange de sable, de gravier et de galets. Cette technique est souvent utilisée dans les potagers traditionnels pour renforcer les passages les plus empruntés. Roulez soigneusement cette préparation afin que ses constituants se mêlent intimement et se tassent jusqu'à former une croûte résistante et durable. Dans l'idéal, les allées doivent avoir un profil légèrement bombé, afin que l'eau s'écoule du centre vers les bords.

BORDURES

L'écorce et le gravier sont des matériaux mouvants et il vous faudra souvent nettoyer le bord des parcelles cultivées

PAILLE
La paille est un bon revêtement pour une allée de terre battue, surtout dans un potager. Elle est douce sous les pieds et absorbe l'humidité.

GRAVIER
Facile à répandre, d'une texture agréable, crissante, le gravier a cependant tendance à se déplacer, notamment sur les allées en pente.

PAILLE
C'est un bon choix à la campagne, mais il faut souvent la remplacer.

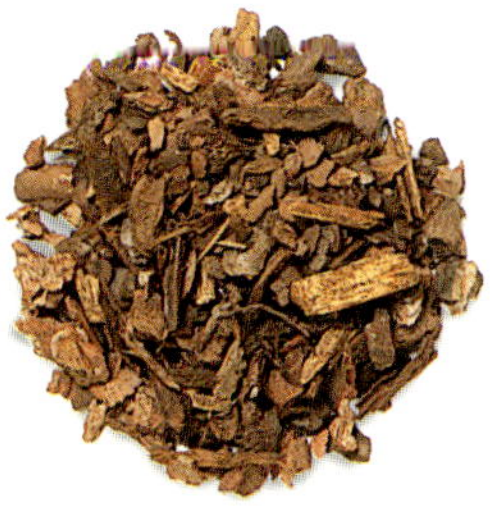

MORCEAUX D'ÉCORCE
Ce matériau est naturel et agréable à fouler.

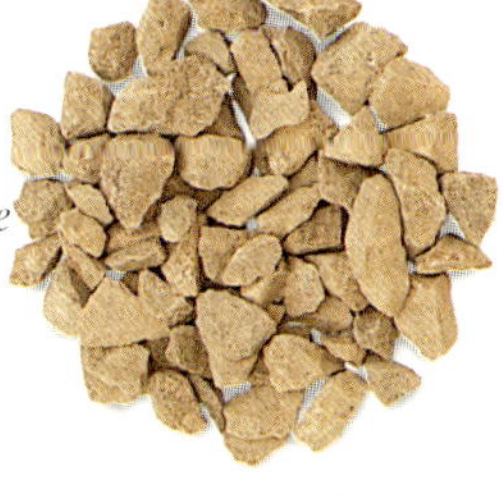

GRAVIER
Choisissez une teinte qui s'harmonise bien avec les constructions environnantes.

BRIQUES EN CHEVRONS
Ce motif ajoute une dimension décorative au potager et lui apporte un charme ancien. Des dessins plus simples donnent aux allées un air de calme tranquillité.

GALETS ARRONDIS
On s'y tord un peu les chevilles, mais le regard se réjouit de cette surface moutonnante. Associés à quelques simples rangées de briques, les galets forment des allées très plaisantes.

pour qu'ils ne les envahissent pas. Des bordures en bois, d'environ 7 cm de hauteur, sont faciles à installer en enfonçant dans le sol des pièces en bois à double rainure et en y glissant des planches. Évitez les bordures en plastique ondulé, qui attirent désagréablement l'attention…

Si vos allées sont recouvertes de matériaux plus résistants, ces protections ne s'imposent pas ; remplacez-les par du persil, des fraises des bois, et contenez la terre dans ses limites. Vous aurez cependant toujours quelques nettoyages à effectuer. Les oiseaux font fi de la netteté des allées, et certains d'entre eux disposent de becs aussi efficaces que des marteaux piqueurs. Dans un potager décoratif, les sentiers ont toujours tendance à s'enfoncer entre les parcelles. Au fil des ans, les paillages élèvent le sol, qui retombe alors d'autant plus facilement sur les chemins. Les racines des plantes, cependant, retiennent mieux la terre que d'étroites planchettes en bois.

ALLÉES PERMANENTES

Les briques anciennes font de très jolies allées. Les professionnels grinceront des dents si vous utilisez dans votre jardin des briques d'intérieur, car elles ne résistent pas au gel. En fait, elles ne se désintégreront pas complètement, et leur texture, leur couleur sont infiniment plus agréables que celle des briques de construction.

Commencez par creuser le sol de l'allée sur une profondeur supérieure de 18 cm à l'épaisseur de la brique. Disposez d'abord un lit de cailloutis, haut de 15 cm, puis étalez au-dessus une couche de mortier de 2 cm. Posez les briques sur le mortier en laissant entre elles d'étroits interstices. Faites les joints avec un mortier peu liquide, que vous tasserez avec une truelle ou un bâtonnet. Égalisez-les avec le bout d'un bâton pour ôter l'excès de mortier. Nettoyez les briques lorsqu'il est encore frais car, une fois durci, il est impossible à enlever. La même technique permet de mettre en place des galets.

Certaines allées, comme celles du célèbre jardin anglais de Sissinghurst, dans le Kent, sont faites à la fois de briques, de galets et de pierres. À l'anarchie plus ou moins maîtrisée, préférez une disposition harmonieuse de ces matériaux : regroupement des briques par trois, carrés de galets encadrés de briques à la manière des parquets de style Renaissance… Ce type de revêtement vous permet même de donner libre cours à votre imagination en récupérant toutes sortes de matériaux, un peu comme le fit le facteur Cheval dans son Palais idéal.

L'asphalte est sans doute le matériau le moins agréable dans un jardin, quoique le béton ne vaille guère mieux. Sur un terrain inégal, il se craquelle, ajoutant alors le risque de chute à la laideur. Si votre jardin possède une telle allée, abandonnez tout espoir de la réparer. Invitez des amis en mal d'exercice et chargez-les de casser joyeusement cette vilaine surface. Débarrassez-vous des morceaux un jour de ramassage des objets encombrants.

DIFFÉRENTS PAVAGES
Grâce à leur petite taille et à leur forme régulière, les briques permettent de dessiner de nombreux motifs. Un appareillage en bandes peut refléter celui de la maison. Les chevrons, très décoratifs, posent un problème : que faire des évidements triangulaires qui courent sur les bords ? La disposition en quinconce est également agréable, et plus facile à réaliser. Les motifs sont plus difficiles à concevoir avec de grandes dalles irrégulières de pierre naturelle. Celles en pierre reconstituée ne sont pas aussi belles, mais elles sont moins onéreuses et de tailles égales.

APPAREILLAGE EN BANDES

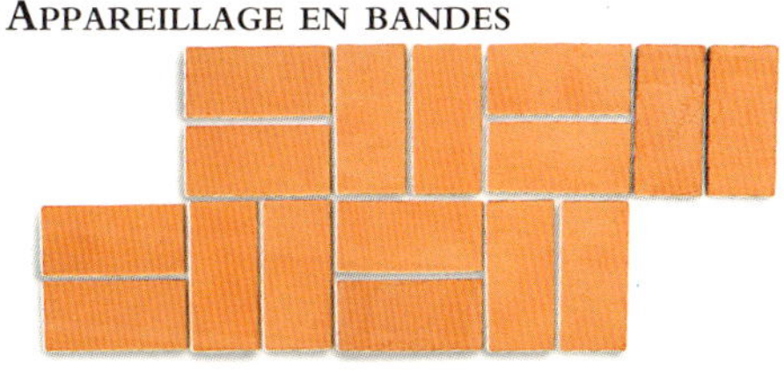

DISPOSITION EN QUINCONCE

PIERRE RECONSTITUÉE

ÉCRANS ET STRUCTURES

DANS TOUT PLAN D'ENSEMBLE, l'importance primordiale d'un point focal s'impose. Si vous rêvez d'un jardin sans contrainte, « confortable », cette notion vous paraîtra sans doute superflue. Pourtant, votre regard a toujours besoin d'un repère, d'un élément qui l'accroche, pour vous aider à vous situer dans l'espace. Mais ce repère ne doit pas se démarquer du reste du jardin, donner l'impression d'être surajouté. Un siège, par exemple, fera parfaitement l'affaire, surtout si vous placez à proximité quelques pots ou si vous l'associez à une tonnelle envahie de grimpantes. Pour moduler l'espace, disposez des écrans de noisetier ou d'osier. Quant aux wigwams fabriqués sur mesure, ils donneront hauteur et structure à des cultures basses de plantes potagères et d'herbes aromatiques. Leur forme est en elle-même attrayante ; elle est en outre très utile pour supporter des haricots et des pois grimpants.

RETRAITE RUSTIQUE
Au bout d'une allée, un siège est à la fois une invitation au repos et un point focal. Son style doit correspondre à l'environnement. Ici, l'osier tressé convient très bien à ce jardin campagnard.

UTILISER DES ÉCRANS

Le noisetier et l'osier sont utilisés depuis longtemps pour réaliser des wigwams et des écrans. Ils sont souples, faciles à trouver à la campagne et se développent rapidement. En y prélevant régulièrement de longues pousses, vous disposerez d'une réserve de tiges permanente.

Les clôtures réalisées avec ces bois ne sont pas très résistantes ; il vaut donc mieux les réserver à des écrans dressés à l'intérieur du jardin. Ils se marient agréablement avec les plantes voisines et permettent d'installer des grimpantes ou de palisser des fruitiers. Vous envisagez peut-être d'établir des écrans d'osier pour séparer une parcelle réservée aux fruits d'un parterre de fleurs. Utilisez-les pour supporter des cassissiers ; vous y palisserez leurs pousses. Leur texture lâche facilitera la fixation. Vous pouvez aussi leur associer un houblon doré. En hiver, votre écran sera dénudé, ce qui vous permettra de le réparer, s'il est endommagé.

Les treillis en croisillons de bois tendre font aussi des structures décoratives et peuvent servir de barrières légères. De tels écrans sont suffisamment solides pour supporter le poids des tiges grimpantes d'un potiron ou de plusieurs courges. À moins que vous ne décidiez de les utiliser pour palisser des pommiers en cordons obliques.

ÉCRAN D'OSIER *Les fines tiges d'osier tissent un écran à la fois dense et élégant. Il en existe de diverses couleurs naturelles.*

ÉCRAN DE NOISETIER *Attachée sur de solides pieux, cette palissade peut servir de clôture. Mais sa durée de vie limitée la destine plutôt à moduler des espaces dans le jardin.*

CROISILLONS DE BOIS TENDRE *Ce modèle est assez robuste pour servir de barrière. Il est parfait pour clôturer un jardin campagnard que vous ne voulez pas isoler complètement du monde extérieur.*

DES ÉCRANS VARIÉS
Les haies et croisillons en noisetier et en osier peuvent devenir des éléments décoratifs, tout en donnant au jardin un air calme et rustique. Faites-y pousser des mûres ou des longanberries et décorez leur base avec des courges aux formes excentriques et aux brillantes couleurs.

Du wigwam à l'épouvantail

Vous trouverez dans le commerce des wigwams en bois ou en métal, mais avec un peu d'expérience, vous fabriquerez les vôtres vous-même. Les vanniers professionnels travaillent généralement assis. Imaginons qu'ils réalisent un wigwam tel que celui qui est présenté ici. Ils commencent par serrer entre leurs genoux le faisceau de longues tiges. Tout en faisant progresser la spirale tressée vers la base, ils font glisser la structure sous et entre leurs genoux. Vous préférerez peut-être enfoncer d'abord les montants dans le sol, en les piquant autour d'un couvercle de poubelle ou d'une roue de bicyclette qui donnera à la base sa forme et sa taille. Les montants peuvent être en noisetier, en châtaignier ou en osier, et les liens tressés qui maintiennent l'ensemble, en osier, en raphia ou en fines tiges de clématite. Des tiges fraîchement coupées n'ont pas besoin d'être traitées ; dans le cas contraire, vous devrez les assouplir en les laissant tremper dans l'eau pendant quelques heures. Les fines baguettes d'osier que vous utiliserez pour le tressage s'assoupliront si vous les roulez plusieurs fois entre votre pouce et vos doigts.

Le wigwam photographié ici doit sa stabilité à ses dix-huit montants. Vous pouvez réduire le nombre de ceux-ci, mais la structure, plus lâche, sera moins solide et son impact visuel sera moins fort. Ce type de support n'est pas éternel. Les pieds des montants finissent par pourrir et le bois, en vieillissant, devient plus cassant, risquant même de céder sous le poids d'une trop lourde récolte. Si vous disposez d'un abri, rentrez vos wigwams en hiver, pour qu'ils ne souffrent pas des intempéries.

L'osier, le noisetier, le châtaignier sont des matériaux pleins de ressources. Lorsque vous saurez les utiliser, vous pourrez entreprendre la réalisation d'un siège tressé comparable à celui de la page ci-contre. Peut-être imaginerez-vous un épouvantail au corps fait de longues tiges de noisetier recourbées et aux bras en châtaignier. Rêvez... puis lancez-vous dans ce travail de vannerie.

Les wigwams
Ces structures peuvent être plus ou moins travaillées, selon votre choix. Ce wigwam ne compte que deux bandes tressées. Si vous en faites plus, il sera plus solide.

Réalisez vos wigwams

1 *Prenez 9 montants de 2 à 3 m de long et liez-les au sommet par de fines tiges d'osier. Peut-être travaillerez-vous plus facilement en enfonçant les perches dans le sol. Faites-les d'abord tremper dans de l'eau si elles sont sèches.*

2 *Attachez 2 longues baguettes minces et souples au sommet. Tressez-les en bandes autour du wigwam, en les entrelaçant sur et sous chaque montant. Maintenez-les bien tendues en travaillant.*

3 *Après avoir tressé 2 bandes, choisissez 9 autres montants. Coupez-les en biseau à un bout et enfoncez celui-ci dans la seconde bande, entre les 9 premières perches. Vous aurez 18 montants.*

4 *Continuez à tresser des bandes en spirale, vers la base du wigwam. Les montants doivent être espacés régulièrement. Insérez de nouvelles bandes et liez-les à la base.*

Le wigwam terminé

COMPRENDRE LE SOL

LE PARADIS DES LÉGUMES est un sol bien drainé, fertile, aéré, ni trop acide, ni trop alcalin. Si votre jardin est ancien, peut-être a-t-on déjà transformé le sable ou l'argile dont il se composait en une couche arable. Si ce n'est pas le cas, armez-vous de patience et préparez-vous à pailler. Le sol est un mélange de morceaux de roche, d'eau et de matières organiques telles que les feuilles pourries. Les sols sableux (parfaits pour les carottes) sont constitués de grains relativement gros alors que les sols argileux sont formés de fines particules (ils conviennent aux brassicacées, qui préfèrent un sol compact). Les premiers sont dits légers, les seconds lourds. L'apport d'humus peut en améliorer la composition. Les matières organiques colmatent comme un ciment les vides existant dans les sols sableux et les aident à retenir l'eau. Dans les sols argileux, au contraire, elles introduisent de l'air entre les particules trop serrées et facilitent le drainage.

CHAULER
Vous pouvez chauler un sol acide pour le rendre plus alcalin. Répandez du carbonate de calcium en couche fine, puis ratissez. Attendez 3 mois avant d'installer des semis ou des plantes.

LA VIE DU SOL

Même en grande quantité, les fertilisants chimiques ne transformeront pas radicalement la structure de votre sol. Pour se nourrir, les plantes ont besoin de développer des racines, qui rechercheront et absorberont les aliments. Celles-ci doivent donc se frayer des passages dans le sol. L'humus – matières végétales en décomposition – participe à la création de ces passages vitaux. Dans les jardins citadins, il n'est guère facile de se procurer du vrai terreau, le meilleur engrais possible. Efforcez-vous de vous procurer une fois par semaine un sac de mélange nutritif jusqu'à ce que vous ayez recouvert complètement votre terrain ; cela facilitera vos cultures. Si vous disposez de place, préparez votre propre compost (voir p. 163), en lui gardant une texture graveleuse, et ajoutez-le à votre sol.

Les minéraux nécessaires à une croissance équilibrée des plantes sont regroupés sous le terme générique d'oligoéléments, qui se composent de bore, de cuivre, de fer, de manganèse et de zinc. Ces substances sont naturellement présentes dans les sols fertiles. Leur insuffisance provoque chez les végétaux des maladies de carence. Si vous utilisez régulièrement des engrais d'origine animale, vous éviterez ces problèmes. Le manque de magnésium (qui brunit les feuilles et les dessèche) concerne surtout les sols acides. La chlorose est plutôt associée aux sols calcaires ; les feuilles perdent leur vert brillant et profond et deviennent d'un jaune pâle et maladif parce que la plante n'absorbe pas assez des minéraux qui lui sont indispensables. Arrosez avec une solution de chélate de fer ou de sequestrene.

LES TYPES DE SOL
Les plantes que vous cultivez et la façon dont vous les faites pousser dépendent en partie du terrain. Les cinq grands types de sol ont des caractéristiques bien précises.

ACIDE OU ALCALIN ?

Acide et alcalin sont les qualificatifs appliqués au pH (le potentiel d'hydrogène) du sol, dont l'échelle est comprise entre

SOL LIMONEUX
Le limon est fertile et retient bien l'humidité, mais il devient rapidement compact. Quand on l'émiette, il est soyeux au toucher.

SOL CALCAIRE
Une surface pâle, sèche et caillouteuse indique un sol calcaire. Celui-ci est perméable et modérément fertile.

SOL ARGILEUX
Lourd, peu perméable et souvent collant, il est habituellement difficile à travailler, mais il est riche en éléments nutritifs.

SOL SABLEUX
Léger, de texture graveleuse et perméable, il est facile à retourner. Il faut cependant beaucoup d'humus pour le rendre fertile.

TOURBE
Riche en matières organiques, elle est très sombre et friable. Elle retient bien l'humidité et donne un sol acide.

1 et 14. La neutralité se situe autour de 7. La plupart des légumes et des fruits apprécient les terres neutres ; cependant, un sol très acide ne convient pas aux asperges alors qu'il est idéal pour les airelles. Mais, en général, la fertilisation et le drainage ont plus d'importance que le pH. Vous trouverez dans le commerce de petits appareils qui vous permettent d'en mesurer le niveau. Prélevez de la terre en divers endroits du jardin.

Afin que les sols acides soient mieux adaptés à la culture des légumes, et plus particulièrement à celle des brassicacées ajoutez-leur du calcaire, mais jamais en même temps que l'engrais ; la réaction chimique qui se produirait avec l'azote contenu dans celui-ci le détruirait et endommagerait les plantes. Il est beaucoup plus difficile de modifier un sol alcalin pour y installer des plantes supportant mal le calcaire, comme les framboisiers, qui se développent mieux dans un terrain légèrement acide.

Les méthodes de culture

Préparez la terre de vos futures plantations durant l'automne, l'hiver et le début du printemps ; évitez de travailler lorsque le sol est détrempé.

On bêche pour extraire des terrains lourds les mottes de terre qui seront morcelées par le gel. On bêche pour aérer les sols compacts, pour enfouir les mauvaises herbes ou d'autres matières organiques et pour offrir quelques gourmandises aux oiseaux. Cette opération a perdu le caractère héroïque qu'elle avait jadis, quand le défoncement ou le double bêchage étaient très pénibles pour le dos. Dans les sols légers, il suffit de retourner la terre à la fourche. Les vers de terre se chargeront d'enfouir dans le sol le compost à champignons, ou tout autre compost sans herbe, répandu en couche épaisse.

Lorsque vous préparez une nouvelle planche, le bêchage n'est pas forcément indispensable. Si vous avez un sol léger et sableux, passez-le tout entier au désherbant, paillez généreusement et plantez sans autre traitement. Les sols lourds ou les espaces tassés ou compactés par les pieds demandent plus de travail.

Le bêchage améliore le drainage et aère une terre dense. Les sols argileux lourds seront travaillés au début de l'hiver et les sols légers le plus tard possible au printemps, car ces derniers n'ont pas besoin d'être brisés par le gel. Leur problème majeur est de conserver l'humidité et les éléments nutritifs. En les gardant fermes durant l'hiver, vous les aiderez à retenir un maximum d'eau.

La méthode sans bêchage

Si votre sol est léger, bien drainé et fertile – le rêve de tout jardinier –, votre verger et votre potager prospéreront sans aucun coup de bêche. Il vous suffira de retourner légèrement la terre et de la sarcler pour éliminer les mauvaises herbes. Pour qu'elle reste fertile, paillez généreusement. Cette méthode convient aux endroits du jardin qui accueillent des cultures permanentes, arbres fruitiers ou asperges par exemple. Elle réussit bien aussi avec les pommes de terre (voir p. 102) et avec les plantes repiquées comme les tomates, les courgettes, les poireaux. Sans bêchage, il est cependant plus difficile de produire la fine couche arable nécessaire aux semis, pour lesquels un paillis est plus une gêne qu'une aide.

Utiliser la fourche-bêche
Pour les sols légers, qui se préparent de préférence au printemps, retournez légèrement la terre. Travaillez quand le sol est humide, pas trop collant. Enfoncez la fourche-bêche et faites-la pivoter de façon à briser le sol et à l'aérer.

Bêcher le potager

1 *Si le sol est lourd ou si vous commencez à exploiter une terre en friche, il vous faudra sans doute utiliser une bêche. Tenez-la à la verticale pour l'enfoncer plus facilement.*

2 *Ne remplissez pas trop la bêche de terre, surtout si le sol est lourd, et pliez les genoux pour la soulever. Votre dos souffrira moins.*

3 *Retournez la terre pour l'aérer, y enfouir les mauvaises herbes et y incorporer de la matière organique. Dans un sol lourd, laissez les mottes de terre : le gel les brisera en hiver.*

PAILLER, NOURRIR ET ARROSER

UN PAILLAGE SOIGNEUX facilitera les apports en nourriture et en eau. Un paillis joue le rôle d'une couche biodégradable ; une épaisseur de feuilles en décomposition, de fumier, de gazon tondu ou de compost répandue à la surface du sol permet de limiter la prolifération des mauvaises herbes et de retenir l'humidité. Elle améliorera aussi le sol, en l'enrichissant (lentement) d'éléments nutritifs et protégera des salissures les plantes et les cultures. Grâce à des paillis épais et réguliers, les apports en nourriture et en eau sont moins impératifs. Ceux qui se composent de plantes en décomposition apportent en outre les éléments nutrififs de celles-ci, que les vers qu'ils renferment enfoncent peu à peu dans la terre tout en l'aérant ; les racines trouvent ainsi leur chemin. En paillant, vous enrichissez le substrat, qui pourra à son tour nourrir les plantes.

PAILLER

Répandez les paillis en couche épaisse afin de contenir la croissance des mauvaises herbes annuelles. Ne paillez pas sur un sol sec, car les paillis sont aussi destinés à retenir l'humidité. Les matières de paillage le mieux adaptées sont les suivantes :

LE TERREAU Le terreau de feuilles permet d'exploiter directement les résidus naturels. Il améliore la composition du sol et il libère peu à peu les éléments nutritifs. La méthode la plus simple consiste à entasser les feuilles dans un silo en grillage, de 1,20 m au moins de côté, et à les laisser se décomposer lentement. Les meilleures feuilles sont celles du hêtre et du chêne ; celles qui ont des nervures centrales épaisses (frêne ou marronnier d'Inde) pourrissent beaucoup moins rapidement.

LE FUMIER Source précieuse de matières organiques, le fumier est particulièrement efficace quand il est bien décomposé. Dans les villes, on le remplacera par des fientes de pigeon, riches en azote.

LES CHUTES DE GAZON Après chaque tonte, vous en avez toujours de grandes quantités. Elles feront merveille autour des arbustes à fruits rouges.

LE COMPOST DE JARDIN Si vous avez un coin où le mettre (voir page ci-contre), vous ne serez jamais à court de paillis. Vous y jetterez toutes les matières organiques – épluchures de légumes, mauvaises herbes, feuilles, cheveux ; les orties facilitent la décomposition. Celle-ci sera aussi accélérée si vous recouvrez le tas avec un vieux tapis, qui le réchauffera.

LE COMPOST À CHAMPIGNONS Il donne l'un des meilleurs paillis, si toutefois vous en trouvez. Il est légèrement calcaire ; ne l'utilisez pas autour de plantes comme les myrtilles, qui réclament un sol acide.

COMMENT PAILLER
Installez des paillis de 5-10 cm d'épaisseur au moins afin de contenir les mauvaises herbes annuelles et de conserver l'humidité de la terre.

NOURRIR

Les fertilisants sont des engrais qui apportent aux sols les éléments nutritifs dont ils manquent. Organiques ou non : le débat est ouvert quant aux mérites respectifs de ces deux catégories d'engrais. Les premiers constituent une nourriture d'origine végétale ou animale. Ils sont généralement à base d'algues, de sabots,

LES TYPES DE PAILLIS
Servez-vous de toutes les matières organiques dont vous disposez. Il est facile de réaliser ou d'acheter les cinq paillis présentés ci-dessous, mais vous pouvez aussi utiliser de la paille, des morceaux d'écorce ou des déchets de houblon si vous en trouvez.

TERREAU
Cette substance fine et friable s'obtient en entassant des feuilles mortes et en les laissant se décomposer lentement.

FUMIER
Peu d'engrais sont aussi efficaces, mais il doit être bien décomposé.

CHUTES DE GAZON
Elles fournissent un bon paillis à condition que le gazon n'ait pas été traité au désherbant.

COMPOST DE JARDIN
Le tas de compost peut s'enrichir de toutes les matières organiques. Après décomposition, elles ressembleront à de la terre.

COMPOST À CHAMPIGNONS
Facile à utiliser, stérile mais alcalin, il ne convient pas aux plantes qui réclament un sol acide.

de cornes ou d'os broyés. Une fois décomposés par les bactéries présentes dans la terre, ils sont absorbés par les racines des plantes. Les seconds sont soit fabriqués industriellement, soit tirés de minéraux comme le calcaire broyé ou le sulfate d'ammoniaque. Les engrais organiques sont moins chers mais ils agissent plus lentement que les autres.

L'utilisation d'engrais chimiques est comparable à celle de drogues. Seules les plantes qui poussent dans des conditions particulières (dans des pots ou dans des paniers suspendus) ont besoin d'engrais industriels. C'est leur rapidité d'action qui explique leur succès. Mais ils nourrissent la plante plutôt que la terre ; or celle-ci abrite des micro-organismes essentiels et invisibles, dont l'équilibre se trouve perturbé. Les nitrates accélèrent la croissance des végétaux, mais nuisent souvent à leur goût. Ceux-ci sont alors souvent gorgés d'eau et de sève, deviennent plus vulnérables aux ravageurs et aux maladies, ce qui vous conduit à leur donner une autre drogue... Dans tous les cas, les engrais, seuls, ne sont pas suffisants. Il faut toujours apporter des matières organiques au sol pour accroître sa fertilité et améliorer sa structure. En le paillant.

Arroser

L'arrosage des jardins est un luxe. Seules les plantes qui poussent dans un espace réduit doivent être arrosées fréquemment. Les autres ne seront pas aussi exigeantes si vous utilisez des engrais organiques qui aideront le sol à conserver son humidité. Les légumes à feuilles, comme la laitue, les choux et les épinards, sont ceux qui ont le plus besoin d'eau. Il convient d'arroser les plantes qui portent des graines ou des fruits – haricots, pois ou tomates – quand elles sont en fleur et quand les fruits gonflent. On fera de même pour les plants repiqués de brassicacées, de céleris et de poireaux jusqu'à ce qu'ils aient bien pris. Un arrosage trop abondant des plantes-racines comme les carottes après une longue période de sécheresse risque de les faire éclater. Là encore, il faut pailler.

Créer son compost
Pour obtenir les meilleurs résultats, empilez des couches de 15 cm d'épaisseur environ. Séparez-les par du fumier ou un autre matériau riche en azote, qui accéléreront le pourrissement.

Les chutes de gazon forment une couche dense, qui empêche l'air de circuler.

Mélangez-les avec toutes sortes de déchets du jardin ou de la cuisine, mais évitez absolument les plantes malades ou les mauvaises herbes annuelles.

Les brindilles constituent une bonne couche de base, car elles laissent passer l'air.

Le coin du compost
Vous fabriquerez le silo du tas de compost avec du matériel de récupération, grillage ou vieilles planches. Vous pouvez aussi l'acheter dans le commerce, comme celui qui figure ci-dessus.

LA ROTATION DES CULTURES

QUE TOUS CEUX QUI SONT encore novices le sachent bien : leurs légumes ne flétriront pas et ne mourront pas s'ils ne les changent pas systématiquement de place tous les ans. Pendant des décennies, la rotation des cultures, le double bêchage et le défoncement complet du sol sont restés les maîtres mots de la culture potagère. Aujourd'hui, les meilleurs jardiniers ont appris à ne pas suivre aveuglément ces règles. En observant attentivement leur terrain, ils s'efforcent de comprendre ses caprices tout en le respectant et en tenant compte du temps. Pour obtenir de bons résultats, vous devez trouver le point d'équilibre entre ce que vous attendez des plantes et ce que les plantes attendent de vous. Celles-ci prospèrent lorsqu'elles ont réussi à s'adapter progressivement aux conditions de leur environnement. Apprenez à connaître leurs besoins. La rotation des cultures peut vous permettre de les satisfaire, elle n'est pas une fin en soi.

LE BUT DE LA ROTATION DES CULTURES

La rotation des cultures se justifie essentiellement par la nature du sol. Chaque type de légumes – brassicacées, oignons, légumineuses, légumes-racines ou pommes de terre – réclame un mélange un peu différent de nutriments et d'oligoéléments. Si des choux-fleurs poussent toujours à la même place, ils finiront sûrement par ne plus trouver dans le sol les substances dont ils ont besoin. En les déplaçant vers une autre partie de votre potager, vous permettrez à l'ancien terrain de retrouver son équilibre en se nourrissant du compost et du fumier que vous lui aurez apportés.

L'argument selon lequel la rotation des cultures éviterait les maladies est moins fondé. Si vos brassicacées sont atteintes de la hernie du chou, elles se porteront certainement mieux à la saison suivante dans une nouvelle parcelle. Mais les spores de la hernie du chou, qui déforment leurs racines, vivent souvent jusqu'à vingt ans dans la terre. Même avec une rotation quinquennale, ils seront toujours actifs lorsque vous retransplanterez vos légumes dans leur terrain d'origine. Les sclérotes du champignon responsable de la pourriture blanche des oignons ont aussi une longue durée de vie. En outre, si votre potager est petit, les carrés qui le divisent sont trop proches les uns des autres pour que les ravageurs ne se répandent pas au-delà de leurs frontières invisibles. Adoptez des mesures de prévention. Soyez sans pitié lorsque les pucerons deviennent plus nombreux que les autres ravageurs et lorsque les altises, sautant des feuilles de chou, font plus de bruit que vos pieds écrasant les escargots qui dévorent les laitues.

LES PRINCIPAUX GROUPES

La rotation des cultures concerne surtout trois grands groupes de plantes potagères. Le premier comprend les légumineuses, les pois et les haricots ; on y inclut aussi le maïs sucré, les courgettes et les tomates. Le deuxième est composé des brassicacées, où sont classés les rutabagas, les navets,

LÉGUMINEUSES
Les racines des légumineuses – tous les pois et tous les haricots – ont des nodosités remplies d'azote qui enrichissent le sol. À la fin de la saison, coupez les plantes à la base de la tige et laissez les racines se décomposer dans la terre.

BRASSICACÉES
Les brassicacées à feuilles comme les choux, les choux-fleurs, les brocolis et les choux fourragers sont avides d'azote. Plantez-les de préférence dans un terrain occupé la saison précédente par des légumineuses et bien fumé.

LÉGUMES-RACINES
Betteraves, carottes et autres plantes du groupe demandent peu d'azote et suivent généralement les brassicacées dans la rotation des cultures. Pommes de terre et topinambours permettent d'ameublir un terrain récemment mis en culture.

les choux-raves, les radis ainsi que les choux-fleurs, les choux de Bruxelles et les brocolis. Le dernier, enfin, se compose des racines et des tubercules : betteraves, carottes, topinambours, panais et pommes de terre. Dans une rotation sur trois parcelles, les oignons font partie des légumineuses ; s'il y a quatre parcelles, ils ont leur propre carré.

Si vous ne disposez que d'un seul coin abrité et ensoleillé, ne le consacrez pas aux pois ou aux choux, qui se dispensent de ces conditions favorables. Les tomates et le maïs sucré, en revanche, se développeront difficilement sans cette aide. Si une parcelle de votre terrain est faite d'un sol sensiblement plus léger et mieux drainé que les autres, n'oubliez pas que les carottes y pousseront mieux que les choux, qui préfèrent une terre compacte. En dessinant le plan de votre potager, tenez compte de vos goûts alimentaires et de vos qualités de jardinier ; il serait en effet absurde d'inclure dans une rotation des choux que vous n'aimez pas ou des choux-fleurs que vous ne parvenez pas à faire pousser.

ROTATION À TROIS PARCELLES

La plupart des jardiniers se satisferont de trois parcelles et d'une rotation triennale. Le plus simple est de dresser la liste des légumes prévus, puis de les répartir entre les trois groupes. Tracez un plan sommaire de votre potager et notez l'endroit où poussera chaque culture. Choisissez une couleur pour les différents groupes. L'année suivante, déplacez les cultures en conséquence. Intercalez des légumes qui se développent rapidement (cultures dérobées) dans les interstices.

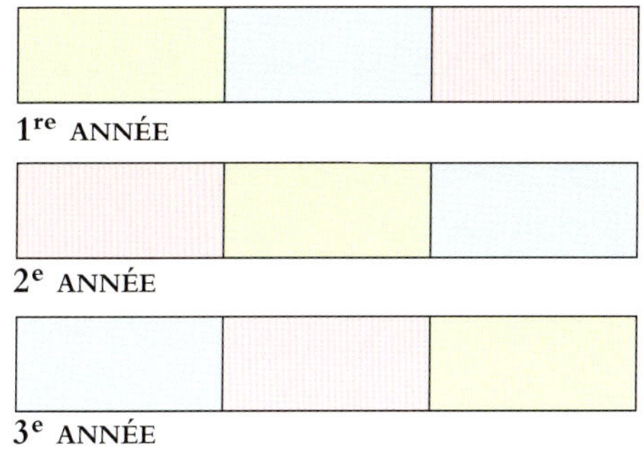

ROTATION À TROIS PARCELLES

Pois	*Choux de Bruxelles*	*Betteraves*
Haricots	*Choux*	*Carottes*
Céleri	*Choux-fleurs*	*Chicorée*
Oignons	*Brocolis*	*Topinambours*
Poireaux	*Choux-raves*	*Panais*
Laitues	*Rutabagas*	*Pommes de terre*
Épinards	*Navets*	
Maïs sucré	*Radis*	
Tomates		
Courgettes		

ROTATION À QUATRE PARCELLES

Dans ce cas, les oignons formeront un groupe avec les poireaux, l'ail et les échalotes. La laitue et les autres salades à croissance rapide feront office de cultures dérobées dans tous les espaces disponibles.

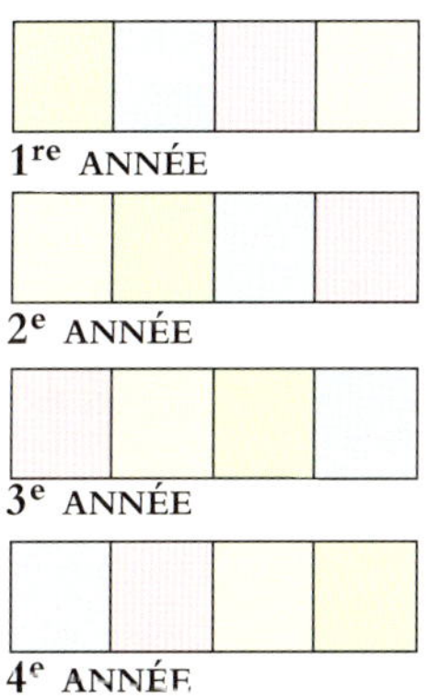

ROTATION À QUATRE PARCELLES

Haricots d'Espagne	*Choux de Bruxelles*	*Oignons*	*Poivrons*
Haricots verts	*Choux*	*Échalotes*	*Tomates*
Pois	*Choux-fleurs*	*Poireaux*	*Céleri*
Fèves	*Brocolis*	*Ail*	*Céleri-rave*
Maïs sucré	*Choux orientaux*	*Courgettes*	*Betteraves*
	Rutabagas	*Laitues*	*Carottes*
	Navets		*Panais*
	Radis		*Pommes de terre*

ROTATION À CINQ PARCELLES

Elle convient aux jardiniers qui ont beaucoup d'espace. La famille des oignons y possède son propre carré. Il en va de même pour les pommes de terre et pour d'autres légumes-racines.

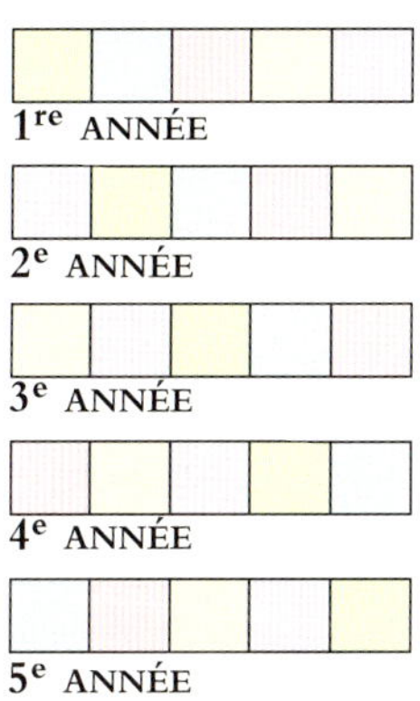

ROTATION À CINQ PARCELLES

Fèves	*Choux-fleurs*	*Courgettes*	*Oignons*	*Pommes de terre*
Haricots d'Espagne	*Brocolis*	*Maïs sucré*	*Ail*	*Panais*
Pois	*Choux*	*Tomates*	*Poireaux*	*Carottes*
Haricots verts	*Navets*	*Céleri*	*Laitues*	*Betteraves*
	Radis	*Céleri-rave*	*Échalotes*	*Rutabagas*
	Choux de Bruxelles			*Topinambours*
	Choux orientaux			

LES MÉTHODES DE CULTURE

LA CULTURE DES PLANTES dépend du type de sol dont vous disposez. Si vous avez une terre lourde, la perspective de créer des planches surélevées, qui demanderont peu de travail une fois réalisées, vous séduira davantage que si vous avez une terre légère, bien drainée. Elles seront faciles à entretenir. Si vous vivez dans une région froide, où l'hiver est précoce et le printemps tardif, vous utiliserez du plastique alvéolé pour accroître la durée des récoltes. Quelques techniques de jardinage s'appliquent plus particulièrement à certaines plantes. Ainsi, vous butterez les pommes de terre pour éviter le développement de taches vertes toxiques et vous forcerez les endives pour obtenir de beaux chicons blancs.

LES PLANCHES SURÉLEVÉES

Cette culture consiste à répartir les plantes en une série de planches ne dépassant pas 1,50 m d'un bord à l'autre et séparées par des allées larges de 30 cm. Vous pourrez ainsi planter, sarcler et cultiver sans fouler la terre. Commencez par bêcher en profondeur et enlevez les mauvaises herbes vivaces. Posez ensuite de lourds paillis de matières organiques ; ils exhausseront les planches, qui dès lors surplomberont les allées. La perte d'espace due à la présence de ces dernières sera compensée par la culture plus intensive des planches. Plantez dans la largeur en petites rangées rapprochées, dont la densité vous obligera à bien nourrir le sol. Utilisez un paillis organique riche, à base de fumier bien décomposé ou de compost.

LES PLASTIQUES ALVÉOLÉS

Les agriculteurs professionnels utilisent depuis des années les feuilles de plastique pour mieux isoler les plantes qu'ils cultivent et accélérer leur croissance. Les jardiniers amateurs ont désormais à leur disposition différents types de plastiques spéciaux. Si ceux-ci n'évitent pas le gel, ils réchauffent le sol et sont une protection supplémentaire pour les cultures de primeurs. Elle profitera aux brassicacées, aux laitues, aux pommes de terre nouvelles, aux radis et aux oignons durant les quatre ou cinq semaines de leur développement. Fixez bien le plastique en enterrant ses bords ou en posant dessus des pierres ou des morceaux de bois. Il isolera aussi les végétaux des insectes (mouche du chou, mouche de la carotte ou altise). Les feuilles légères et alvéolées pourront rester sur des plantes comme la laitue durant toute leur croissance. Ces matériaux synthétiques n'agissent pas comme les paillis, qui empêchent l'apparition des mauvaises herbes, conservent l'humidité et nourrissent le sol. Ils servent surtout à accroître la température du sol et à le protéger des intempéries et des ravageurs.

LA CULTURE INTERCALAIRE

Dans un sol fertile, la culture intercalaire permet de diversifier les récoltes sur un terrain de taille réduite. Cependant, elle

PLASTIQUES ALVÉOLÉS
Les laitues précoces pousseront plus vite sous des feuilles de plastique alvéolé. Celles-ci protégeront aussi les plantes des insectes et des ravageurs comme les oiseaux et les lapins.

PLANCHES SURÉLEVÉES
Cette méthode permet de réduire le bêchage ; la fertilité du sol est constamment entretenue par un important paillis. Les planches surélevées séparées par des allées étroites facilitent aussi l'organisation de la rotation des cultures.

FORCER LA RHUBARBE

Posez des pots en terre cuite hauts au-dessus des plants de rhubarbe : vous obtiendrez une récolte précoce et délicieuse. Les tiges s'étirent vers le haut et se développent plus vite.

ne donne de bons résultats que si les plantes sont bien nourries et arrosées. Elle doit associer des espèces complémentaires – qui poussent dans des directions différentes ou qui ne se développent pas au même rythme. Les radis, semés dans des rangées de panais à croissance lente, en sont un exemple classique ; vous aurez récolté les premiers avant que les seconds n'occupent le terrain. Le maïs sucré a besoin d'un espace vertical ; associez-le à des tomates buissonnantes ou à des coloquintes.

LE BUTTAGE

Il donne aux plantes denses comme les choux de Bruxelles davantage de stabilité. Pour le réaliser, il suffit de former un tas de terre sur les pieds à l'aide d'une binette ou d'une houe. Le buttage empêche les pommes de terre de développer des taches vertes toxiques dues à l'exposition à la lumière ; dans ce cas, ramenez la terre autour du pied lorsque les plantes atteignent 30 cm de hauteur. Vous pouvez enterrer les feuilles les plus basses, mais laissez celles du haut à l'air libre.

FORCER ET BLANCHIR

Ces deux opérations ont pour but de maintenir des tiges ou des feuilles à l'abri de la lumière. Le forçage accélère la croissance des légumes tandis que le blanchiment les rend plus tendres ou moins amers. Des plantes comme la rhubarbe peuvent être forcées dans un pot en terre cuite spécial ou sous un seau sans fond retourné. On blanchit le céleri en plaçant un papier autour du collet ou en le buttant. On blanchit les cœurs de chicorée en posant sur la plante une soucoupe ou un pot retournés. Les endives sont à la fois forcées et blanchies. À l'extérieur, si le sol n'est ni trop lourd ni trop froid, coupez les feuilles à 2 cm au-dessus du collet de la plante et recouvrez les racines avec une épaisseur de terre d'au moins 15 cm. Posez par-dessus une cloche. À l'intérieur, le processus se fait plus rapidement (voir à droite).

FORCER ET BLANCHIR LES ENDIVES

1 *Prenez des racines qui ont été arrachées et rangées dans des caisses de sable (voir pp. 66-67). Raccourcissez-les à 15 cm. Enfoncez-les à la verticale dans un pot de compost humide en laissant le collet à l'air libre.*

2 *Retournez un second pot au-dessus du premier et conservez-les entre 10 et 18 °C. Comptez ensuite trois semaines si vous les avez mises dans un placard aéré et tiède, plus longtemps si elles sont dans une cave fraîche.*

SEMIS D'INTÉRIEUR

LES SEMIS SONT GÉNÉRALEMENT beaucoup moins difficiles à réaliser qu'on ne le croit. Dans le cas de ceux qui sont faits à l'intérieur, la chaleur ambiante provoque une germination plus rapide des graines, ce qui accélère la croissance des plantes. Mais vient le jour où elles doivent abandonner ce confort pour affronter l'atmosphère extérieure. Aussi, plus elles auront été élevées à la « dure », plus elles auront de chance de s'adapter à ces nouvelles conditions. De même, plus elles auront été semées clair, plus elles seront fortes au moment de la transplantation. Les serres sont un milieu idéal pour les semis. Cependant, de nombreuses graines se développent bien sur un rebord de fenêtre lumineux et chaud.

SEMER DE GROSSES GRAINES
N'en semez qu'une ou deux dans chaque pot. Si vous en mettez deux, retirez le plant le plus faible dès la germination.

SEMIS EN TERRINE

Faites le premier semis dans un pot en plastique propre de 12 cm de large ; gardez plutôt vos caissettes pour repiquer les plantules. Remplissez le pot de compost et aplanissez-le doucement. Répartissez les graines en les espaçant au maximum. Certains jardiniers mettent les graines dans la paume d'une main ; puis, avec le pouce et l'index de l'autre main, ils prélèvent des pincées qu'ils parsèment sur le compost. D'autres sont assez habiles pour éparpiller les graines en tapotant le paquet. Disposez par dessus une fine couche de compost ou de vermiculite, qui est souvent considérée comme une meilleure couverture. Ce produit est un minéral léger comparable au mica, qui retient l'humidité tout en drainant rapidement. La perlite, faite de minéraux volcaniques dilatés, a les mêmes propriétés. Arrosez abondamment avant d'enfermer le pot dans du film alimentaire ou de le recouvrir d'une plaque de verre pour éviter le dessèchement. Si vous possédez un germoir (voir page ci-contre), mettez-y les petits pots.

Lorsque les graines ont germé, découvrez-les et maintenez le compost humide, mais pas trop. Tournez régulièrement le pot, car les jeunes plants s'inclinent toujours vers la lumière. L'excès d'eau est souvent un problème pour les semis d'intérieur. Les tiges peuvent alors s'affaisser complètement ; des pots entiers peuvent être ainsi touchés. Cet accident, appelé fonte des semis, peut aussi tenir à l'utilisation d'un compost ancien dans des pots sales.

Vous sèmerez les grosses graines comme celles des melons et des concombres dans des pots individuels de 7 cm de large, en en disposant une ou deux sur les bords. Dans le second cas, enlevez la plus faible dès que la germination a eu lieu. Les graines semées de cette façon resteront dans les pots jusqu'à ce que vous les plantiez à l'extérieur.

REPIQUAGE

Les plantules qui ont poussé en rangs serrés dans leur conteneur de 12 cm de large doivent être repiqués, c'est-à-dire installés dans de nouveaux pots, et le plus tôt possible. Les jeunes plants, qui croissent très près les uns des autres, se développent trop en hauteur et ont tendance à ployer sur leur tige. Un soir

SEMIS

1 *Remplissez de compost la caissette ou le pot et tassez délicatement la surface avec un morceau de bois pour la caissette et avec le fond d'un pot vide pour le pot.*

2 *Répandez régulièrement les graines sur le compost, en les espaçant au maximum. Semez clair, vous aurez plus de chances d'obtenir des plantules saines aux tiges robustes.*

3 *Étalez une fine couche de compost sur les graines et arrosez bien. Recouvrez avec du film alimentaire ou avec une plaque de verre, qui empêcheront le compost de se dessécher.*

GERMOIR SIMPLE

Ce conteneur sera bien à sa place sur un rebord de fenêtre. Il permet de faire germer des graines ou de protéger des plantules qui viennent d'être repiquées.

où vous souhaiterez vous livrer à une activité apaisante, remplissez de compost des caissettes à semis, tassez doucement la surface puis, avec l'index, creusez six petits trous dans le sens de la longueur et quatre dans le sens de la largeur. Avec un bâtonnet ou une petite spatule, retirez délicatement du pot quelques plants à la fois. Attrapez chacun d'eux par une feuille inférieure. Installez-le dans un des trous. Enfoncez-le jusqu'à ce que la première paire de feuilles repose sur le compost, que vous tasserez doucement du bout des doigts. Quand la caissette est pleine, arrosez abondamment avec un arrosoir à pomme fine.

Vous repiquerez les plants de tomate qui auront été semés dans un pot de 12 cm de large dans des pots individuels de 7 cm. Remplissez ceux-ci de compost, faites un trou au centre avec l'index et enfoncez-y la plantule plus profondément qu'à l'origine. Tassez délicatement autour de la tige.

Pour les plantes qui, comme les choux chinois, ont des racines sensibles, vous préférerez des conteneurs spéciaux divisés en petits compartiments ; vous pouvez les remplacer par des boîtes à œufs en carton. Semez dans le couvercle et repiquez chaque plantule dans un compartiment. Ainsi, les racines ne se disputeront pas les éléments nutritifs comme dans les caissettes. En outre, les plants élevés de cette façon souffrent moins lors de la transplantation. Vous pouvez aussi semer deux ou trois graines directement dans les godets et les éclaircir dès qu'elles ont germé.

ENDURCISSEMENT

Le compost des godets ou des caissettes doit être suffisamment riche en éléments nutritifs pour que les plantules y vivent jusqu'au moment du repiquage, qui se fait généralement à la fin du printemps. L'endurcissement des semis, qui consiste à les acclimater au monde extérieur, est aussi important que l'arrosage. Procédez progressivement en sortant les conteneurs lors des journées les moins froides et en les rentrant la nuit. Appliquez cette méthode jusqu'à ce que les plantules soient assez robustes pour supporter leur nouveau milieu.

Vous pouvez endurcir les semis d'intérieur en effleurant le haut des plants avec le bord d'un morceau de carton. Faites ce geste une minute chaque jour, dans différentes directions. Les tiges, qui ploient comme sous l'effet du vent, se fortifieront. Ne vous dispensez pas pour autant d'acclimater vos plantules aux températures plus basses de l'extérieur. Si vous avez l'intention de faire pousser en serre des melons ou des concombres, par exemple, il est inutile de les endurcir puisqu'ils ne quitteront pas ce milieu chaud et protégé.

TRANSPLANTATION

Transplanter des courgettes, des tomates, ou d'autres plantes élevées dans des pots, à l'abri, n'est pas plus néfaste pour elles que si elles ont été élevées dans un sillon ou une couche de semis extérieurs. Retirez la motte du pot sans déranger les racines. Si vous arrosez bien les plants, ils auront toutes les chances de reprendre. En général, il vaut mieux les transplanter le plus tôt possible à l'endroit que vous leur avez destiné. Pour les laitues, faites-le dès qu'elles ont quatre feuilles ; pour les choux et autres brassicacées, attendez qu'ils atteignent 10 cm de haut.

REPIQUAGE

1 *Les plantules sont vulnérables lors du repiquage ; manipulez-les avec précaution. Attrapez-les par les feuilles inférieures plutôt que par les tiges, plus fragiles.*

2 *Repiquez les plantules dans une caissette ou, comme ici, dans des godets. Quadrillez le compost de trous, puis enfoncez-y les racines à l'aide d'un bâtonnet ou d'un plantoir fin.*

TRANSPLANTATION

À l'extérieur, creusez un trou suffisamment grand pour que la plantule soit enfoncée un peu plus profondément dans le sol que dans son pot.

SEMIS DE PLEIN AIR

LA PLUPART DES PLANTES POTAGÈRES se développent à partir de graines semées directement dans le sol. En effet, si les courgettes et les tomates ont besoin d'une certaine chaleur pour bien se développer, beaucoup d'autres se dispensent de ces soins. Certains légumes sont semés sur couche, en petites rangées, avant d'être transplantés dans leur parcelle réservée. C'est souvent le cas pour les brassicacées et les poireaux, sauf si l'endroit est très exposé ; il faut alors les élever à l'abri, dans des pots et des caissettes. On installe d'autres plantes, comme les panais et les pois, directement en place. Gardez ceci en mémoire lorsque vous préparerez le terrain pour les semis. Et ne vous attendez pas à voir les plantules soulever d'imposantes mottes de terre lorsqu'elles s'efforceront d'atteindre la lumière.

SEMIS

PRÉPARATION DU SOL Pour les semis d'extérieur, une bonne préparation du lit de semence est capitale pour la germination des graines. Si le sol est sableux, il vous suffira d'enlever les mauvaises herbes et de ratisser pour obtenir la couche fine et friable qui convient bien aux graines. Si le sol est argileux, vous pouvez toujours attendre en espérant que le gel hivernal brisera en partie les mottes de terre dures ; sinon, cassez-les en les frappant avec le dos d'un râteau. Plus les graines sont petites, plus la couche de terre doit être fine.

SEMIS EN LIGNE Il est applicable à la plupart des graines de plantes potagères. Tracez une ligne au cordeau (voir à droite) et creusez un sillon à l'aide d'une houe ou avec le côté d'un râteau. La profondeur du sillon sera proportionnelle à la taille des graines. Répandez celles-ci en les espaçant au maximum. Pour les betteraves et les panais, semez-les en poquets, c'est-à-dire par groupes de deux ou trois graines ; ne laissez ensuite se développer dans chaque trou que la plantule la plus vigoureuse. Recouvrez les semis avec de la terre. Si le sol est très sec, arrosez avant toute chose ; sinon, faites-le une fois le travail terminé avec un arrosoir à pomme fine.

SEMIS EN SILLON LARGE Utilisez des sillons larges, à fond plat, pour les plantes qui poussent en rangées étendues, comme les pois. Calculez une moyenne de 23 cm (voir à droite) et creusez à l'aide d'une bêche ou d'une houe. Espacez les graines régulièrement. Recouvrez avec la terre que vous avez ôtée et tassez-la bien. Les sillons peu profonds et larges conviennent aussi pour les plantes à couper. Semez celles-ci le plus clair possible.

SEMER EN LIGNE

1 *Formez une ligne droite avec une ficelle tendue entre deux petits piquets. Tracez un sillon le plus près possible de la ficelle avec le coin d'une houe ou le côté d'un râteau.*

2 *Déposez les semences le long du sillon, le plus clair possible. Ramenez la terre sur les graines et tassez-la délicatement avec le dos du râteau. Arrosez soigneusement.*

SEMER DANS UN SILLON LARGE

1 *Tracez une ligne droite avec une ficelle. Creusez un sillon à fond plat de 23 cm de largeur soit en retirant la terre avec une bêche, soit en la repoussant avec une houe.*

2 *Espacez les grosses graines le long du sillon, très régulièrement, mais disposez les petites plus serré. Recouvrez avec la terre que vous avez ôtée et aplanissez-la délicatement.*

Semer à la volée

1 *Ratissez la terre afin d'obtenir une couche fine indispensable à une bonne germination des graines. Répandez ensuite celles-ci en les espaçant au maximum.*

2 *Ratissez délicatement le sol dans l'autre sens pour recouvrir les semences et aplanissez-le légèrement avec le dos du râteau. Arrosez bien avec un arrosoir à pomme fine.*

Semis à la volée Il consiste à répandre les graines sur une surface étendue. Cette méthode est efficace pour ensemencer les planches surélevées (voir p. 166) qui portent chacune une culture différente ou pour faire des carrés de plantes identiques dans une planche. Elle convient aussi pour les salades à couper comme certaines laitues et la roquette, ou pour les choux orientaux. Entretenez les plants comme s'il s'agissait d'une plante à couper ; prélevez les feuilles dès qu'elles sont développées.

Éclaircissage

Il vous faudra peut-être éclaircir les semis effectués directement en pleine terre, comme ceux des carottes et des betteraves, pour que chaque plant se développe pleinement. Les ravageurs et les maladies se chargeront peut-être en partie de cet éclaircissage. Si vous devez le faire, procédez par étapes. N'arrachez pas les petites plantules, mais pincez-les, pour ne pas perturber les racines de leurs voisines. Évitez d'éclaircir les plants de carotte, car l'odeur qu'ils dégageraient alors attirerait la mouche de la carotte.

Transplanter

Les légumes comme les poireaux, les choux de Bruxelles et d'autres brassicacées s'élèvent souvent en pépinières. Il s'agit de petites parcelles que vous pouvez ratisser de façon à obtenir une couche très perméable où semer les graines dans de courts sillons. À un certain stade de développement, vous devrez transporter les plantes vers leur emplacement définitif. Faites-le par temps couvert, lorsque le sol est humide, afin qu'elles n'aient pas trop de mal à s'acclimater.

Sortez-les en laissant de la terre autour des racines et installez-les dans un trou assez grand pour toute la motte. Enfoncez les brassicacées plus profondément que dans le lit de semence où elles ont commencé à pousser. Les feuilles les plus basses doivent affleurer le sol. Plantez les poireaux dans des trous faits au plantoir. Pour les jeunes plants éclaircis comme ceux des laitues, vous réussirez si le sol est humide et la chaleur modérée. Mais vous ne pourrez pas transplanter des légumes-racines comme les panais ou les carottes.

Éclaircissage
Toutes les plantes ont besoin d'un espace suffisant pour atteindre leur taille définitive. Si vous espacez suffisamment vos semis, vous n'aurez peut-être pas besoin d'éclaircir les plants. Si vous devez le faire, pincez ceux que vous voulez éliminer au niveau du sol et ramassez-les.

Transplanter des poireaux
Faites un trou de 15 cm de profondeur et mettez-y la plantule. Celle-ci développera une longue tige blanche. Arrosez souvent pour faire adhérer le sol aux racines.

Planter des brassicacées
Quand vous les changez de place, enfoncez les plants plus profondément qu'auparavant. Les feuilles les plus basses doivent être au niveau du sol.

MULTIPLICATION

LA MULTIPLICATION PEUT VITE devenir une obsession. Quelle fierté que de voir sa première bouture devenir un buisson adulte ! Dans un potager décoratif, vous multiplierez surtout les arbustes à fruits rouges comme les cassissiers, les groseilliers à maquereau ou les myrtilles, puis vous vous intéresserez aux figuiers. Des fruits tels que les mûres ou les loganberries ne demandent aucun effort. En effet, partout où l'extrémité d'une tige touche le sol, elle donne naissance à une nouvelle plante. Plusieurs aromatiques vivaces vous offriront de nouvelles racines si vous entassez de la terre autour des tiges, selon la technique du marcottage. La plupart des légumes se développent à partir des graines, mais la rhubarbe et l'artichaut sont des plantes vivaces dont la touffe produit des œilletons ; vous les détacherez facilement avec une bêche.

DIVISION PAR TOUFFES

RHUBARBE La division est l'une des techniques les plus simples pour multiplier vos plantes. Dans le potager, la rhubarbe s'y prête bien. Attendez l'automne pour vous saisir de votre bêche (voir à droite).

ARTICHAUTS Vous devrez les renouveler régulièrement, car les vieux plants ont tendance à devenir ligneux et improductifs. Lorsqu'ils commencent à se développer au printemps, ils produisent autour de leur tige un petit cercle d'œilletons. Chacun d'eux renferme un bouquet de feuilles qui apparaissent au même endroit. Glissez une bêche tranchante le long de la touffe pour détacher l'œilleton. Plantez-le dans un sol frais et enterrez-le suffisamment pour qu'il reste à la verticale, mais pas plus, et arrosez souvent. Les feuilles extérieures mourront, mais la plante prendra très vite. Laissez 1,20 m entre chaque œilleton.

BOUTURAGE

ARBUSTES À FRUITS ROUGES Pour multiplier les groseilliers rouges et blancs ou les groseilliers à maquereau, il vous faut une bande de terrain où vous pourrez laisser les boutures alignées durant une année. Prélevez au milieu de l'automne des boutures ligneuses sur des tiges vigoureuses, propres et parvenues à maturité (voir à droite). Ôtez les yeux inférieurs, car ces arbustes doivent pousser à partir d'une tige principale courte. Les cassissiers se traitent à peu près de la même façon ; en fait, ils devraient se renouveler spontanément par rejets constants sous le niveau du sol. À l'automne, prélevez des boutures ligneuses longues de 20 à 25 cm et laissez intacts tous les bourgeons.

DIVISER DE LA RHUBARBE

1 *À l'automne, soulevez la plante ou grattez le sol pour mettre à nu les bourgeons. Glissez une bêche entre eux et assurez-vous que chaque morceau possède un beau bourgeon.*

2 *Repiquez les morceaux dans leur nouveau terrain en les espaçant de 1 m ; le bourgeon doit affleurer le niveau du sol. Remettez si nécessaire la plante mère bien en terre.*

BOUTURES LIGNEUSES

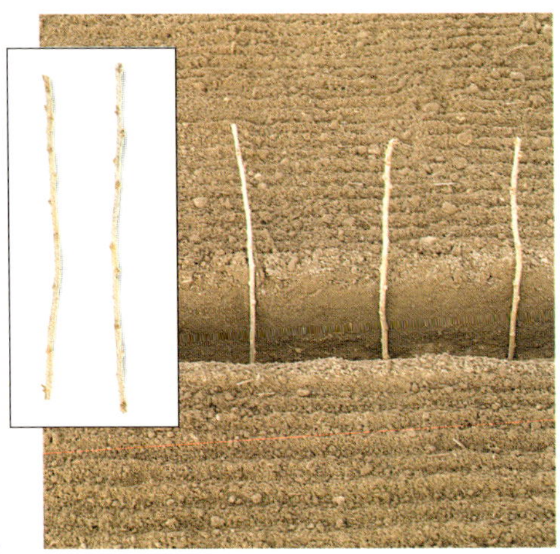

1 *Prélevez à l'automne des boutures ligneuses de 30 à 38 cm de long. Pour les groseilliers, retirez tous les bourgeons, à l'exception des 4 ou 5 du dessus, et enfouissez les boutures à 15 cm de profondeur dans une terre préparée. Tassez.*

2 *À l'automne suivant, les boutures auront produit des racines. Retirez délicatement les nouveaux plants et mettez-les dans un terrain nouvellement préparé. Protégez les racines du vent avec un sac en plastique.*

Enfouissez les boutures en laissant deux bourgeons dépasser du sol ; chacun d'eux produira peut-être un rejet. Lorsque vous déracinerez le tout à l'automne suivant, vous aurez trois ou quatre bonnes tiges.
FIGUIERS Ils sont plus longs à s'acclimater. Pour les boutures, choisissez des morceaux de vieux bois de 30 cm de long, et enfouissez-les jusqu'à mi-hauteur dans un sol bien drainé, abrité et ensoleillé. Deux ans plus tard, transplantez.
MYRTILLES Elles se multiplient à partir de boutures de bois tendre prélevées au début de l'été à l'extrémité des branches. Choisissez des pousses longues de 10 à 20 cm et retirez toutes les feuilles, exceptées les trois du dessus. Mettez-les chacune dans un pot large de 7 cm rempli d'un compost sableux, acide, et de terre de bruyère. Arrosez et couvrez le pot de plastique ou placez-le dans un germoir à 18 °C. Les racines se développeront en trois à six semaines. Lorsque les boutures commencent à prendre, endurcissez-les et mettez-les dans des pots plus grands remplis de compost non calcaire. Transplantez à l'automne.

MARCOTTAGE

LIANES VIVACES On multiplie aisément par marcottage les mûres, les loganberries (ronces-framboises) et les autres baies hybrides (voir ci-dessous).
HERBES AROMATIQUES Le marcottage de nombreuses aromatiques vivaces comme la sauge, le romarin et le thym se fait par buttage (voir à droite). Au printemps, entassez à la base de la plante un monticule de terre bien drainée ; si elle est un peu collante, mélangez-la avec du sable ou avec du compost. Durant l'été, reconstituez, si nécessaire, le monticule. Ces soins stimulent la croissance de nouvelles racines sur les branches couvertes de terre. Le marcottage par buttage permet de multiplier aussi l'hysope, la lavande, la santoline et la sarriette vivace.
FRAISIERS Ils se multiplient par leurs stolons (voir p. 143). Durant tout l'été, les plants adultes développent de longues pousses, qui s'enracinent dans les espaces libres et produisent une plantule qui deviendra très vite une nouvelle plante. Vous passerez les trois premières années à arracher les stolons pour que les fraisiers se consacrent à la production de fruits. Mais, après ce temps, ils perdent de leur vigueur. Conservez des stolons pour obtenir de nouveaux plants ; laissez-les s'enraciner où ils veulent. Vous pouvez aussi enfouir dans le sol des pots de compost larges de 7 cm et disposer un stolon dans chacun d'eux. Détachez au début de l'automne les jeunes plants de leurs stolons et installez-les dans une nouvelle planche bien nourrie. Détruisez les vieux plants.

MARCOTTAGE DU THYM EN CÉPÉE

1 Au printemps, entassez de la terre bien drainée autour du pied, en laissant les pointes à l'air libre. Rajoutez de la terre en été.

2 À la fin de l'été ou à l'automne, enlevez délicatement la terre et coupez les parties des branches qui ont fait des racines pour les transplanter dans un sol bien préparé.

MARCOTTAGE D'UNE MÛRE SANS ÉPINES

1 Pour multiplier les cassissiers, les ronces-framboises et d'autres arbustes hybrides, plantez l'extrémité d'une tige dans le sol, sur 10 à 12 cm de profondeur. L'été est la meilleure période pour cette opération.

2 Quelques semaines plus tard, une nouvelle pousse apparaît, les racines se forment. À l'automne ou au début de l'hiver, séparez le nouveau plant de la plante mère et installez-le dans le terrain que vous lui destinez.

CHOIX DES ARBRES FRUITIERS

LES ARBRES FRUITIERS PALISSÉS décorent agréablement un potager. Vous pouvez les courber pour créer un passage couvert et fleuri au-dessus d'une allée ou les tuteurer contre un mur pour former des palmettes horizontales ou obliques. Séparez votre espace en deux à l'aide de rangées de palmettes, ou entourez votre carré de salades avec des pommiers taillées en cordon horizontal (voir ci-contre). Les palmettes obliques de pêchers et d'abricotiers sont aussi utiles que décoratives. Étalées le long d'un mur ensoleillé, les fleurs sont protégées du gel et les fruits bénéficient de conditions favorables pour mûrir. La meilleure solution consiste à acheter des arbres fruitiers déjà formés, présentant la silhouette que vous souhaitez.

FIGUIER EN PALMETTE OBLIQUE
Déployés en éventail sur le mur d'une serre ou cultivés à l'extérieur dans un endroit ensoleillé, les figuiers ont des qualités architecturales que ne possède aucun autre arbre fruitier.

LES FORMES DES ARBRES

CORDONS OBLIQUES Ils sont la solution idéale lorsque l'on recherche la qualité des fruits plutôt que la quantité. Le cordon est un arbre formé d'une seule tige, qui est généralement plantée selon un angle de 45°. Attachez les cordons sur des fils parallèles tendus entre des piquets. Ils sont généralement cultivés sur des porte-greffes. Associez différentes variétés de pommiers et de poiriers afin de créer un écran d'arbres fruitiers.

FUSEAUX ET GOBELETS Ils commencent à donner des fruits alors qu'ils sont très jeunes. La récolte et la pulvérisation sont aisés, mais il est difficile de passer une tondeuse sous les branches.

DEMI-TIGES ET TIGES Les demi-tiges ont un tronc clair de 1,20 m. Les tiges atteignent 1,80 m avant que les branches ne s'écartent du tronc. Leur hauteur complique la pulvérisation et la récolte, mais les arbres-tiges sont particulièrement agréables. Lorsqu'on plante un demi-tige, on rêve souvent des pique-niques qu'il abritera ou du hamac qu'il accueillera entre ses branches.

PALMETTES OBLIQUES On les utilise moins pour les pommiers que pour les cerisiers, les pruniers, les pêchers et les poiriers. Ils ont une forme très élégante quand ils s'appuient contre un mur de pierres ou de briques. Fixez les branches sur des cannes de bambou rigides. Comme pour tous les arbres fruitiers palissés, la taille d'été est indispensable.

PALMETTES HORIZONTALES Elles sont palissées de façon à dessiner plusieurs étages horizontaux. Elles peuvent compter deux, trois ou quatre séries de branches parallèles selon l'espace disponible.

Naturellement, elles occupent davantage d'espace que les cordons, mais elles permettent aussi de former un écran. Fixez régulièrement les branches au fur et à mesure de leur croissance et taillez-les toujours soigneusement pour leur garder leur forme initiale, à deux dimensions.

LE GUIDE DES FORMES
Du cordon oblique aux hautes tiges, les diverses formes d'arbres fruitiers jouent toutes un rôle dans les potagers décoratifs. Les cordons se serrent dans les espaces les plus réduits.

Les tiges donnent un air romantique au jardin. La taille des palmettes est souvent satisfaisante et gratifiante.

CORDON OBLIQUE

U SIMPLE

FUSEAU

DEMI-TIGE

TIGE

CORDON HORIZONTAL Il s'agit d'une palmette miniature formée d'une série de bras qui se développent à 30 cm du sol. Pour choisir la forme à donner à un arbre fruitier, il faut tenir compte du site, de la variété et du porte-greffe. Certaines variétés, comme 'Reinette du Canada' ou 'Cox's Orange', pousseront mieux sur des palmettes obliques ou horizontales. En revanche, une pomme comme 'Starking Delicious' est trop robuste pour s'y adapter. Si votre sol est pauvre, vous n'obtiendrez rien avec des porte-greffes nanisants, bien trop exigeants. Ils ont besoin d'un sol dépourvu de mauvaises herbes et ils doivent être soigneusement nourris et arrosés.

LES PORTE-GREFFES

On greffe généralement les arbres fruitiers sur des porte-greffes afin de contrôler leur rythme de croissance et leur taille. La plupart des porte-greffes nanisants leur permettent de commencer à produire plus tôt, mais ils sont plus exigeants en termes de croissance. Les bonnes greffes sont invisibles, les mauvaises ressemblent à un coude tordu. Il arrive que le porte-greffe essaie de l'emporter sur le greffon ; on dit qu'il drageonne. Dans ce cas, il faut couper ou arracher les drageons dès qu'ils apparaissent.

Les bons pépiniéristes proposent des arbres fruitiers greffés sur différents porte-greffes. Après avoir choisi la variété, vous l'achèterez avec le porte-greffes qui convient à votre sol et au type d'arbre que vous souhaitez. Si vous avez par exemple jeté votre dévolu sur la pomme 'Cox's Orange', vous écarterez le porte-greffe M27, qui est extrêmement nanisant. Pour réaliser un cordon dans un espace limité mais avec une bonne terre, vous choisirez EM9. Dans un sol pauvre, vous obtiendrez de meilleurs résultats avec MM 106. Ce choix s'imposera aussi pour palisser 'Discovery' en palmette. Mais si vous préférez un demi-tige, vous rechercherez un arbre greffé sur MM111.

ADOSSÉ AU MUR

N'importe quel mur de la maison ou du jardin peut permettre de palisser un arbre fruitier. Il y a bien longtemps que les fleurs d'un vieux poirier embellissent ce mur de briques.

PALMETTE OBLIQUE

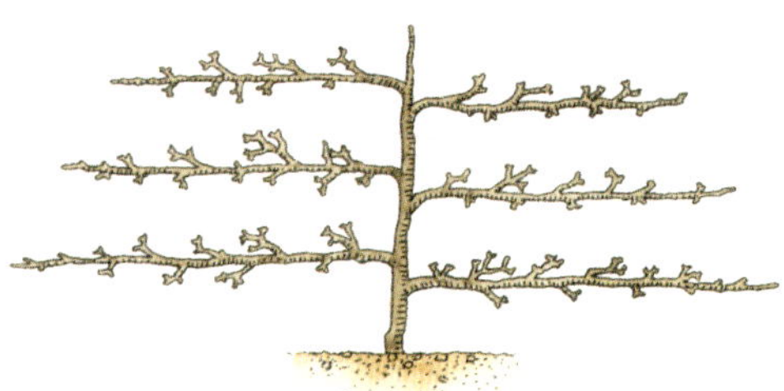

PALMETTE HORIZONTALE

CORDON HORIZONTAL

LES PORTE-GREFFES

POMMIERS

M27 Extrêmement nanisant. Il produit des arbres qui atteignent 1,80 m de hauteur et de largeur et qui donnent des fruits au bout de 2 ou 3 ans. En les soignant bien, on peut les faire pousser dans des bacs. Ils ne prennent que dans des sols très fertiles et ont impérativement besoin d'un tuteur.
EM9 Très nanisant. Il produit des arbres d'une hauteur et d'une largeur d'au moins 2-2,50 m, qui donnent des fruits au bout de 3 ou 4 ans. Plus résistant que M27, il lui faut une bonne terre et il doit être tuteuré.
MM106 Parfait pour la plupart des jardins. Il produit des arbres d'une hauteur et d'une largeur d'au moins 3,50 à 4,80 m et qui donnent des fruits au bout de 4 ou 5 ans. Il ne nécessite pas de tuteur permanent. Il s'accommode de sols pauvres et sableux.
MM111 Robuste. Il produit des arbres d'une hauteur et d'une largeur d'au moins 4,50 à 5,50 m. Il est utilisé pour les tiges et les demi-tiges, qui ne donnent pas de fruits avant 6 ou 7 ans.
M25 Parfait pour les vergers, il tolère de médiocres conditions. Il produit des arbres d'au moins 4,80 à 5,50 m à maturité.

POIRIERS

QUINCE C Il donne des arbres d'une hauteur et d'une largeur de 3 m environ, qui fructifient plus rapidement que les arbres greffés sur cognassier. Il ne convient qu'aux sols très fertiles ou aux cordons.
COGNASSIER DE PROVENCE Semi-robuste, il produit des arbres d'une hauteur et d'une largeur d'au moins 3,50 à 4,50 m. Il est plus résistant que le cognassier d'Angers.
POIRIER FRANC Les poiriers greffés sur des poiriers, pas nécessairement de leur propre variété, poussent lentement et donnent de beaux arbres. Cette greffe ne convient qu'aux tiges et aux demi-tiges.

PRUNIERS

PIXY NANISANT Il produit des arbres d'une hauteur et d'une largeur de 3 à 4,50 m, qui ne s'accommodent que de sols très fertiles et ont besoin d'un tuteur en permanence.
SAINT JULIEN SEMI-ROBUSTE. Il produit des arbres d'une hauteur et d'une largeur qui peuvent atteindre 6 m. Compatible avec tous les cultivars.

PÊCHERS ET NECTARINIERS

PRUNIER SAINT JULIEN Semi-robuste. Il produit des palmettes obliques d'une largeur de 3,50 à 4,50 m.

ABRICOTIERS

PRUNIER SAINT JULIEN Il produit des palmettes obliques de 4,50 m de largeur.

CERISIERS

CERISIER SAINTE LUCIE Indiqué pour les hautes tiges, il est peu vigoureux. Il aime les sols calcaires, secs et pierreux.

PLANTATION ET POLLINISATION

NE PLANTEZ JAMAIS UN ARBRE FRUITIER à la va-vite. Il sera en effet l'un des éléments les plus forts de votre jardin, et il mérite donc votre attention vigilante. Il est peu probable qu'il tienne toutes les promesses dont vous le pensez capable si vous vous contentez de le mettre dans un petit trou, en enfouissant sommairement ses racines, encore tout entortillées. Creusez profondément le sol, sans laisser sécher celles-ci pendant ce temps. Pensez également à la vie « amoureuse » future de vos arbres fruitiers. Ceux qui s'autofertilisent ne vous causeront aucun souci. D'autres, au contraire, ont besoin pour fructifier d'un partenaire du sexe opposé, suffisamment proche pour qu'une abeille puisse faire le voyage.

PLANTATION

Si vous achetez un arbre fruitier en conteneur, ne le plantez surtout pas avec celui-ci. Certes, il serait alors plus facile à déplacer si vous changiez d'avis sur l'endroit que vous lui avez attribué, le travail serait plus rapide et les racines ne seraient pas dérangées ; mais son avenir serait compromis, car son système radiculaire doit pouvoir s'étendre et croître.

L'automne est généralement la meilleure saison de plantation, la végétation étant au repos ; c'est alors que les plantes, avant de se consacrer à la prochaine floraison, développent leurs racines et les installent le plus confortablement possible.

Le trou doit toujours être plus grand qu'on ne l'imagine. Versez-y un seau de compost mêlé de poudre d'os. Installez-y l'arbre de façon que la tige se trouve au même niveau que dans le conteneur.

Placez un tuteur de 50 cm environ pour un demi-tige ou un tige. Faites-le également pour un porte-greffe nanisant. Assurez-vous que la greffe se trouve au-dessus du sol, sinon l'arbre greffé risquerait de développer ses propres racines – que l'on appelle à juste titre des gourmands –, ce qui rendrait la greffe inutile.

Étalez largement les racines principales en rayons et recouvrez-les de compost. Tassez-le bien et comblez avec de la terre. Arrosez abondamment et paillez ensuite à la base.

POLLINISATION

De nombreux arbres fruitiers ont besoin d'une pollinisation croisée pour devenir productifs. Celle-ci est généralement assurée dans la nature par les nombreux insectes qui transportent le pollen des anthères d'une fleur vers les stigmates d'une autre.

Certaines espèces, comme le cerisier 'Belle Magnifique', s'autofertilisent ; vous obtiendrez alors des fruits même si vous n'avez qu'un seul arbre.

D'autres, comme la poire 'Conférence', tout en étant autofertiles, donneront une récolte nettement plus abondante s'ils ont été l'objet d'une pollinisation croisée.

PLANTER UN ARBRE FRUITIER

1 Creusez un trou assez large pour que les racines puissent bien s'y étendre. Si vous plantez un demi-tige ou un tige, enfoncez un petit tuteur et vérifiez le niveau du sol : la greffe (voir encart) doit se trouver au-dessus.

2 Ajoutez un peu de poudre d'os au compost et versez-le autour des racines avant de combler avec de la terre et de bien tasser le tout autour du tronc. Liez l'arbre à son tuteur avec une attache spéciale et arrosez abondamment.

PLANTER DES FRUITS ROUGES

1 Creusez un trou nettement plus large que l'envergure des racines. Étalez-y bien celles-ci et vérifiez avec un tuteur posé à plat que l'arbuste n'est ni trop enfoncé ni pas assez.

2 Versez sur les racines du compost mêlé de poudre d'os, tassez et comblez avec de la terre. Tassez de nouveau pour éviter les poches d'air et arrosez abondamment.

POLLINISATION MANUELLE
Pêchers et nectariniers fleurissent avant que la plupart des insectes prennent leur envol ; favorisez leur pollinisation en transportant à l'aide d'un pinceau doux le pollen d'une fleur à l'autre. Procédez ainsi au fur et à mesure de l'ouverture des fleurs.

Les deux arbres doivent bien sûr fleurir au même moment.

La plupart des pépiniéristes spécialisés inscrivent dans leurs catalogues des numéros qui indiquent la période de floraison de leurs productions (voir page ci-contre). La pomme 'Astrakan', à floraison précoce, pourra être associée à la variété 'Transparente de Croncel', la poire 'Beurré Hardy' à la 'Doyenné du Comice', car elles ont toutes deux une floraison tardive.

L'autre part essentielle de la pollinisation est assurée par les insectes. Quand ils manquent d'abeilles, les horticulteurs louent des essaims. D'autres lâchent dans leurs serres des bourdons élevés dans ce but. Mais les insecticides leur sont très néfastes ; pensez-y avant d'utiliser ces produits.

Les pêchers et les nectariniers sont autofertiles, mais la pollinisation au pinceau (voir ci-dessus) les rend plus productifs. À moins de laisser les portes ouvertes, les plantes cultivées en serre ont toujours besoin de cette intervention manuelle.

FAVORISER LA POLLINISATION

(Les bons pollinisateurs apparaissent en gras.)

POMMIERS

Floraison précoce
(pommes d'été)
'Astrakan rouge', 'Calville d'août', 'Transparente de Croncel'.

Floraison de moyenne saison
(pommes d'automne)
'Belle de Pontoise', 'Cox's Orange', 'Grand Alexandre', **'Reine des reinettes'**, *'Court-pendu gris', 'Reinette dorée', 'Châtaignier'.*

Floraison tardive
(pommes d'hiver)
'Pomme d'api', 'Belle de Boskoop', 'Calville blanc', 'Court-pendu rouge', 'Reinette Baumann', 'Reinette du Mans', 'Reinette du Vigan', 'Reinette grise du Canada', **'Golden Delicious'**, *'Reinette clochard', 'Starking Delicious', 'Jonagold',* **'Melrose'**, *'Granny Smith', 'Idared'.*

POIRIERS

Floraison précoce
(poires d'été)
'Bonchrétien Williams', *'Beurré Giffard', 'Précoce de Trévoux',* **'Docteur Jules Guyot'**, *'Citrons de Carmes'.*

Floraison de moyenne saison
(poires d'automne)
'Alexandrine Drouillard', 'Marguerite Marillat', 'Louise Bonne d'Avranches', 'Beurré Hardy', **'Conférence', 'Doyenné du Comice'**, *'Général Leclerc', 'Jeanne d'Arc'.*

Floraison tardive
(poires d'hiver)
'Beurré Clairgeau', 'Soldat laboureur', 'Bonne de Malines', 'Joséphine de Malines', 'Curé', 'Passe-crassane', 'Belle épine du Mas', 'Beurré Diel'.

Incompatibilité
Certaines variétés sont incompatibles entre elles (elles ne se pollinisent pas l'une l'autre. C'est le cas, par exemple, de 'Bonchrétien Williams' et de 'Général Leclerc'.

PRUNIERS

Certaines variétés, et notamment 'Prune d'Ente', 'Victoria', la quetsche 'd'Alsace', la reine-claude 'De Bavay' ou la reine-claude 'd'Oullins' sont autofertiles.

Floraison précoce
(maturité en juillet)
'Royale de Montauban', reine-claude 'Hâtive'.

Floraison de pleine saison
(maturité en août)
Reine-claude 'd'Oullins', reine-claude 'Dorée' (pollinisée par la 'Prune d'Ente' ou la quetsche 'd'Alsace'), mirabelle 'de Nancy' (pollinisée par la reine-claude 'De Bavay' ou la reine-claude 'Dorée').

Floraison tardive
(maturité en septembre)
'Prune d'Ente', reine-claude 'Violette', quetsche 'd'Alsace', 'Goutte d'or de Coe', 'Victoria', reine-claude 'De Bavay'.

PÊCHERS, BRUGNONIERS, NECTARINIERS ET ABRICOTIERS

Tous ces arbres sont autofertiles mais ils doivent être pollinisés manuellement (voir ci-contre) lorsqu'ils se trouvent peu ou pas visités par les abeilles (variétés précoces, cultures sous serre).

CERISIERS

La guigne noire 'Early Rivers' est autofertile, de même que la cerise 'Belle Magnifique' et la 'Griotte du Nord'.

MELONS, KIWIS ET FRUITS DE LA PASSION

Lorsque c'est nécessaire (notamment en cas de culture sous serre…), pollinisez le melon en appliquant les étamines d'une fleur mâle sur le stigmate d'une fleur femelle. Avec une fleur mâle, vous polliniserez 3 à 4 fleurs femelles. Les fleurs femelles se reconnaissent à la légère protubérance qui se trouve sous la couronne de pétales. Faites cette opération de préférence en milieu de journée.
Les kiwis ne se forment que lorsqu'un actinidia mâle est planté à proximité de l'arbre femelle.
La passiflore (fruit de la Passion) est quant à elle autofertile.

TAILLE ET PALISSAGE DES ARBRES FRUITIERS

AUCUNE PLANTE NE MOURRA si vous ne la taillez pas. La taille permet simplement d'améliorer la production des arbres fruitiers et de leur conserver leur aspect de palmette horizontale ou de cordon. Acceptez cependant l'idée qu'aucun arbre de votre jardin ne sera identique à tel ou tel schéma du livre que vous avez en main... Commencez par maîtriser les principes de base : la pratique suivra peu à peu.

PRINCIPES DE LA TAILLE

La taille ne suffit pas à donner la forme souhaitée à un arbre : un pommier greffé sur un M25 n'échappera pas à son destin et deviendra un magnifique « poids lourd ». Même des tailles sévères et renouvelées n'iront pas à l'encontre de sa nature. Si vous désirez un arbre de petite taille, n'hésitez pas : choisissez un cultivar modérément vigoureux et un porte-greffe adapté (voir p. 175). Si vous achetez un arbre déjà en cordon ou en palmette horizontale ou oblique, son porte-greffe lui sera probablement déjà associé.

La plupart des pommiers et des poiriers fructifient sur de courts rameaux ligneux appelés coursonnes. Certains cultivars, comme 'Joséphine de Malines' pour les poiriers, fructifient en bout de branche, en produisant des dards sur des tiges de 2 ans. Si vous les taillez constamment, vous aurez peu de chances d'obtenir des fruits. Ce genre de cultivars ne convient guère pour des cordons ou des palmettes.

Avant de prendre vos cisailles, demandez-vous pourquoi vous voulez tailler. Peut-être est-ce pour garder sa forme particulière à l'arbre, mais aussi pour le fortifier, pour encourager la formation des bourgeons fructifères, pour accroître la quantité et la qualité des fruits, pour éliminer du bois mort ou malade, voire pour éclaircir les branches, ce qui permet aussi de prévenir les maladies. De même qu'un porte-greffe doit être adapté à chaque type particulier d'arbre, la taille doit se faire en fonction de la vigueur du cultivar. En hiver, elle stimule sa croissance ; aussi, s'il est fort, taillez-le le moins possible. En revanche, un arbre aux branches faibles et pendantes doit être taillé plus vigoureusement.

POMMIERS ET POIRIERS Les arbres qui poussent en fuseau, en demi-tige ou en tige ne demandent qu'une taille d'hiver, et encore n'est-elle pas impérative. Ils produiront des fruits même si vous n'y touchez pas, mais en donneront moins. Si vous taillez, appliquez le principe du « prolongement » : supprimez l'extrémité des branches anciennes, là où de nouvelles pousses sont prêtes à prendre la relève.

Pour les arbres qui se développent en cordon ou en U, en palmette horizontale ou oblique, la taille doit être plus importante en été qu'en hiver : c'est elle qui permet de contrôler la croissance. Elle consiste à rabattre les tiges feuillues qui se sont formées au printemps et au début de l'été. En revanche, un rameau issu directement d'une branche principale ne doit être coupé que derrière la troisième feuille, sans jamais toucher au bourgeon à la base des feuilles.

Si la pousse se développe sur un dard formé après une taille, coupez-la derrière la dernière feuille. Cette opération doit s'effectuer à la mi-été, voire un peu plus tard, quand les tiges commencent à brunir. En hiver, vous devrez raccourcir toutes celles qui se sont allongées depuis la taille du printemps.

La structure d'une palmette oblique est un peu moins rigide que celle d'un cordon ou d'une palmette horizontale. Il est en effet possible de lier les pousses latérales

TAILLE ET PALISSAGE D'UN CORDON OBLIQUE

1 *En hiver, ramenez les pousses aux dards gonflés, notamment chez les vieux arbres. Resserrez ou relâchez les attaches, si nécessaire.*

2 *En été, raccourcissez les pousses au-dessus des dards ; ne gardez qu'une feuille. Coupez les autres et conservez trois feuilles.*

PRÉPARATION D'UN U SIMPLE

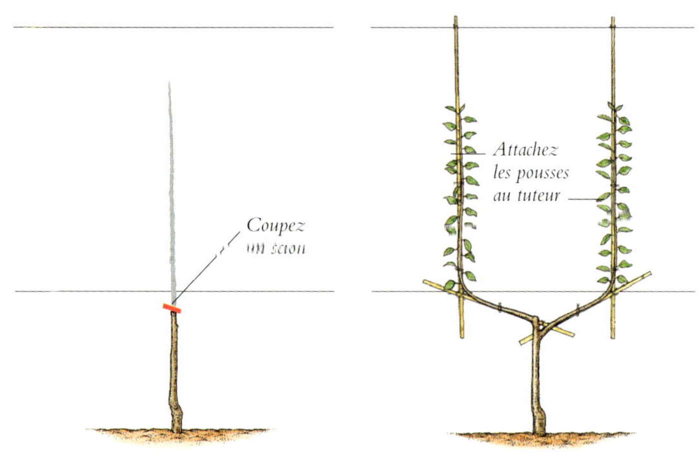

1 *En hiver, coupez un scion à 25 cm du sol, juste au-dessus de deux bourgeons bien formés de part et d'autre de la tige.*

2 *Attachez les pousses au fur et à mesure avec un lien à des tuteurs de bambou, d'abord en oblique, puis verticalement.*

provenant des branches principales tant qu'il reste de la place. Il faudra cependant pratiquer une taille d'été, en coupant ces pousses latérales derrière la première feuille, au-dessus du nœud de base des feuilles. Une tige principale qui s'écarterait de la position prévue doit être coupée derrière une pousse vigoureuse, que vous pourrez attacher à sa place.

PRUNIERS Les arbres de plein vent n'ont guère besoin d'être taillés. Il suffit d'enlever le bois mort et les pousses en surnombre ; mais ne le faites jamais à la fin du printemps ou en été. Vous réduirez ainsi les risques liés à la propagation de la maladie du plomb (voir p. 193).

Les palmettes demandent davantage de soins. Il faut pincer les bourgeons qui s'écartent de la forme générale en deux étapes. Faites-le à la mi-été pour toutes les pousses latérales en ne leur laissant que six feuilles : elles deviendront les rameaux qui porteront les fruits de l'été suivant. Après la fructification, coupez ces pousses de moitié pour ne garder que trois feuilles. Toute branche poussant éventuellement vers le mur ou vers l'avant doit être supprimée.

PÊCHERS ET NECTARINIERS Ces arbres se prêtent bien à la taille en palmette. Simplifiez-vous la vie en achetant de jeunes arbres déjà formés. Les pousses d'une année porteront des fruits l'année suivante. Supprimez au printemps tous les rameaux indésirables, y compris ceux qui dépassent vers l'arrière ou vers l'avant, en ne gardant que trois bourgeons de croissance sur chaque branche latérale. Au début de l'été, taillez chaque pousse pour ne laisser que six feuilles. Après la cueillette, sectionnez complètement la tige porteuse et attachez à sa place une autre pousse. Sur les arbres de plein vent, coupez en été les branches trop foisonnantes et celles qui s'entrecroisent. Au milieu du printemps, éliminez toutes les pousses qui ont souffert du gel.

ABRICOTIERS Les abricotiers en palmette se traitent de la même façon que les pêchers. Efforcez-vous d'obtenir une série de dards fructifères, espacés de 15 cm environ tout le long des branches. Pour y parvenir, raccourcissez les pousses latérales à 7 cm au début de l'été. Vous pincerez ensuite les pousses qu'elles auront données à leur tour pour ne garder qu'une feuille. Attachez-les au fur et à mesure pour conserver sa forme à la palmette. Les fuseaux bien établis n'ont pas besoin d'une taille régulière.

CERISIERS Les cerisiers sont sujets à la gommose des plaies de taille. Ne vous occupez donc pas des cerisiers en tige ou demi-tige. Supprimez simplement lorsque c'est nécessaire le bois mort et les branches qui s'entrecroisent. Faites-le en novembre, afin que la plaie de taille ait le temps de cicatriser avant l'hiver. Quand un arbre palissé contre un mur a donné sa récolte, coupez l'extrémité des longues pousses afin qu'il en fasse de nouvelles au centre, sinon il ne portera des fruits qu'au bout des branches. Attachez un maximum de pousses parmi les branches principales.

AGRUMES Les agrumes n'ont pas besoin d'être taillés régulièrement. Égalisez éventuellement au printemps les nouvelles pousses pour conserver à l'arbre une forme équilibrée.

TAILLE ET PALISSAGE D'UNE PALMETTE HORIZONTALE

POMMIERS ET POIRIERS

Palissez les jeunes tiges horizontalement. En été, raccourcissez les pousses des tiges principales (voir encart ci-dessous) et taillez celles provenant des dards pour ne garder qu'une feuille.

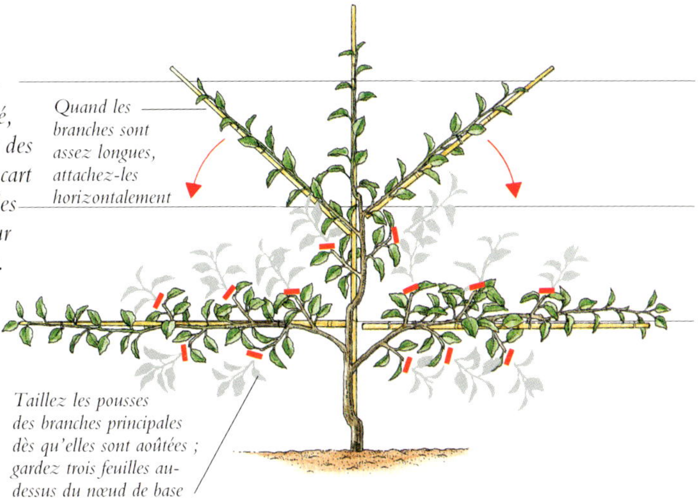

TAILLE ET PALISSAGE D'UNE PALMETTE OBLIQUE

PRUNIERS

À la mi-été, taillez toutes les pousses latérales de la structure principale à six feuilles. Après la fructification, recoupez-les à trois feuilles. Ces pousses porteront les fruits de la saison suivante. Éliminez toutes les tiges pointant vers l'avant ou vers l'arrière.

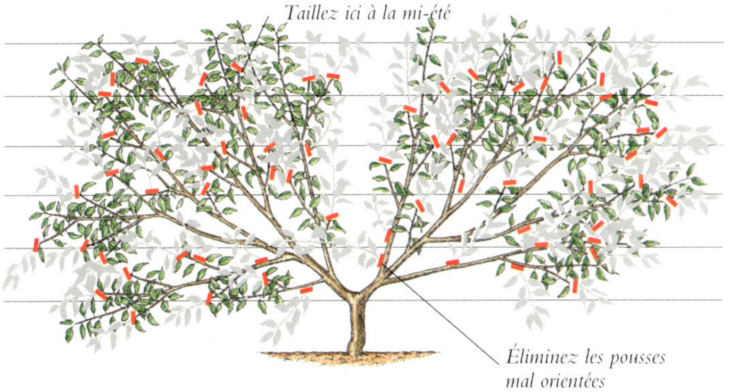

GRIOTTIERS

À la fin de l'été, taillez l'extrémité des branches pour encourager l'arbre à produire de nouvelles pousses centrales, les fruits ne se formant que sur du bois neuf. Éliminez toutes les branches pointant vers l'avant ou vers l'arrière.

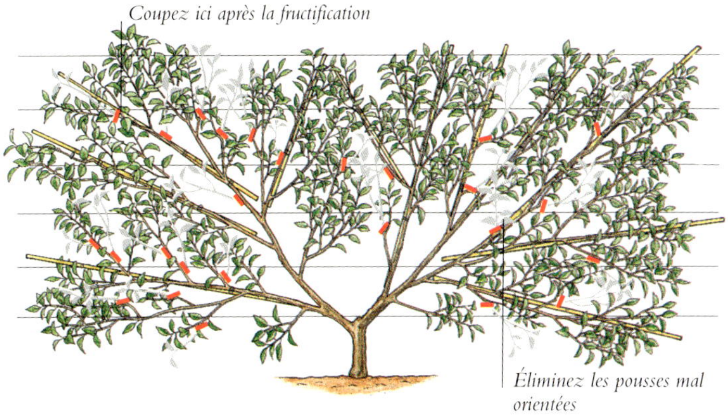

TAILLE DES ARBUSTES À FRUITS ROUGES ET DE LA VIGNE

COMME LES ARBRES FRUITIERS, les buissons à fruits rouges peuvent adopter des formes décoratives. Les ronces se transformeront en écrans de séparation, un groseillier à maquereau taillé en boule se dressera au-dessus de vos fleurs annuelles. Et n'oubliez pas les groseilliers ; ils se prêtent bien au U simple, les deux branches partant d'un seul pied. Dans ce groupe de plantes, la vigne est la plus délicate à tailler. Plantée dans un sol riche, elle développe beaucoup trop de feuilles, qu'il faut éliminer pour l'aider à fleurir et à fructifier. Une vigne destinée à recouvrir une tonnelle ne demande pas de soins aussi assidus. Les vignes de serre sont de toutes les plus difficiles à entretenir.

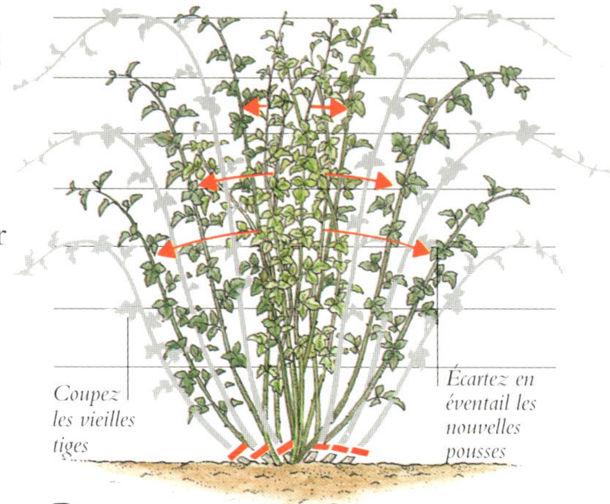

PALISSAGE DES RONCES
Maintenez les nouvelles pousses bien au centre. Taillez les tiges ayant fructifié à l'automne, puis écartez les nouvelles pousses et fixez-les.

FRAMBOISIERS Ils ont besoin d'une taille annuelle, mais elle est simple. Lorsque les variétés d'été ont donné leurs fruits, rabattez les tiges près du sol et éclaircissez les nouvelles pousses pour ne garder que cinq ou six des plus vigoureuses sur chaque pied. Si vous utilisez les piquets et les fils de fer, attachez-les aux fils. À la fin de l'hiver, coupez l'extrémité de chaque tige au-dessus du fil supérieur. Les framboisiers d'automne demandent un traitement légèrement différent, car ils fructifient sur des pousses de la même saison. À la fin de l'hiver, rabattez celles-ci jusqu'au sol et éclaircissez les nouvelles au fur et à mesure de leur croissance.

HYBRIDES Pour palisser des hybrides tels que les ronces-framboises ou les tayberries afin d'obtenir un écran, fixez le premier fil à 1 m du sol environ, puis quelques autres parallèlement au-dessus. Attachez-y soigneusement les pousses en veillant à ce que les nouvelles tiges soient groupées au centre et que les tiges plus anciennes, qui donnent des fruits, restent à l'extérieur (voir ci-dessus le palissage des ronces). Après la récolte, coupez les vieilles tiges, écartez bien les nouvelles et attachez-les à leur place.

RONCES Elles se traitent comme les hybrides. Supprimez tous les ans, après la cueillette, les tiges ayant porté des fruits. Avec des cultivars tardifs tels que 'Himalaya Giant', vous ne le ferez qu'à la mi-automne. Écartez les nouvelles tiges en palmettes et attachez-les à la place des anciennes. Avec 'Himalaya Giant', qui donne moins de tiges que d'autres variétés, vous pouvez laisser en place une partie du bois de l'année précédente.

MYRTILLES La taille doit rester assez légère En hiver, supprimez les branches mortes ou endommagées et une partie du bois mort. Au printemps, taillez les extrémités du buisson pour qu'il reste bien compact.

GROSEILLIERS ET CASSISSIERS Les groseilliers rouges et blancs se taillent de la même façon, mais il faut traiter les cassissiers différemment. Ces derniers fructifiant sur du bois de l'année, supprimez, après la récolte, au moins un tiers des vieilles tiges et gardez le même nombre de nouvelles pousses, d'un brun plus clair, qui porteront des fruits à la saison suivante. Pour les groseilliers qui, eux, portent leurs fruits sur le vieux bois, taillez après la fructification, ou pendant l'automne ou l'hiver ; raccourcissez les branches d'environ un tiers pour garder une forme compacte au buisson. Sur tous les groseilliers palissés en cordon, coupez les branches latérales à quelque 3 cm de la tige principale.

Les groseilliers rouges se prêtent particulièrement bien à la formation en U simple (voir p. 178). Pour cela, veillez à ce que la bouture d'origine ne forme qu'une seule tige, sans pousse latérale. Elle doit être plantée entre des fils parallèles, car elle a besoin d'être soutenue. Lorsqu'elle a bien pris et atteint à peu près 75 cm de haut, coupez-la à 25 cm du sol en laissant un bourgeon bien formé de part et d'autre. Tous deux donneront des pousses latérales que vous conduirez sur des tuteurs inclinés à 45°. Lorsque ces tiges auront atteint 45 cm de long, abaissez-les selon un angle de 30 ° et fixez d'autres tuteurs verticaux sur les fils.

PALISSAGE DES FRAMBOISIERS

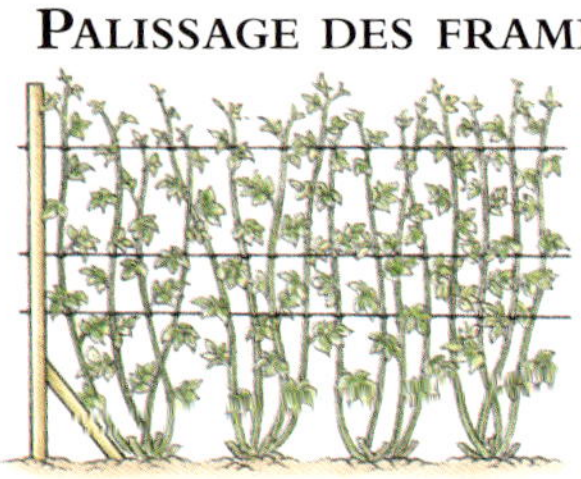

PIQUETS ET FILS DE FER
C'est la disposition qui prend le moins de place. Les piquets doivent avoir 1,80 m de haut et soutenir trois fils parallèles, le premier se trouvant à 75 cm du sol.

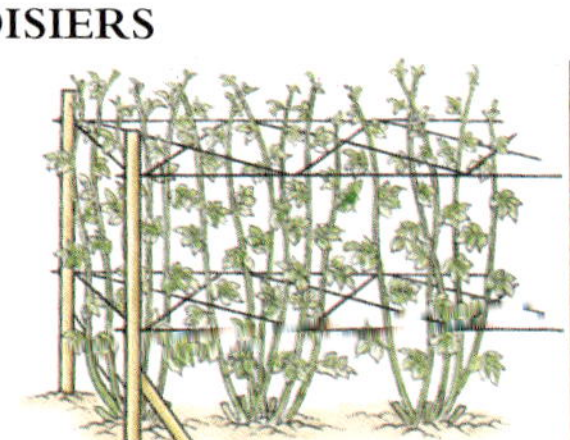

FILS PARALLÈLES
Ce système évite d'attacher les tiges. Placez deux rangées de piquets espacés de 75 cm soutenant chacun deux fils et reliez-les par des liens.

TECHNIQUE D'ATTACHE
Liez les plus robustes des nouvelles tiges après avoir coupé les anciennes. Attachez d'abord le lien à la pousse puis au fil. Cette méthode leur évite de plier sous le vent.

TAILLE DES CASSISSIERS
Après la fructification, coupez un tiers des vieilles tiges au niveau du sol. Supprimez les pousses latérales superflues pour que le buisson reste droit.

Taillez ensuite les groseilliers comme pour un cordon simple.
GROSEILLIERS À MAQUEREAU Ils fructifieront même si vous ne les taillez pas régulièrement, mais la cueillette sera plus facile si vous supprimez tous les ans un certain nombre de tiges afin que le centre reste bien ouvert, et si vous raccourcissez les branches les plus longues, qui ploieraient sous le poids des fruits. Pour les cordons obliques, raccourcissez les pousses latérales à trois bourgeons, et pour les tiges, coupez les branches d'un tiers au moins pour leur garder un bel aspect.

TAILLE DES GROSEILLIERS À MAQUEREAU

1 *Coupez une partie des anciennes tiges chaque année en fin d'automne ou en hiver pour éviter que le centre du buisson ne devienne trop touffu et raccourcissez les tiges trop longues.*

2 *Taillez jusqu'à ce que le centre du buisson soit bien ouvert, ce qui permet à l'air de circuler librement et prévient le mildiou. La cueillette sera aussi facilitée.*

TAILLE DE LA VIGNE EN CORDON OBLIQUE

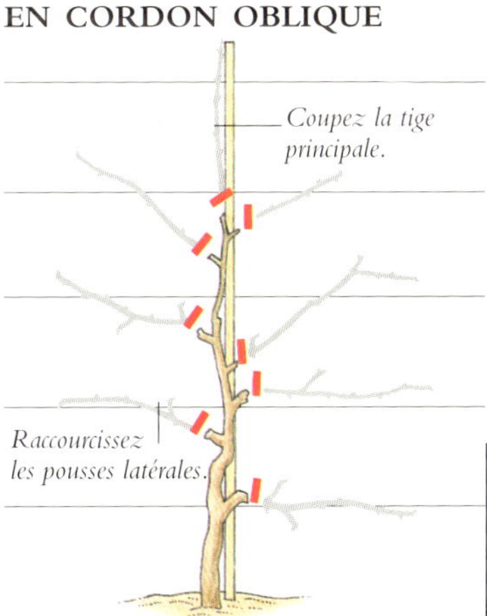

1 *À l'automne, après la fructification, taillez la tige principale jusqu'au vieux bois. Raccourcissez tous les sarments latéraux jusqu'à deux bourgeons.*

Supprimez la deuxième pousse latérale émise par le bourgeon lorsque la première est bien établie.

2 *Au printemps, gardez deux pousses latérales (voir encart). En été, taillez-les à deux feuilles après la dernière grappe. Ôtez les inflorescences mal formées.*

VIGNE

CORDONS OBLIQUES Cultivée en serre, la vigne doit être conduite sur des fils espacés d'environ 30 cm et placés à 15 cm au moins du châssis vitré. Le cep poussera verticalement, et les sarments latéraux horizontalement, le long des fils. Après la floraison, taillez ces sarments à deux feuilles au-delà des grappes. Pincez aussi les pousses secondaires à deux feuilles. Après la fructification, raccourcissez la tige principale jusqu'au vieux bois et les pousses latérales à deux bourgeons.
VIGNES PALISSÉES Pour palisser une vigne contre un mur, ne gardez que deux ou trois tiges principales par pied. Après la première saison de croissance, rabattez les pousses des deux tiers, et faites de même chaque année, au début de l'automne, jusqu'à ce que toute la place disponible soit occupée. Sur les jeunes vignes, attachez les sarments latéraux et attendez qu'ils aient atteint 60 cm pour arrêter leur croissance en les pinçant. Pour les plantes plus anciennes, coupez ces sarments juste après les bourgeons floraux, en ne laissant pas plus de deux feuilles. Les pousses secondaires seront taillées à une feuille.
LE SYSTÈME GUYOT Les vignes poussant en plein air peuvent également être palissées selon le système Guyot (du nom de son inventeur). Installez des jeux de fils horizontaux et verticaux, espacés de 30 cm, tendus entre des poteaux ou accrochés à un mur. Plantez la vigne pendant la période de repos, à la fin de l'automne. Taillez largement les pousses de la saison précédente en ne laissant que deux bourgeons. Au cours du premier été, conduisez une seule tige sur un fil vertical en l'attachant à intervalles réguliers. Éliminez toutes les autres pousses. À l'automne ou au début de l'hiver, taillez cette tige unique pour n'en garder que 75 cm. Défaites les liens et attachez ce sarment horizontalement sur le fil du bas.

À la saison suivante, il donnera toute une série de pousses, que vous fixerez le long des fils verticaux. Une fois les grappes cueillies, ne gardez que les deux rameaux les plus proches du pied. Raccourcissez-les à 75 cm et attachez-les sur le fil inférieur. Comme précédemment, conduisez les nouveaux sarments d'été sur les fils verticaux, avant d'étaler les jeunes pousses, en automne ou au début de l'hiver, sur les fils du bas. Et ainsi de suite.

CULTURE SOUS SERRE

LES SERRES PRÉSENTENT L'AVANTAGE d'apporter aux plantes chaleur et protection tout en étant elles-mêmes décoratives. Le verre prolonge la saison de culture de toutes les plantes et permet de faire pousser des fruits et des légumes qui ne survivraient pas à l'extérieur. Cependant, les serres offrent également des conditions idéales pour la propagation des maladies. Attendez-vous à des armées de mouches blanches et d'araignées rouges ! Les potagers traditionnels ont souvent une serre adossée à un mur ensoleillé où les pêchers et les abricotiers pourront être palissés en palmettes. Protégés du gel, les arbres fleurissent abondamment et les fruits mûrissent dans de bonnes conditions. La vigne profite également de ces atouts, mais il est préférable de planter le cep à l'extérieur, la plante pénétrant dans la serre par une ouverture latérale.

PARFUMS PRINTANIERS
Dans cette serre traditionnelle, les pêchers et les nectariniers forment un somptueux décor bien avant le réveil du reste du jardin.

LE CHOIX D'UNE SERRE

Les serres autoportantes en aluminium et vitrées jusqu'au sol sont souvent les préférées des jardiniers amateurs. Cependant, bien qu'elles demandent peu d'entretien et laissent passer un maximum de lumière, elles peuvent être froides et condenser plus d'humidité qu'une serre en bois. Ce matériau, en revanche, demande davantage d'entretien.

L'équipement le moins coûteux demeure le tunnel en plastique soutenu par des arceaux, qui se pose à même le sol. Mais il n'est guère esthétique et même le polyéthylène traité contre les rayons ultraviolets est souvent usé au bout de trois ans et se perce ou se déchire facilement par grand vent.

Quel que soit le type de serre que vous choisirez, assurez-vous qu'elle sera bien aérée. Elle doit avoir sur le toit des ventilateurs dont l'encombrement corresponde à 20 % au moins de la surface au sol. Si vous vous absentez pour de longues durées, vous aurez sans doute intérêt à faire l'investissement assez lourd de ventilateurs automatiques. Ils fonctionnent grâce à un cylindre de cire qui se dilate ou se contracte selon la température, et qui actionne un piston relié au ventilateur. On y trouve généralement mentionné le volume d'air qu'ils peuvent brasser : pensez à vérifier que celui que vous achèterez est adapté à vos besoins.

Le chauffage dépendra de vos moyens financiers ; dans tous les cas, assurez-vous de pouvoir isoler une partie de la serre

STYLE SIMPLE
Une serre peut être à la fois esthétique et pratique. Le bois est plus élégant, mais il demande un entretien régulier.

qui restera à l'abri du gel. L'électricité est une solution assez onéreuse, bien que son installation soit relativement bon marché. Maintenir une serre en hiver à 10 °C coûte deux fois plus cher que la garder à 8 °C. Les appareils à bain d'huile sont plus économiques mais moins précis. L'isolation permet de réduire sensiblement la consommation d'énergie. Utilisez un plastique alvéolé résistant que vous fixerez à l'intérieur de la charpente.

Les récoltes en serre

La saison de production de légumes de base tels que carottes et laitues sera prolongée même en serre non chauffée. Les légumes plus fragiles tels que concombres, aubergines, poivrons ou tomates poussent bien à l'extérieur mais ne peuvent être repiqués tant que subsiste un risque de gelées ; dans une serre, vous les récolterez plus tôt. Les herbes sensibles au gel comme le basilic apprécient cette chaleur supplémentaire et se développent parfaitement sous tunnel. D'autres plantes comme les chicorées, les cardons, et certains choux orientaux, bien que résistantes au grand froid, seront meilleures si elles ont passé l'hiver sous abri.

Une serre ou un tunnel seront aussi d'excellentes pépinières pour les semis de laitues, de courgettes ou de maïs sucré que vous comptez repiquer plus tard. Vous pouvez bien sûr semer des graines dans des conteneurs placés sur le rebord intérieur d'une fenêtre, mais l'ensoleillement sera moins bon et la température sans doute trop élevée, deux facteurs qui donnent des plants étiolés et peu résistants.

En serre, faites pousser les tomates en cordons obliques plutôt qu'en buissons, en les installant sur un solide tuteur de 60 cm de haut (voir photo de droite). Pincez les tiges principales à la fin de l'été, ou lorsqu'elles portent six grappes de fruits, ce qui peut se produire plus tôt.

L'humidité réduit le nombre des insectes nuisibles. Certains des plus dangereux, comme les araignées rouges, apprécient en effet beaucoup la chaleur sèche. Par temps chaud, arrosez la terre tous les jours pour entretenir la moiteur. Par temps pluvieux, cependant, vérifiez la ventilation de la serre afin que les plantes ne pourrissent pas.

Gérer l'espace

Vous rentabiliserez l'espace de la serre en installant les plantes dans des bandes de terre (banquettes) situées de part et d'autre d'un passage. En revanche, sur un sol en dur, vous les ferez pousser dans des sacs de culture ou des conteneurs. Dans l'ensemble, les banquettes sont plus faciles à arroser et à fertiliser ; mais si vous y plantez plusieurs années de suite les mêmes végétaux, les sels minéraux s'accumulent et la terre s'abîme. Les plantes dépérissent progressivement, à moins que le sol ne soit stérilisé ou remplacé. Cependant, si vous disposez de trois parcelles, une de chaque côté du passage et la troisième au fond, pratiquez une rotation des cultures. Les plans ci-dessous vous montrent comment organiser au mieux l'espace tant en été qu'en hiver.

Palissage des tomates
Plantez un tuteur au pied de chaque plant de tomates et fixez-le au toit de la serre par une ficelle en double. Au fur et à mesure de la croissance, enroulez ce lien autour des tiges.

Plan d'une serre de 3 x 2 m

En été
Pour utiliser votre serre au mieux toute l'année, mettez-y pour l'été des plantes comme le melon et le basilic, qui poussent mieux sous la protection du verre.

En hiver
Après les récoltes d'été, utilisez l'espace disponible pour faire pousser des rangées de salade et détachez la vigne pendant les mois d'hiver.

CHÂSSIS FROIDS, CLOCHES ET LANTERNES

SI VOTRE JARDIN EST TROP PETIT pour accueillir une serre, vous pouvez néanmoins protéger vos cultures au moyen de châssis et de cloches. Un châssis est une sorte de serre miniature non chauffée, munie d'un toit en pente douce que l'on peut ouvrir ou fermer en fonction de la température. Toutes les cloches étaient jadis en verre, matériau qui laisse passer un maximum de lumière ; aujourd'hui, elles sont généralement en matière plastique et peuvent être transparentes ou translucides, lisses ou ondulées. Les lanternes du XIXe siècle ou leurs imitations modernes sont élégantes et faciles à déplacer, mais coûteuses à l'achat. Un pot à confiture ou une bouteille en plastique coupée en deux représentent une bonne alternative pour protéger les semis ou les jeunes plants.

LES CHÂSSIS FROIDS

S'ils ont des parois en briques ou en bois plutôt qu'en verre, ils gardent mieux la chaleur. Ils permettent de fortifier les jeunes plants obtenus par semis avant de les installer à l'extérieur. Mettez ceux-ci aussi près que possible du haut du châssis en les disposant dans des caissettes ou des pots placés sur des briques, par exemple. Par temps chaud et ensoleillé, ouvrez les châssis car la température y augmente alors très vite, au détriment des plantes. En revanche, à la fin du printemps, quand une gelée subite risque de les anéantir, couvrez-les avec un « paillon » traditionnel, de vieux sacs en jute, un morceau de moquette hors d'usage ou tout autre isolant.

À défaut de serre, utilisez un châssis froid pour semer des poivrons, des piments, des aubergines ou des melons.

CHÂSSIS FROIDS SUR MESURE

Vous trouverez des châssis froids prêts à monter dans toutes les jardineries, mais vous apporterez du charme à votre jardin en les fabriquant vous-même avec des matériaux de récupération choisis pour leur esthétique : anciennes fenêtres, planches déjà patinées, vieilles briques.

TUNNEL BAS

Court ou long, il est idéal pour protéger les cultures précoces et éloigner les ravageurs. Le plastique doit être résistant et les arceaux faits de métal galvanisé.

MONTAGE D'UN TUNNEL

1 *Posez le plastique sur les arceaux que vous aurez plantés en terre en les espaçant de 1 m. Maintenez-le à l'extérieur par un lien fixé à la base de chaque arceau.*

2 *À chaque extrémité, nouez solidement le plastique à un piquet planté en biais dans le sol. Pour aérer les plantes, remontez les bords en les glissant entre les arceaux et le fil.*

CLOCHES OUVERTES

Elles offrent une protection temporaire à des semis tout frais ou à une petite rangée de plantes. Laissez-les ouvertes dans la journée, mais fermez-les sur les côtés en cas de nuit froide ou de risque de gel.

LANTERNES ANCIENNES
Très décoratives, elles peuvent protéger des plantes relativement grandes. Elles se déplacent très facilement.

BOUTEILLE RECYCLÉE
Une demi-bouteille en plastique posée sur des semis ou des plantes leur offrira chaleur et lumière en les protégeant des limaces et des souris.

Faites-le profiter d'un ensoleillement maximal et protégez-le des vents froids.

Un châssis favorise également des cultures précoces de plantes potagères telles que les carottes, les salades ou les radis. Bêchez sur 15 cm de profondeur au moins avant de semer les graines, car les fontes des semis se développent aussi bien sous un châssis que dans une serre. Alternez les cultures et fertilisez la terre à la fin de l'automne et au début de l'hiver.

TUNNELS BAS

La protection la moins onéreuse des jeunes plants est un tunnel bas constitué de plastique tendu sur des arceaux métalliques (voir ci-contre). Généralement vendu prêt à monter, il s'allonge à volonté mais dépasse rarement 30 à 45 cm de haut. Il convient parfaitement pour les fraises et les carottes. Les premières y mûrissent plus rapidement, à l'abri des oiseaux. Les secondes, bien qu'elles n'aient pas besoin d'apport thermique, seront protégées de la mouche de la carotte (voir p. 190).

CLOCHES

Les cloches, en plastique ou en verre, s'utilisent seules ou en série. Le modèle le plus simple, en forme de tente, se compose de deux panneaux vitrés maintenus par une fixation spéciale, ou de feuilles de plastique tendues sur des piquets et retenues par des pinces. Pour des cultures plus importantes, les cloches continues sont plus adaptées. Elles sont en forme de U retourné, ouvertes aux extrémités, et vous pouvez les installer bout à bout pour protéger toute une rangée de plantes, à condition de laisser des passages d'air.

Les cloches en verre retiennent beaucoup mieux la chaleur que celles en plastique ; la différence est généralement de 2 ou 3 °C. Elles ne s'altèrent pas avec le temps, mais elles sont fragiles et plus lourdes. Ce poids leur permet cependant de bien résister au vent. Ne les déplacez pas pour arroser ; laissez simplement l'eau ruisseler dessus : elle pénétrera dans le sol alentour et les racines la draineront vers les plantes.

Les cloches permettent de réchauffer et d'assécher la terre avant les semis et de protéger les jeunes plants ; elles en accélèrent le temps de maturation de deux à trois semaines. L'élévation du niveau thermique demeure cependant leur première qualité, car les semis s'adaptent souvent mal dans une terre froide et mouillée et pourrissent (fonte des semis). Elles sont également d'une grande utilité au début du printemps, quand les variations de température, parfois très importantes, peuvent être fatales aux jeunes plants – ce qui est notamment le cas des carottes, des salades, des betteraves et des pois.

Plus tard dans la saison, les cloches favoriseront le démarrage de légumes fragiles comme les haricots verts, le maïs sucré, les concombres et les tomates de plein champ. Dans les régions froides, elles réchaufferont le sol avant la transplantation des brassicacées comme les choux-fleurs. Laissez-les en place jusqu'à ce que ceux-ci occupent tout l'espace. Elles vous permettront aussi de mener à bien une culture tardive de petits pois sous climat frais, à condition d'avoir choisi une variété naine. Au début de l'automne, elles prolongeront la période de récolte des carottes ou des salades semées à la fin de l'été. Enfin, elles accéléreront la maturation des tomates buissonnantes et aideront au séchage des oignons.

LANTERNES, BOUTEILLES ET BOCAUX

Les lanternes d'autrefois sont de jolies protections pour les plantes et les semis. Elles sont en outre faciles à enlever dans la journée et à installer le soir. Vous pouvez les remplacer – c'est évidemment moins élégant – par des bocaux retournés ou des fonds de bouteille en plastique transparent, dont vous recouvrirez les semis de concombres, de maïs sucré ou de courgettes jusqu'à ce que les nuits soient moins froides.

RÉCOLTE ET CONSERVATION

LES LÉGUMES OU LES FRUITS fraîchement récoltés seront toujours plus savoureux que ceux que vous aurez conservés, à la seule exception de quelques variétés de pommes et de poires qui ont besoin d'un temps de stockage pour développer tout leur parfum ou atteindre leur maturité. Seule l'expérience vous apprendra quels sont les produits de votre jardin qui se gardent le mieux. Manipulez-les toujours avec délicatesse, car la moindre meurtrissure ou éraflure dégénérera rapidement. Le congélateur a révolutionné la conservation des fruits et des légumes, et on ne fait plus guère sécher les pois, jadis aliment traditionnel de l'hiver. Autrefois, quand il y avait pléthore de tomates, on les mettait en bocaux ; il est aujourd'hui plus simple de les congeler, entières et avec leur peau ; elles conservent alors toute leur saveur.

LES LÉGUMES

Les légumes à feuilles, salades ou épinards, se gâtent rapidement alors que les plantes-racines se conservent durant des mois à condition de prendre quelques précautions. Disposez les légumes de façon à prélever les plus petits d'abord.

LÉGUMES À FEUILLES ET SALADES
Cueillez les légumes à feuilles tendres comme les salades, les choux orientaux et les épinards en début ou en fin de journée. Gardez-les au frais (le bac à légumes du réfrigérateur convient parfaitement), dans un sac en plastique non clos. Les choux rouges ou blancs, sensibles au gel, doivent être conservés sur des rayonnages en bois (voir ci-dessous) ou parés et suspendus dans un filet dans un endroit frais. Les autres choux d'hiver et les bettes seront cueillis au fur et à mesure des besoins.

LÉGUMES À FRUITS ET À FLEURS
Les récoltes tardives de légumes sensibles au gel tels que courgettes, concombres, aubergines, poivrons et piments se conservent au frais dans des sacs en plastique non clos ; le maïs sucré aussi, mais il perd vite son goût. Les tomates se gardent bien dans les mêmes conditions. Les courges, potirons et pâtissons doivent sécher et durcir un peu au soleil avant d'être entreposés au frais, mais à l'abri du gel ; ils resteront délicieux pendant plusieurs mois. Les piments sèchent bien ; arrachez le pied et suspendez-le tête en bas avant de détacher les fruits pour les mettre à sec dans des bocaux ou les enfiler sur un fil.

LÉGUMES À COSSES
Les haricots verts fins et les haricots grimpants doivent être cueillis avant les premières gelées et conservés au frais dans des sacs en plastique non clos : ils ne se gardent que quelques jours. Diverses variétés de pois et de haricots, comme le haricot de Lima, peuvent être séchés. Arrachez la plante entière quand les cosses sont mûres et suspendez-la dans un endroit frais. Quand elles sont bien sèches, écossez-les et mettez-les en bocaux.

LÉGUMES À BULBE ET À TIGE
Entreposez les poireaux au frais, bien emballés dans du papier journal si les risques de gel sont importants. Les oignons, les échalotes, l'ail et le céleri-rave se conservent tous très bien, à condition d'avoir été correctement récoltés. Assurez-vous que les bulbes sont au sec avant de les mettre dans des récipients peu profonds et dans un endroit bien ventilé. Vous pouvez aussi les suspendre dans un filet, les attacher ensemble, ou encore en faire des tresses. Ils doivent rester plus au sec que les autres légumes, car l'humidité favorise leur germination. Les oignons à collet épais se gardent difficilement.

LÉGUMES-RACINES
Récoltez les pommes de terre quand elles ne portent pas de trace de boue et entreposez-les dans des sacs en papier fort (jamais en plastique, qui les ferait pourrir). Fermez bien les sacs pour les isoler de

CONSERVATION DES CHOUX
Prélevez les pommes des choux, rouges ou blancs, et gardez-les au frais sur des claies garnies éventuellement de paille.

RÉCOLTE DES COURGES
Cueillez les citrouilles et les courges en leur gardant un morceau de tige. Les variétés d'été se conservent de deux à trois semaines.

TRESSE D'AIL
La façon la plus jolie de conserver ail, oignons ou échalotes est d'en faire des tresses, qui se gardent très bien au frais et au sec.

la lumière, qui stimule leurs alcaloïdes nocifs, à l'origine de taches vertes sur les tubercules. Pour les carottes, betteraves, navets, panais, rutabagas, radis noirs et salsifis, laissez-les le plus longtemps possible en terre. Si vous les avez paillés, vous les arracherez plus facilement par temps de gel. Vous pouvez aussi les garder au frais en couches superposées dans des caisses de sable humide, après avoir éliminé les fanes. Si vous avez de la place, utilisez la méthode du silo, qui vous permettra de les garder presque tout l'hiver. Sur le sol d'une resserre ou d'une cave, étendez une couche de paille de 20 à 30 cm, disposez par-dessus les légumes en tas régulier, et recouvrez-les d'une nouvelle couche de paille au moins aussi épaisse que la première. Terminez par une épaisseur de 15 cm de terre. Les légumes seront ainsi disponibles en cas de gel, mais les parasites les attaquent plus facilement.

LES FRUITS

Les fruits à chair tendre, pêches et prunes, s'abîment rapidement une fois qu'ils sont cueillis ; on ne conserve généralement que les pommes et les poires.
POMMES L'endroit idéal doit être à l'abri des souris et du gel, avec une température de 3 à 5 °C, ce qui n'est pas toujours facile. Essayez cependant de garder uniformément 8 °C. Cueillez les pommes lorsque la tige se sépare facilement de la branche. Des variétés précoces telles que 'Transparente de Croncel' n'attendent pas ; d'autres, plus tardives, se conservent dans des cageots, sur des claies, ou dans des sacs en plastique où vous mettrez de 2 à 3 kg de fruits. Ne les fermez pas complètement et percez-les de trous pour que l'air circule. Éloignez les pommes des odeurs fortes (celles des oignons ou de la peinture, par exemple).
POIRES Les poires se conservent à peu près comme les pommes, et encore mieux si la température est très fraîche (de 0 à 1 °C). Ne les emballez pas, car vous devrez souvent vérifier leur état. Elles ne sont vraiment bonnes que pendant une courte période. Cueillez-les au fur et à mesure de vos besoins et évitez les sacs en plastique.
COINGS ET NÈFLES Gardez les coings sur des claies dans un endroit frais et obscur, où ils se conserveront un mois. Éloignez-les des autres fruits, qui pourraient s'imprégner de leur odeur forte. Quant aux nèfles, cueillies immatures, attendez qu'elles soient tendres (voir p. 133).
AGRUMES Les agrumes se conservent longtemps au frais et au sec, dans des caisses ou sur des claies.

CONSERVATION DES POMMES
Vous pouvez les garder sur des cageots de bois ou des claies, au frais mais hors gel. Emballées individuellement, elles se conserveront encore mieux, mais ne comptez pas le temps que vous y passerez...

LA CONGÉLATION

La qualité des produits que vous congelez dépend de votre rapidité d'intervention. La congélation doit être rapide, sinon des cristaux de glace se formeront dans la chair des fruits et des légumes et les endommageront ; ne traitez pas trop d'aliments à la fois. Certaines variétés sont mieux adaptées que d'autres à ce mode de conservation.

LÉGUMES

- Fèves : elles se congèlent mieux si elles sont petites et non farineuses.
- Brocolis : séparez-les en assez petits bouquets.
- Choux de Bruxelles : choisissez-les petits et bien fermes et éliminez les feuilles extérieures.
- Choux-fleurs : détachez des bouquets d'environ 5 cm.
- Haricots verts : cueillez-les encore petits et congelez-les entiers.
- Petits pois : congelez-les très jeunes, après les avoir écossés.
- Épinards : lavez-les bien et essorez-les ; ôtez les tiges.
- Maïs sucré : enlevez les feuilles et les barbes avant congélation.
- Tomates : elles se congèlent entières ; avant utilisation, enlevez la peau sous un filet d'eau.

HERBES AROMATIQUES

- Menthe et basilic : congelez-les dans de petits sacs en plastique.

FRUITS

- Pommes : congelez-les après cuisson en compote ou en purée.
- Abricots, nectarines, pêches et prunes : coupez-les en deux et ôtez le noyau ; congelez-les tels quels ou dans un sirop léger.
- Mûres, framboises et hybrides : étalez les fruits sur des plateaux pour les congeler rapidement avant de les mettre dans des récipients.
- Cerises anglaises : dénoyautez-les.
- Groseilles : égrappez-les.
- Groseilles à maquereau : ôtez les deux extrémités.

RAVAGEURS ET MALADIES

CERTAINS JARDINIERS NE SEMBLENT considérer leur potager que sous l'angle des maladies et des parasites, comme une sorte de champ de bataille où ils doivent mener une guerre d'usure contre des ravageurs et des maladies tels que la mouche de la carotte, la cochenille, la rouille ou le mildiou. Il ne faut rien exagérer. Le jardinage n'est pas une lutte permanente. Si vous avez mélangé des herbes et des fleurs, des légumes et des fruits, il est peu probable que des insectes les dévorent tous. Une telle catastrophe ne peut survenir qu'en cas de monoculture, lorsqu'une vaste superficie est consacrée à un seul type de végétaux, pommes de terre ou pois, par exemple. Pour prévenir au mieux les maladies, surveillez le développement de vos plantes. Si elles poussent bien et se plaisent là où vous les avez installées, elles résisteront aux attaques.

L'ÉQUILIBRE NATUREL

Les insectes sont les proies d'autres animaux, qui s'en nourrissent. Si vous les exterminez avec des produits chimiques, leurs prédateurs affamés partiront vers d'autres cieux, et quand les ravageurs reviendront, ils n'auront plus en face d'eux d'ennemis naturels. L'apparition des champignons, tel *Botrytis*, responsable de la pourriture grise, surprend souvent les jardiniers, mais il en est des plantes comme des hommes : mieux vaut prévenir que guérir. Dans la deuxième partie de cet ouvrage (pages 50 à 149), vous trouverez pour chaque type de fruits ou de légumes la liste des maladies et des ravageurs qui les attaquent le plus fréquemment. Elle s'accompagne souvent du nom de quelques fongicides et insecticides adaptés à des problèmes spécifiques ; les jardiniers aiment savoir en effet quel remède utiliser quand les pucerons envahissent leur potager ou quand le mildiou menace dangereusement leurs tomates ou leurs pommes de terre. Cependant, il faut avant tout apprendre à garder sa sérénité en tolérant les intrus.

TRIOMPHEZ DES OISEAUX
Les oiseaux sont souvent très attirés par vos fraises. Cette jolie protection se compose de filets attachés sur de jeunes branches souples de noisetier recourbées sur les plants.

N'allez pas jusqu'à retirer les filets qui protègent vos framboises pour inviter les oiseaux à un festin. Mais ne faites pas non plus un drame si des chenilles ont grignoté quelques feuilles de vos choux ou parce qu'une limace a dégusté un peu de salade.

Depuis que nous achetons nos aliments, nous voudrions que les fruits et les légumes aient un aspect proche de la perfection. Une salade a peut-être été traitée chimiquement dix fois avant de quitter sa serre natale pour les présentoirs de vente. Aucun insecte ne se cache dans les replis de ses feuilles, aucun mildiou ne ternit sa couleur ; si c'était le cas, nous nous plaindrions amèrement au vendeur. En revanche, nous devons bien admettre que nous ne mangeons pas toujours des produits délicieux. Lorsque vous faites pousser vos fruits et légumes, vous savez au moins quels traitements vous leur avez administrés. Si le seul prix à payer est l'élimination de deux ou trois carottes attaquées par la mouche du même nom, ou la perte de quelques fraises touchées par la pourriture grise, il n'est pas trop élevé.

RESTONS CALMES !
Ne faites pas un drame devant des trous laissés par des limaces ou des chenilles dans les feuilles d'un chou. De toute façon, vous les auriez enlevées à la cuisine !

PRÉVENIR ET PROTÉGER
Les jeunes choux, à gauche, sont protégés contre deux types de ravageurs. Le filet interdit aux oiseaux de s'attaquer aux feuilles ; les protections carrées placées à la base des plantes évitent que la mouche du chou, dont les larves attaquent les racines, ne ponde au pied des tiges.

FRUCTUEUSE HARMONIE
Pour protéger des buissons à fruits rouges, bâtissez une cage aussi harmonieuse pour le regard que dissuasive pour les oiseaux. Ici, le bois de la cage est en forme de roue et le filet est fixé en haut et sur les côtés.

DES FILS DE FER BIEN UTILES
Les jeunes plantes sont souvent la proie des oiseaux. Des morceaux de grillage léger disposés au-dessus des plates-bandes ou des semis les tiendront à distance.

Le passionné de jardinage a parfois l'impression qu'il a davantage d'ennemis que d'alliés. C'est faux, bien sûr, mais les seconds agissent sur le long terme et la patience a des limites. Verts ou noirs, les pucerons sont les adversaires les plus fréquents et il est fort désagréable, en allant cueillir des haricots, de les découvrir grouillant de petits insectes. Certes, vous pouvez les éliminer à coups de produits chimiques, mais il vaut peut-être mieux couper les extrémités de la plante – les pucerons noirs se trouvent toujours sur les jeunes pousses juteuses – et les jeter à la poubelle. La tentation de recourir à la bombe d'insecticide est particulièrement forte dans les environnements artificiels comme les serres, privées de tout prédateur naturel. Mais vous pouvez également y lâcher une minuscule guêpe *Encarsia* (voir p. 195), qui détruit des quantités prodigieuses de mouches blanches.

Dans le cycle du vivant, une vague de ravageurs est toujours suivie par une vague de prédateurs. C'est le décalage entre les deux qui met les nerfs à rude épreuve, mais vous apprendrez à faire confiance à la nature, qui voit plus loin que les jardiniers anxieux. L'introduction dans la chaîne alimentaire d'un nombre anormal de prédateurs comme les chats et les chiens n'arrange pas les choses. Dans les villes, où ces animaux abondent, de nombreuses espèces d'oiseaux ont disparu et le nombre d'insectes ravageurs a d'autant augmenté.

LES REMÈDES EN FLACON

Les insecticides agissent de diverses façons. Les plus simples tuent par contact. Vous vaporisez le produit sur l'indésirable et il tombe foudroyé. D'autres laissent un dépôt sur la feuille, qui va attirer le ravageur : c'est ainsi que l'on se débarrasse des chenilles. Les insecticides spécifiques sont basés sur une technique moins directe : ils pénètrent les tissus de la plante et sont absorbés par la sève, qui à son tour tuera les intrus ; les pucerons verts ou noirs sont efficacement éliminés de cette façon. Vaporisez vos insectivides de préférence le matin (vers 10 heures) ou le soir (après 18 heures), quand les insectes bénéfiques n'ont pas encore pris leur envol et que les abeilles ne butinent pas. Des millions de celles-ci, qui ne font aucun mal aux plantes et sont même indispensables à la pollinisation, sont chaque année massacrées par des pulvérisations intempestives. N'utilisez ces substances que par temps sec et sans vent. Et n'oubliez jamais vos alliés : évitez les « bombes totales », qui tuent absolument tout, amis ou ennemis. Choisissez les produits chimiques les mieux adaptés au problème à traiter. Les fongicides permettent de combattre de nombreuses maladies courantes, notamment l'oïdium, particulièrement fréquent lors des étés chauds et secs, ainsi que la pourriture grise, qui s'attaque aux fraises et à bien d'autres plantes. L'anthracnose des haricots peut être traitée de la même manière. Comme les insecticides, les fongicides agissent de différentes façons. Les uns sont absorbés par la sève de la plante, où ils tuent les spores des champignons nuisibles. D'autres agissent par contact en établissant une barrière entre la surface de la feuille et les spores extérieures. Leur efficacité tient à la régularité du traitement, qui doit intervenir tous les dix à quatorze jours. Les fongicides agissent mieux à titre préventif.

La plupart des jardiniers se contentent cependant de guérir plutôt que de prévenir. Sachez que vous protégerez au maximum vos plantes en les faisant pousser dans un sol enrichi et bien exposé.

RAVAGEURS, MALADIES ET CARENCES MINÉRALES

ON CLASSE HABITUELLEMENT ravageurs et maladies en deux groupes : ceux qui, tels les pucerons ou la pourriture grise, s'attaquent à différentes espèces végétales ; et ceux qui, comme le criocère de l'asperge ou l'anthracnose du framboisier, ont des cibles précises. En règle générale, les seconds sont moins à craindre que les premiers, mais leurs attaques sont parfois plus virulentes. Les ravageurs sont souvent plus faciles à combattre que les maladies. Certaines d'entre elles, comme le pourridié ou la pourriture violette des racines, n'ont en effet pas encore de traitement sûr.

RAVAGEURS

PUCERONS

Les pucerons verts ou noirs partagent avec les limaces le tableau d'honneur des ravageurs. Dans la seule Europe du Nord, on en a répertorié quelque 550 espèces. En été, ils se multiplient incroyablement vite. Les jeunes sont adultes en une semaine, et procréent aussitôt. Les pucerons verts sucent la sève et véhiculent de cette façon des maladies virales parfois plus dangereuses que les insectes eux-mêmes. Leurs prédateurs naturels sont les coccinelles, les libellules et les syrphes. Les pucerons noirs s'attaquent notamment aux cerisiers, où ils pullulent sur les jeunes pousses, et aux fèves, dont ils apprécient aussi les pointes juteuses ; pour vous en débarrasser, pincez les extrémités des légumineuses et éliminez-les immédiatement. Cette technique, répétée régulièrement sur les jeunes pousses d'un petit cerisier, aura le même effet tout en conservant à l'arbre sa forme compacte. De nombreux pucerons passent l'hiver sur d'autres plantes que celles qu'ils infestent en été. Le noir, par exemple, choisit souvent le fusain. Ces ravageurs porteurs de virus affaiblissent en outre les plantes et déforment leurs pousses. Ils excrètent aussi un liquide collant, le miellat, qui favorise l'apparition de la fumagine. Vous pouvez les éliminer en encourageant leurs prédateurs naturels (voir p. 195) et en utilisant un insecticide de contact.

POUSSE DE CERISIER ATTAQUÉE PAR DES PUCERONS

PUCERONS NOIRS SUR DES FÈVES

MOUCHE DE L'OIGNON

Des oignons qui jaunissent et se flétrissent soudain sont sans doute attaqués par des mouches de l'oignon. À la fin du printemps, ces insectes pondent leurs œufs dans le sol, autour des oignons ou des poireaux. Les larves, asticots de couleur blanc crème, commencent par manger les racines, puis creusent les bulbes eux-mêmes. La période la plus critique se situe entre le début et le milieu de l'été, quand ces végétaux sont particulièrement fragiles. Il n'existe pas de solution miracle. Arrachez et détruisez tous les plants atteints. Pour cela, pratiquez une rotation des cultures ; déplacez tous les ans les planches d'oignons et de poireaux.

MOUCHE BLANCHE (ALEURODE)

Cet insecte se manifeste surtout dans les serres, où il envahit parfois certaines cultures, notamment celle des aubergines, affaiblissant ainsi les plantes. Il dépose habituellement ses œufs derrière les feuilles, où éclosent de toutes petites créatures plates et suceuses de sève. Elles se métamorphosent en mouches, et le cycle recommence. Des pièges collants jaunes sont relativement efficaces contre la mouche blanche, ainsi que le lâcher d'*Encarsia,* qui parasite ces ravageurs (voir p. 195). Et une atmosphère humide ne leur convient pas.

NYMPHES D'ALEURODE

MOUCHES BLANCHES ADULTES

MOUCHE DE LA CAROTTE

La mouche adulte est inoffensive ; c'est sa progéniture qu'il faut craindre. De petites larves souterraines creusent les racines des carottes, entraînant le flétrissement et la décoloration des feuilles. La première génération de mouches éclôt à la fin du printemps; ses dégâts se constatent donc au début de l'été. Les adultes volant difficilement, entourez vos cultures de barrières en plastique d'environ 75 cm de haut, ou couvrez les rangées de jeunes plants avec du film alimentaire (voir p. 166). Programmez vos semis en début d'été.

DÉGÂTS DUS À LA MOUCHE DE LA CAROTTE

MOUCHE DU CÉLERI
Ses petites larves blanches, semblables à celles de la mouche de la carotte, creusent les feuilles de céleri, où apparaissent de grandes taches pâles, qui se dessèchent et brunissent. Les attaques de printemps, sur des plants encore jeunes, sont les pires. Coupez et détruisez les feuilles atteintes ou vaporisez un insecticide systémique.

MOUCHE DU CHOU
Ses petites larves blanches se nourrissent des racines des brassicacées, faisant dépérir les plantes. Plusieurs générations éclosent par saison, en général à la mi-printemps, à la mi-été et en fin d'été. Il n'y a pas de remède, mais des disques placés à la base des tiges (voir p. 57) constituent une bonne protection.

CRIOCÈRE DE L'ASPERGE
Ce coléoptère jaune et noir à tête rouge est facile à identifier. Il se nourrit, comme ses larves, des feuilles d'asperge, qu'il détruit parfois complètement. Il est actif de la fin du printemps à la fin de l'été, et ses chrysalides passent l'hiver dans le sol. Vaporisez un insecticide de contact et nettoyez les planches d'asperges de tous les débris.

LARVES DE CRIOCÈRE

CRIOCÈRES ADULTES

COCHENILLE
Brune et plate, elle colonise les tiges des agrumes et des lauriers, parfois même de certains arbres fruitiers et de la vigne. Un traitement d'hiver, avec des huiles insecticides, éliminera insectes et œufs.

COCHENILLES

VER DU FRAMBOISIER (ANTHONOME)
Le ver du framboisier attaque aussi les ronces-framboises, les tayberries et les mûres. Les coléoptères adultes sortent de leur chrysalide à partir de la mi-printemps et pondent dans les fleurs. Les larves mangent le cœur du fruit, puis elles retournent dans le sol, où elles deviennent chrysalides. Pulvérisez un insecticide de contact avant que les fruits ne changent de couleur. Traitez les ronces-framboises et les tayberries dès que les pétales tombent, les mûres, avant que les fleurs ne s'ouvrent.

DÉGÂTS DUS AU VER DU FRAMBOISIER

ARAIGNÉE ROUGE (ACARIEN)
Elle doit être surveillée dans les serres en été. Vous ne la verrez qu'à l'aide d'une loupe ; elle produit des fils ressemblant à une toile d'araignée. Les feuilles touchées prennent une teinte argentée et virent au brun avant de mourir. Les aubergines, les concombres et les melons sont sensibles à ce ravageur qui, lors des étés très chauds, s'installe parfois sur les fraisiers et les vignes. Arrosez abondamment pour entretenir une atmosphère humide et désinfectez en hiver. *Phytoseiulus* assure une lutte biologique efficace dans les serres (voir p. 195).

DÉGÂTS DUS À L'ARAIGNÉE ROUGE

SITONE DU POIS (CHARANÇON)
Le sitone du pois est un coléoptère muni d'un long rostre. Il est particulièrement actif sur les feuilles des doliques mongettes. Secouez soigneusement les plantes au-dessus d'un journal et détruisez ensuite les insectes.

ALTISE
Toutes sortes de brassicacées – navet, radis, roquette, pak-choï, mizuna, chou et chou de Bruxelles – sont sujettes aux attaques de ce petit insecte qui crible les feuilles de trous et saute dans les airs quand il est dérangé. Les jeunes plants y sont sensibles. Les altises passent l'hiver dans les déchets végétaux, qu'il faut donc éliminer à la fin de la période de croissance. Pulvérisez un insecticide à base de roténone.

DÉGÂTS DUS À L'ALTISE

COCHENILLE FARINEUSE
Ce ravageur d'origine tropicale s'attaque aux cultures et aux vignes de serre. Ses petites larves blanches, couvertes d'une sorte de laine cireuse, sont aussi nuisibles que les adultes. Elles se nourrissent de sève et excrètent un liquide collant propice au développement de la fumagine. Installées généralement à la base des feuilles, elles sont difficiles à déloger. Détachez-les avec un pinceau trempé dans un insecticide à base de malathion ou faites appel à la coccinelle *Cryptolaemus* (voir p. 195).

OISEAUX
En été, les fruits rouges doivent en être protégés. Les pigeons sont attirés par les semis de choux d'hiver et de pois. Tendez des filets à grosse maille sur les choux et à mailles plus fines sur les fruits. Les bouvreuils s'attaquent parfois aux bourgeons des arbres fruitiers et les étourneaux apprécient les cerises, mais les grands arbres sont difficiles à protéger.

SOURIS
Les souris sont très gourmandes de pois et de haricots. Elles creusent le sol pour trouver les graines semées au printemps. Des filets ou des grillages représentent une certaine protection, et vous pouvez aussi disposer des feuilles de houx le long des plantations. Mais la seule arme efficace reste le piège chargé d'un appât que les souris préfèrent aux légumes.

Taupe
Elle fait parfois un triste sort aux délicieuses tiges d'asperge, mais, en règle générale, elle ne s'attaque guère aux potagers. Les taupes, en revanche, sont difficiles à déloger, car leur réseau souterrain est étendu ; vous pouvez tenter de les décourager en noyant les entrées des tunnels avec un tuyau d'arrosage.

Ver gris
Les jeunes plants de laitue semblent particulièrement sensibles aux attaques des vers gris – qui sont des chenilles de diverses noctuelles et non des vers –, désagréablement dodus, brun crème, et longs d'environ 3 cm. Ils rongent le collet et les racines de nombreuses plantes, qui dépérissent et meurent. C'est la nuit qu'ils sortent de terre pour se nourrir. Une lampe électrique vous permettra de les repérer pour les ramasser et les détruire, si vous n'êtes pas dégoûté par leur aspect. Sinon, incorporez au sol un peu de poudre à base de lindane.

Ver gris

Nématode doré
Ce ver microscopique est aussi redoutable que son proche parent le nématode des crucifères. Il naît dans le sol, sortant d'un œuf protégé par un petit kyste brun. La jeune larve s'installe dans les racines et, dans le pire des cas, toute la plante meurt. La rotation des cultures assure la meilleure des parades. Ne faites pas pousser de pommes de terre au même endroit plus d'une fois tous les cinq ans. Certaines variétés résistent mieux que d'autres au nématode doré.

Kystes de nématode doré sur les racines

Chenilles du chou
Ces ravageurs seraient pardonnés s'ils se contentaient de dévorer les feuilles extérieures des choux, des choux-fleurs et des choux de Bruxelles. Mais, malheureusement, ils s'attaquent également au meilleur : le cœur de la plante. Ces chenilles sont de diverses sortes, la plus commune étant la chenille de la piéride du chou, jaune et noir, poilue. Vous pouvez attraper les chenilles à la main (donnez-les aux poulets, si vous en avez, ils en raffolent !), ou bien saupoudrez sur les plantes un insecticide à base de roténone ou de pyréthrine.

Chenilles du chou

Limaces et escargots
Les ravageurs les plus gênants dans un verger ou un potager sont les limaces et les escargots. Bien qu'elles ne soient pas très impressionnantes, les petites limaces noires *(Arion hortensis)* sont les pires ; elles s'attaquent à toutes sortes de cultures, dont les pommes de terre, les tomates et les fraises. Mais bien d'autres végétaux sont en péril, notamment lorsqu'ils sont jeunes et succulents. Grives et hérissons se nourrissent de limaces et d'escargots. S'ils ne vous en débarrassent pas, utilisez des appâts granulés à base de métaldéhyde.

Dégâts dus aux escargots et aux limaces

Maladies et carences minérales

Feu bactérien
Pommiers, cerisiers et pruniers sont les arbres fruitiers les plus sensibles au feu bactérien. Cette maladie gagne les tiges à travers les inflorescences et les blessures. Des gouttes de gomme couleur d'ambre peuvent perler des parties atteintes. Les tiges, puis le feuillage et les fleurs se flétrissent. Il faut couper et brûler les branches touchées. Vaporisez l'arbre avec un produit de traitement à base de cuivre ou de fosetyl-Al lorsque les pétales tombent. Renouvelez ce traitement trois fois, à une semaine d'intervalle, à partir de la fin de l'été. À titre préventif, soutenez les branches lourdement chargées de fruits.

Nécrose apicale
Cette maladie, due à un manque de calcium, touche surtout les tomates et parfois les poivrons. Le manque d'eau en est souvent la cause ; les plantes qui poussent dans des sacs de culture, des pots ou des paniers suspendus doivent donc être surveillées de près. Des taches en creux, noirâtres, décolorent la base du fruit, qui pourrit. Il n'y a pas de remède. Arrosez et nourrissez bien vos plantes.

Nécrose apicale

Chlorose
La chlorose atteint surtout les plantes des sols acides, comme les myrtilles, qui poussent dans une terre sans doute trop alcaline. Elles ne peuvent alors assimiler suffisamment de manganèse et de fer, et leurs feuilles jaunissent, surtout entre les nervures. Prévenez cette maladie en assurant aux plantes leurs conditions naturelles de croissance. Arrosez-les avec une solution à base de chélates de fer et offrez-leur un paillis acide.

Anthracnose du framboisier

Des taches pourpres apparaissent parfois à la fin du printemps ou au début de l'été sur les tiges des framboisiers, des ronces-framboises et d'autres hybrides. Il arrive qu'elles les fendent, et les nouvelles pousses risquent alors de mourir. Coupez les tiges atteintes. Vaporisez un fongicide systémique toutes les deux semaines entre le moment de l'ouverture des fleurs et la chute des pétales. Ces champignons passent l'hiver dans les vieilles tiges.

Mildiou de la tomate et de la pomme de terre

Il est à redouter lors des étés humides, lorsque les spores du champignon *Phytophthora infestans* forment des taches sur les feuilles et les fruits. Elles peuvent s'étendre rapidement et pourrir le feuillage. Les taches brunes gagnent le cœur des pommes de terre. Privilégiez les variétés résistant au mildiou, comme 'Charlotte'. Vous pouvez aussi vaporiser un fongicide à base de cuivre toutes les deux semaines à partir de la mi-été.

Mildiou de la tomate

Mildiou de la pomme de terre

Taches brunes de la fève (*Botrytis fabae*)

Des spores de champignon sont à l'origine des taches chocolat sur le feuillage des fèves, et les tiges se décolorent parfois. Les semis de printemps y sont moins sensibles. Cultivez les haricots dans un sol fertile, bien drainé, et détruisez les plants touchés. Évitez les engrais trop riches en azote.

Rhizoctone violet

Asperges, betteraves, carottes, panais, et, parfois rutabagas, navets, pommes de terre et céleris sont touchés par cette maladie. Les feuilles s'étiolent et jaunissent et un champignon pourpre couvre les tiges. Il n'y a pas de remède. Détruisez les plantes.

Hernie du chou

Les spores de la hernie du chou peuvent rester actifs pendant plus de vingt ans. Ils s'attaquent au système radiculaire des membres de la famille des crucifères. Les racines se tordent, gonflent et pourrissent. Les feuilles deviennent jaunes, rouges ou pourpres. Il n'y a pas de remède. Ne jetez pas les racines atteintes dans le compost et chaulez le sol pour obtenir un pH de 7-7,5.

Hernie du chou

Mildiou

Les épinards, les choux, les oignons, les pois, les grimpantes et surtout les laitues y sont sensibles. Par temps humide, des taches duveteuses et blanches se développent sur l'envers des feuilles ; la croissance est ralentie, la plante se décolore. Aérez bien les serres pour assurer une bonne circulation de l'air.

Mildiou

Rouille blanche (des crucifères et des composées)

Des pustules blanches et brillantes tachent l'envers des feuilles des choux, des salsifis et des scorsonères. Cette affection, vilaine mais non mortelle, peut survenir lorsque les plantes sont trop serrées. Espacez-les et pratiquez une rotation des cultures.

Maladie du plomb

Parfois mortelle, elle touche surtout les cerisiers, les pêchers et les pruniers. Leurs feuilles deviennent argentées. Les spores pénètrent à la faveur des blessures. Taillez les arbres en été, lorsqu'ils risquent moins d'être attaqués. Coupez les branches infectées 30 cm au moins au-delà du feuillage atteint. Évitez de blesser les arbres quand vous coupez l'herbe à leur pied.

Pourriture grise/*Botrytis*

Très virulente lors des étés humides, cette maladie touche nombre de fruits et de légumes : courges et courgettes, pois et haricots, tomates de serre, laitues, figues, vignes et surtout fraises. Bourgeons, fruits, feuilles et tiges se couvrent d'une moisissure grise et duveteuse. Les plantes déjà atteintes par d'autres maux, surtout par le mildiou, y sont plus sujettes. Certaines souches résistent aux fongicides, mais vous pouvez essayer de traiter les fruits rouges au moment de la floraison, en répétant l'opération toutes les deux semaines.

Pourriture grise/*Botrytis*

Pourridié (armillaire de miel)

Dû à un champignon du sol qui s'attaque aux arbres déjà affaiblis, il entraîne un lent déclin pouvant aller jusqu'à la mort. Un mycélium crème se répand sous l'écorce à la base de l'arbre et le champignon fructifie en formant des chapeaux brun doré (comestibles). Détruisez les plantes atteintes. Ne replantez pas de membres de la famille des rosacées au même endroit.

Fumagine

Elle apparaît sur les liquides poisseux excrétés par les pucerons. Elle fait écran à la lumière et bloque le processus de photosynthèse. Lavez la plante au savon.

CHANCRE DU PANAIS

Le collet des panais atteints se décolore et pourrit. Le mal peut aussi gagner la racine, notamment lorsqu'elle a été attaquée par la mouche de la carotte. Cette maladie, qui tache la chair de noir ou d'orange, est encore pire par temps humide. Il n'y a pas de remède, mais vous pouvez tenter de prévenir le mal en pratiquant une rotation des cultures et en assurant un bon drainage.

CHANCRE DU PANAIS

MONILIOSE

Cette maladie touche abricotiers, cerisiers, cognassiers, pêchers, poiriers, pommiers, pruniers et parfois même néfliers. Les fruits pourrissent et montrent des coussinets clairs disposés en cercles concentriques. Ils se dessèchent, se momifient et restent sur l'arbre. Les jeunes rameaux peuvent être atteints. Brûlez les fruits momifiés, coupez les rameaux desséchés et traitez avec un fongicide à base de cuivre à la fin de l'hiver.

CLOQUE

Pêchers et amandiers sont parfois attaqués par les spores de *Taphrina deformans*. Les feuilles, déformées et boursouflées, tombent et sont remplacées par de nouvelles feuilles. De la mi-hiver à la mi-printemps, abritez ceux qui sont palissés contre un mur sous un plastique léger. En automne, après la chute des feuilles, puis à la fin de l'hiver, vaporisez un fongicide à base de cuivre.

CLOQUE SUR UNE FEUILLE DE PÊCHER

SCLÉROTINIOSE

Carottes, topinambours, panais et céleris y sont sensibles. Une poudre blanche duveteuse se développe sur le bout des tiges. Les plantes touchées doivent être arrachées et détruites. La sclérotiniose attaque plus facilement les légumes qui sont stockés. Entreposez-les dans un lieu sec et froid. Sur les céleris, cette maladie attaque surtout la couronne. Il n'y a pas de remède. Détruisez les plantes atteintes et pratiquez une stricte rotation des cultures.

MILDIOU (OÏDIUM OU BLANC)

Ses victimes sont nombreuses : choux, courgettes, melons, pois, haricots, pommes, poires, cerises, groseilles à maquereau, pêches, prunes, vignes et fraises. L'oïdium, qui recouvre feuilles et tiges d'une poudre blanche, se développe surtout par temps chaud et sec. Espacez les cultures, et surtout, vaporisez un fongicide systémique avant l'apparition du mal, puis toutes les deux semaines.

OÏDIUM SUR DES FRUITS ET UNE TIGE

ROUILLE

Des pustules ou des marbrures poudreuses, brunâtres, apparaissent sur les poireaux, la menthe et, parfois même, sur la ciboulette. Ce mal est rarement mortel. Détruisez systématiquement les feuilles atteintes, et prenez bien soin d'arroser les plantes au pied, sans mouiller le feuillage.

ROUILLE SUR DES POIREAUX

TAVELURE

Pommiers, poiriers et agrumes y sont sujets, surtout lors des étés humides. Des taches noires, dures, marquent feuilles et fruits ; ceux-ci se rabougrissent et se déforment. Plantez des variétés résistantes, et faites bien attention aux porte-greffes nanisants. Ramassez les feuilles mortes en automne. La tavelure de la pomme de terre, souvent associée à des sols légers, produit des pousses sans consistance sur les tubercules. Évitez les variétés trop sensibles.

TAVELURES SUR DES POMMES

FUSARIOSE

Elle touche surtout les concombres et les tomates cultivés sous serre. Des taches brunes, en creux, apparaissent à la base des tiges et les plantes dépérissent. Un milieu froid et humide favorise ce mal. Pratiquez une rotation ou utilisez des sacs de culture pour que le sol de la serre ne soit pas le berceau des spores, qui peuvent rester dans la terre et infecter des plantations à venir.

VIRUS DE LA RÉVERSION DU GROSEILLIER

Cette maladie est causée par un virus qui semble être disséminé par le phytopte du groseillier (un acarien qui hiverne dans les bourgeons). La plante perd de sa vigueur et produit moins. Ses feuilles sont parfois plus étroites que la normale, et ses fleurs plus petites et d'un rose plus brillant. Il n'y a pas de remède. Arrachez les buissons atteints et brûlez-les. Achetez des plants frais, certifiés sans virus, et installez-les aussi loin que possible de l'ancien emplacement.

VIRUS DE LA MOSAÏQUE DU CONCOMBRE

Transmis par des pucerons suceurs de sève, il attaque aussi courgettes, courges et melons. Le feuillage est tacheté de jaune et les fruits peuvent aussi être touchés. Il n'y a pas de remède. Détruisez les plantes trop atteintes et débarrassez-vous des pucerons, qui transporteraient le virus dans tout le jardin.

LE CONTRÔLE BIOLOGIQUE

ON ÉPROUVE SOUVENT une étrange fascination à observer à travers une loupe une coccinelle dévorant des pucerons. La coccinelle rouge et noire *Cryptolaemus montrouzieri* est l'un des nombreux prédateurs qui, dans de bonnes conditions, se montrent très efficaces dans la lutte contre des ravageurs tels que la mouche blanche, l'araignée rouge et la cochenille farineuse. Ils remplissent particulièrement bien leur rôle dans les milieux fermés comme les serres, où les insectes indésirables font souvent plus de dégâts qu'ailleurs.

Pour exploiter au mieux le contrôle biologique, il faut comprendre le cycle de vie du ravageur mais aussi celui de son prédateur. Les larves de la mouche blanche sucent la sève des plantes et excrètent un liquide collant, le miellat. Un jour ou deux après avoir atteint le stade adulte, l'insecte pond une incroyable quantité d'œufs. Lorsque ceux-ci éclosent, les larves se nourrissent aussitôt de la sève qui circule dans les nervures des feuilles et restent au même endroit jusqu'à leur métamorphose en chrysalide, d'où sortiront à leur tour les mouches adultes. Puis le cycle recommence.

ENCARSIA FORMOSA, une guêpe minuscule, sera votre meilleure alliée contre la mouche blanche. Sa méthode d'attaque est terrible : elle pond ses œufs à l'intérieur d'une larve de mouche blanche et, une fois éclos, les jeunes la dévorent vivante avant de se transformer en adulte en trois semaines. La guêpe a besoin d'une température nocturne d'au moins 10 °C, et diurne de 18 °C et même plus. S'il fait plus frais, elle se reproduit moins vite que sa proie. *Encarsia* doit être introduite dans une serre trois fois à quinze jours d'intervalle, au printemps (voir p. 201). Elle est efficace parce qu'elle attaque la mouche blanche au stade larvaire, dans son cycle de reproduction ; en revanche, elle est impuissante contre des nuées en vol.
PHYTOSEIULUS PERSIMILIS, un acarien, s'attaque aux araignées rouges et se nourrit aussi bien des larves que des adultes mais, comme *Encarsia,* il doit rester en phase parfaite avec sa proie.
LA COCCINELLE COMMUNE, qu'elle soit adulte ou à l'état larvaire, dévore une quantité prodigieuse de pucerons.

LE SYRPHE et ses larves se nourrissent de pucerons. Pour les attirer dans votre potager, plantez-y des soucis.
LA CHRYSOPE apprécie une grande variété de fleurs ; ses larves sont avides de pucerons.
L'ICHNEUMON est un hyménoptère à quatre ailes et à longues pattes qui s'attaque aux chenilles. Il est attiré par la verge d'or et le fenouil.
LE MILLE-PATTES apprécie les limaces, mais ne dédaigne pas d'autres ravageurs.
LE CARABE se régale lui aussi de limaces, d'escargots, de chenilles.
Pensez à tous ces alliés avant de vous armer de votre bombe d'insecticide. Si vous devez absolument y recourir, utilisez un produit spécifique.

CHRYSOPE

LARVE DE CHRYSOPE

CHRYSOPE

Les larves de chrysope dévorent avec avidité les pucerons. Semées parmi les légumes, des fleurs attireront ces insectes dans votre potager.

ENCARSIA FORMOSA

Cette guêpe qui pond ses œufs dans les larves de mouche blanche maîtrisera ce ravageur dans une serre, si les conditions sont bonnes.

COCCINELLE

LARVE DE COCCINELLE

COCCINELLE

La coccinelle adulte mange de grandes quantités de pucerons mais ses larves peuvent en absorber encore plus – jusqu'à 50 par jour.

SYRPHE

Le syrphe offre à ses nouveau-nés un repas tout préparé en pondant ses œufs au milieu des colonies de pucerons. Il est attiré par la fleur du souci.

LES MAUVAISES HERBES

LES JARDINIERS DÉBUTANTS ont besoin d'apprendre à reconnaître les mauvaises herbes, qu'elles soient apparentes ou souterraines. On est bien sûr tenté de replanter les ravissants liserons dès qu'ils apparaissent. Ils s'acclimateront le plus facilement du monde… et vous passerez bientôt des heures à les arracher. Cependant, si une plante vous plaît, gardez-la, en la maîtrisant, même si on vous conseille de l'éliminer. Le corydallis, aux feuilles en forme de fougère et aux fleurs jaunes, qui pousse dans les murs, est superbe. Les pâquerettes sont ravissantes ; la véronique embellira l'endroit où vous saurez la contenir !

PLANTES VIVACES

PODAGRAIRE (herbe aux goutteux)

Aegopodium podagraria

Les pires des mauvaises herbes sont les vivaces, comme l'herbe aux goutteux, qui prospère dans la plupart des sols et se trouve souvent dans les racines des marguerites d'automne ou des verges d'or. Elle se propage à la fois en se resemant et par un réseau de rhizomes rampants, dont le plus petit morceau peut donner naissance à une nouvelle plante. À force de bêcher et d'arracher, vous pourrez l'affaiblir, mais elle est souvent difficile à maîtriser dans les cultures permanentes, surtout dans les vergers.

HERBE AUX GOUTTEUX

CHARDON

Cirsium arvense

Le chardon, également très tenace, se manifeste lui aussi souvent avec les racines d'autres plantes. Pour le combattre, utilisez un herbicide systémique qui, en passant dans les feuilles et les tiges, arrive jusqu'aux racines. Mais surtout, ne soyez pas trop impatient : malgré sa grande efficacité, ce produit mettra du temps à agir. Vous pourrez éventuellement accélérer le processus en appliquant le traitement à une plante en pleine croissance.

CHARDON

LISERON DES CHAMPS

Convolvulus arvensis

Le liseron apparaît au début de l'été. Il s'installe discrètement dans les framboisiers, puis il se pare de fleurs en entonnoir. En hiver, les tiges disparaissent, mais il reste sous terre un enchevêtrement de racines charnues qui peuvent atteindre des mètres en une seule saison. Arrachez le liseron ou éliminez-le avec du glyphosate. Si vous vous attaquez aux racines, n'en laissez pas le plus petit morceau : il donnerait une nouvelle plante.

RACINE DE LISERON

FLEUR DE LISERON

CHIENDENT

Agropyrum repens

Pouvant atteindre 75 cm de haut, le chiendent s'appuie sur un réseau de rhizomes souterrains qui s'étendent très rapidement. Il fleurit en été et se propage alors aussi par ses graines. Son meilleur ami est le motoculteur, qui découpe ses rhizomes et les répand largement. Enlevez-les systématiquement et utilisez éventuellement un herbicide non résiduel.

CHIENDENT

PETITE OSEILLE

Rumex sp.

Cette plante est très fortement ancrée dans le sol par sa racine pivotante. Si vous l'arrachez complètement, elle mourra ; sinon, elle repoussera comme un pissenlit. Si jamais vous la laissez monter en graine, elle se multipliera très vite. Attaquez-la avant que sa racine soit trop profonde. L'herbicide ne s'impose pas pour détruire cette plante.

PETITE OSEILLE

GRANDE ORTIE

Urtica dioica

Sa présence est un signe de fertilité du sol ; en outre, elle sert de nourriture aux chenilles des papillons de nuit ou de jour et aux pucerons qui sont la proie des coccinelles. Mise à macérer durant trois semaines à raison d'un kilo par seau d'eau, elle permet de préparer un engrais liquide. Cependant, si les orties vous envahissent, traitez-les par pulvérisation de glyphosate quand elles sont en fleurs.

GRANDE ORTIE

PLANTES ANNUELLES

BOURSE-À-PASTEUR

Capsella bursa-pastoris

Les mauvaises herbes annuelles sont moins redoutables que les vivaces car on peut les maîtriser par sarclage ou binage. La bourse-à-pasteur, avec ses capsules de graines triangulaires, peut fleurir toute l'année et se resemer abondamment d'elle-même. Éliminez-les avant qu'elle ne monte en graine.

BOURSE-À-PASTEUR

CARDAMINE HÉRISSÉE

Cardamine hirsuta

Toute jeune, cette plante est délicieuse dans les salades. Son goût poivré rappelle celui du cresson de font. Cet emploi en cuisine est une raison pour la garder. Cependant, elle disperse ses graines extrêmement vite, et il faut s'en débarrasser avant qu'elles n'apparaissent. Ses racines s'arrachent facilement.

CARDAMINE (CRESSONNETTE)

PATURIN ANNUEL

Poa annua

Cette mauvaise herbe a une fâcheuse tendance à envahir les allées des potagers, mais elle s'arrache facilement. Elle ne résiste guère à une bonne couche de paillis. Comme la plupart des annuelles, il vaut mieux l'éliminer avant qu'elle ne monte en graine.

PATURIN ANNUEL

SÉNEÇON COMMUN

Senecio vulgaris

Chaque pied de séneçon peut produire jusqu'à 500 graines. Il vaut donc mieux l'arracher ou le sarcler avant qu'il les ait dispersées. Faites-le par temps chaud et sec, quand les plantes meurent rapidement. Il est inutile de les déraciner : il suffit de les décapiter.

SÉNEÇON COMMUN

CHÉNÉPODE BLANC

Chenepodium album

Avec ses feuilles succulentes et ses fleurs vertes en boule, le chénépode peut produire jusqu'à 28 000 graines par pied, qui germent dans les 5 premiers centimètres du sol. Pour en venir à bout, il faut disposer un paillis plus épais.

CHÉNÉPODE BLANC

MOURON DES OISEAUX

Stellaria media

Le mouron est une des mauvaises herbes les plus tenaces du potager et il fleurit pratiquement toute l'année. Les graines germent à l'automne mais la plante continue à pousser si l'hiver est doux. Arrachez-la ou sarclez énergiquement.

MOURON DES OISEAUX

VÉRONIQUE PETIT CHÊNE

Veronica chamaedrys

La véronique petit chêne appartient à une vaste famille que son charme n'empêche pas d'envahir souvent le potager. Contrôlez-la en l'arrachant ou en sarclant.

VÉRONIQUE

LE CALENDRIER DU POTAGER

PRINTEMPS

PENDANT TOUTE LA SAISON

- Sarclez régulièrement pour combattre les mauvaises herbes.
- Paillez le pied des plantes, arbres et buissons pour étouffer les mauvaises herbes et conserver l'humidité du sol.
- Arrosez si nécessaire, notamment les cultures nouvellement plantées.

DÉBUT DU PRINTEMPS

LÉGUMES

- Semez à l'extérieur, dès que les conditions s'y prêtent, fèves, choux de Bruxelles, romanesco, carottes, choux-fleurs, laitues, persil, panais, pois, radis, roquette, épinards et oignons blancs.
- Poursuivez le forçage des endives.
- Semez sous châssis froid ou à l'intérieur aubergines, céleris-raves, concombres, poireaux, poivrons, tomates, persil.
- Plantez à l'extérieur topinambours, asperges, oignons, pommes de terre hâtives et échalotes.

FRUITS

- Achevez la plantation des arbres fruitiers et des buissons à fruits.
- Taillez-les une dernière fois.
- Là où l'oïdium a sévi, pulvérisez les groseilliers à maquereau juste avant floraison, puis tous les quinze jours.
- Pollinisez à la main les arbres fruitiers palissés contre les murs, si les insectes ne se montrent pas encore.
- Ôtez un peu de vieux bois des griottiers si ce n'est déjà fait.
- Taillez les myrtilles.
- Vérifiez les ronces, les ronces-framboises et les tayberries. Fixez-les au besoin sur des fils métalliques.
- Paillez le pied des jeunes arbres, framboisiers et buissons à fruits.
- Installez à l'extérieur les jeunes fraisiers obtenus par stolons.

MI-PRINTEMPS

LÉGUMES

- Buttez les pommes de terre hâtives.
- Arrachez les vieux pieds de choux de Bruxelles et brûlez-les.
- Semez betteraves, fèves, brocolis, choux de Bruxelles, romanesco, carottes, choux-fleurs, choux-raves, poireaux, laitues, oignons blancs, panais, pois, radis, chicorée rouge, roquette, persil, salsifis, scorsonères, épinards, rutabagas et navets.
- Plantez à l'extérieur topinambours, oignons et pommes de terre hâtives.
- Semez sous châssis froid ou à l'intérieur aubergines, courgettes, concombres, haricots verts et d'Espagne, potirons, maïs sucré, tomates.

FRUITS

- Supprimez les fleurs des jeunes fraisiers qui ne doivent pas fructifier la première année.
- Plantez les framboisiers si vous ne l'avez pas fait en fin d'automne.
- Examinez les figuiers ; taillez et attachez éventuellement les nouvelles pousses.
- Pollinisez à la main les pêchers et les nectariniers palissés contre les murs. Si le temps est très sec, pulvérisez les arbres avec de l'eau, ce qui favorisera la fructification.

FIN DU PRINTEMPS

LÉGUMES

- Plantez les artichauts et les cardons.
- Tuteurez les pois.
- Buttez les pommes de terre.
- Semez betteraves, choux d'hiver, carottes, romanesco, choux-fleurs, poirées, courgettes, chicorée, haricots verts et d'Espagne, choux-raves, poireaux, laitues, persil, panais, pois, radis, chicorée rouge, épinards, oignons blancs, rutabagas et navets.
- Semez concombres, courgettes, courges et maïs sucré sous châssis froid ou à l'intérieur.
- Plantez à l'extérieur topinambours, aubergines, céleris-raves et céleris-branches, poivrons, pommes de terre, haricots verts et d'Espagne, maïs sucré, tomates de plein champ.
- Repiquez les plantules de chou-fleur.

FRUITS

- Commencez la cueillette des groseilles à maquereau.
- Éliminez les pousses de jeunes framboisiers s'éloignant trop de la tige principale.
- Arrosez encore les arbres, surtout s'ils sont palissés contre un mur.
- Sarclez les mauvaises herbes autour des fraisiers et entourez-les de paille ; ajoutez des granulés antilimace.
- Couvrez d'un filet les buissons à fruits.
- Éclaircissez les jeunes pousses des pêchers, des abricotiers et des pruniers palissés contre un mur.

ÉTÉ

PENDANT TOUTE LA SAISON

- Sarclez régulièrement entre les cultures pour enlever les mauvaises herbes.
- Paillez pour éviter qu'elles ne sortent et pour garder l'humidité.
- Arrosez si nécessaire, surtout les nouvelles plantations.

DÉBUT DE L'ÉTÉ

LÉGUMES

- Semez betteraves, romanesco, carottes, poirées, chicorée, radis, courgettes, concombres, fenouil, haricots verts et d'Espagne, choux-raves, laitues, persil, pois, roquette, oignons blancs, courges et rutabagas.
- Transplantez aubergines, céleris-raves, céleris-branches, courgettes, concombres, poivrons, maïs sucré et tomates dans un sol bien préparé.
- Transplantez brocolis, choux de Bruxelles, choux-fleurs et poireaux.

MI-ÉTÉ

LÉGUMES

- Surveillez et traitez au besoin le mildiou de la pomme de terre.
- Buttez les choux de Bruxelles et les autres choux exposés au vent.
- Pincez les extrémités des pieds de tomate en cordon ayant déjà donné quatre ou cinq grappes de fruits.
- Arrachez l'ail, faites sécher les têtes.
- Semez betteraves, romanesco, carottes, poirées, chicorées, fenouil, choux-raves, laitues, persil, pois, radis, roquette et navets.

FIN DE L'ÉTÉ

LÉGUMES

- Arrachez oignons et échalotes et faites-les sécher au soleil avant de les conserver.
- En cas de mildiou, coupez et brûlez l'extrémité des tiges des pommes de terre tardives.
- Semez choux-raves, salades à couper, radis, épinards et navets.
- Semez la chicorée frisée sous châssis.

ÉTÉ (SUITE)

FRUITS
- Récoltez fraises, framboises, groseilles et groseilles à maquereau.
- Palissez les nouvelles pousses des ronces, des ronces-framboises et des autres hybrides.
- Attachez les pousses sélectionnées des pêchers et des nectariniers palissés et éclaircissez les fruits.
- Ôtez les stolons des fraisiers, sauf si vous voulez de nouveaux plants.
- Supprimez les pousses mal placées des pruniers et des griottiers palissés.
- Éliminez les « fausses chenilles » de la tenthrède, qui s'attaquent aux groseilles à maquereau.

FRUITS
- Palissez les tiges des ronces et des hybrides. Prélevez, au besoin, des boutures semi-ligneuses à talon.
- Après fructification, coupez les feuilles des fraisiers et ôtez la paille. Sarclez les mauvaises herbes.
- Éclaircissez au besoin les pommes.
- Quand les framboisiers ont donné leurs fruits, ôtez les vieilles tiges et remplacez-les par de jeunes pousses.
- Poursuivez le palissage des arbres fruitiers contre les murs.
- Étayez les branches des pruniers lourdement chargées de fruits.
- Apportez de l'engrais aux agrumes.

FRUITS
- Continuez à couper les tiges des framboisiers ayant fructifié et fixez de nouvelles pousses.
- Taillez si nécessaire les poiriers et les pommiers palissés contre un mur.
- Transplantez les stolons de fraisier.
- Taillez les pruniers après fructification et supprimez au besoin les branches endommagées.
- En fin de fructification des pêchers et des nectariniers, coupez les branches ayant porté des fruits et palissez de nouvelles pousses.

AUTOMNE

PENDANT TOUTE LA SAISON
- Conservez au fur et à mesure que vous les arrachez betteraves, carottes, rutabagas et navets dans un endroit frais, à l'abri du gel.
- Bêchez et fumez la terre une fois les récoltes terminées.

DÉBUT DE L'AUTOMNE

LÉGUMES
- Laissez sécher potirons et courges.
- Continuez à butter les choux.
- Semez des salades à couper, des radis d'hiver et des épinards.

FRUITS
- Après fructification, rabattez les vieilles tiges des ronces et des hybrides. Fixez les nouvelles pousses.
- Sarclez les mauvaises herbes autour des arbres fruitiers sur une pelouse.
- Brûlez les branches des groseilliers à maquereau attaqués par le mildiou.
- Commandez de nouveaux arbres fruitiers et buissons à fruits.
- Faites la dernière taille des pommiers et des poiriers palissés.
- Coupez le bois mort des griottiers palissés et fixez les nouvelles pousses.

MI-AUTOMNE

LÉGUMES
- Plantez l'ail.
- Semez les fèves et les radis d'hiver.
- Éclaircissez les haricots, les tomates, et supprimez les parties pourries.
- Rabattez les tiges des asperges et des topinambours.

FRUITS
- Conservez les fruits sains dans un endroit frais, à l'abri du gel.
- Préparez au besoin des boutures de groseilliers et de groseilliers à maquereau.
- Préparez le sol pour les nouveaux arbres et arbustes.
- Nettoyez les fraises des bois, enlevez les feuilles mortes.
- Taillez les groseilliers et groseilliers à maquereau après la chute des feuilles.

FIN DE L'AUTOMNE

LÉGUMES
- En région froide, protégez les artichauts en enveloppant leur couronne dans de la paille ou des fougères.
- Semez fèves et pois.
- Plantez ail et rhubarbe.

FRUITS
- Terminez la cueillette des pommes et des poires.
- Plantez les nouveaux arbres, arbustes et framboisiers aussitôt après la chute des feuilles.
- Traitez les pêchers et les nectariniers pour prévenir la cloque, juste après la chute des feuilles. Ramassez celles-ci et détruisez-les.

HIVER

PENDANT TOUTE LA SAISON
- Travaillez le sol et enrichissez-le dès que les conditions s'y prêtent afin de le préparer aux plantations de printemps.
- Commencez le forçage des endives et de la rhubarbe dès la mi-hiver.
- Surveillez les pommes et les poires que vous stockez et jetez tout fruit commençant à s'abîmer.

DÉBUT DE L'HIVER

LÉGUMES
- Conservez carottes, rutabagas et navets dans un endroit frais, à l'abri du gel.

FRUITS
- Vérifiez les supports et les attaches des arbres fruitiers ; desserrez les liens au besoin.

MI-HIVER

LÉGUMES
- Commandez vos graines de légumes et de fleurs et les semences de pommes de terre et d'oignons.
- Semez sous châssis froid ou à l'intérieur chicorée et oignons.
- Commencez à planter les échalotes.

FRUITS
- Taillez les pommiers et les poiriers s'il ne gèle pas trop.
- Continuez à planter des arbres fruitiers et des buissons à fruits.

FIN DE L'HIVER

LÉGUMES
- Préparez les caissettes pour les semis précoces.
- Faites germer les pommes de terre.
- Semez les pois à l'extérieur.
- Semez aubergines, céleris-raves, poireaux, laitues et oignons sous châssis froid ou à l'intérieur.

FRUITS
- Protégez les fraisiers sous cloche.
- Taillez les noisetiers quand les chatons sont entièrement formés.

LES PLANTES VEDETTES

CERTAINS FRUITS ET LÉGUMES présentés dans la deuxième partie de cet ouvrage (voir pages 50 à 149) sont accompagnés d'une étoile car ils sont particulièrement décoratifs. Cette liste regroupe ces plantes vedettes et signale un certain nombre d'autres variétés conseillées pour leur bel aspect.

LÉGUMES

CHOUX CHOU DE MILAN : 'Roi de l'hiver'. Chou cabus rouge : 'Ruby Ball F1'. Chou cabus de conservation : 'Mandarin F1'.
CHOUX ORIENTAUX MIZUNA : feuilles très découpées. Pak-choï : feuillage luisant, tiges d'un blanc de neige.
CHOUX FRISÉS 'Chou Palmier' : élégantes feuilles sombres érigées. 'Vert Nain' : grandes feuilles très frisées. 'Vert Demi-Nain' : feuilles larges et très frisées.
LAITUES 'Little gem' : laitue romaine. 'Iceberg' : à texture croquante. 'Lollo Rossa' : feuilles frisées bordées de rouge. 'Salad Bowl rouge' : à croissance continue si l'on en cueille régulièrement les feuilles.
POIRÉES 'Rhubarb Chard' : côtes écarlates. 'Feurio' : tiges rouges.
CHICORÉES 'Chioggia' : feuilles rouge et blanc. 'Variegata di Castelfranco' : merveilleuse variété ancienne à feuilles vert, rouge et blanc. Chicorée frisée 'Très Fine Maraîchère' : feuillage très découpé.
CHOU-FLEUR 'Romanesco' : sa pomme est un dôme vert superbe.
COURGETTES Toutes sont décoratives, notamment 'De Nice à fruit rond', d'un vert pâle, et 'Gold Rush', à fruits jaunes.
POTIRONS ET COURGES Décoratifs, surtout les potimarrons et les pâtissons.
PIMENTS 'De Cayenne' : fruits rouges ou jaunes, pousse bien en pot. 'Jalapeño' : fruits en forme d'olive.
MAÏS SUCRÉ Tous sont décoratifs.
ARTICHAUTS ET CARDONS Tous sont décoratifs.
TOMATES Toutes sont décoratives, notamment 'Tigerella', à fruits rayés, et 'Yellow pearshaped', à petits fruits jaunes en forme de poire.
POIS ET MANGETOUT 'Petit Provençal' : peut être formé en bordure basse. 'Carouby de Maussane' : un mangetout à fleurs pourpres.
HARICOTS D'ESPAGNE Tous sont décoratifs, notamment 'Prizewinner', à fleurs rouges, et 'Rouge Butler', à longues gousses plates et fleurs rouges.
HARICOTS VERTS 'Royal Burgundy' offre des cosses violettes, 'Rocquencourt', des gousses jaunes sur un feuillage vert foncé.
FÈVES Toutes sont décoratives, notamment 'Red Epicure', à fleurs rouges puis cosses vertes et grains bronze.
POIREAUX Tous sont décoratifs, surtout 'Bleu de Solaise', au feuillage vert bleuté.
FENOUILS DE FLORENCE Tous sont décoratifs.
ASPERGES Toutes sont décoratives.
CAROTTES Toutes sont décoratives.
BETTERAVES Toutes sont décoratives.

FRUITS

POMMIERS Tous sont décoratifs, surtout en cordon ou en palmettes, ou en demi-tige ou en tige sur une pelouse.
POIRIERS Tous sont décoratifs.
PRUNIERS Très décoratifs en palmette.
PÊCHERS ET NECTARINIERS Très décoratifs en palmette.
ABRICOTIERS Décoratifs en palmettes.
AGRUMES Très décoratifs dans de grandes caisses en bois.
FIGUIERS Décoratifs en palmettes palissées contre un mur.
MÛRIERS Décoratifs sur une pelouse.
COGNASSIERS ET NÉFLIERS Bons spécimens sur une pelouse ; la floraison des cognassiers est superbe.
NOISETIERS Décoratifs au printemps quand ils sont couverts de chatons, et en automne quand les feuilles sont jaunes.
RONCES 'Oregon Thornless' : beau feuillage très découpé.
FRAISES DES BOIS 'Mignonette' : variété compacte sans stolons, ou 'Délices'.
GROSEILLIERS Décoratifs en U.
GROSEILLIERS À MAQUEREAU Décoratifs quand ils sont taillés en boule sur une tige.
VIGNES Toutes ont un feuillage décoratif.
MELONS Leurs fruits sont décoratifs.
KIWIS ET FRUITS DE LA PASSION Décoratifs lorsqu'ils sont palissés ; le kiwi possède un beau feuillage.

BIBLIOGRAPHIE

À la recherche des fruits oubliés, espèces fruitières et variétés anciennes : **Catoire,** Christian, et **Villeneuve,** François, Espaces-Écrits, Saint-Hippolyte-du-Fort, 1993

Aménagez votre jardin : **Pavord,** Anna, Sélection du Reader's Digest, Paris, 1995

Art de tailler (l') : **Truffaut,** Georges, et **Véron,** Gérard, Bordas, Paris, 1988

Bon jardinier (le) : La Maison rustique, Paris, 1992

Calendrier du jardinage, Sélection du Reader's Digest, Paris, 1993

Encyclopédie des herbes et des épices : **Lambert Ortiz,** Elisabeth, Sélection du Reader's Digest, Paris, 1993

Grande encyclopédie des plantes et fleurs de jardin : Bordas, Sélection du Reader's Digest, Paris, 1990

Guide Clause jardin : traité pratique de jardinage (le) : Copédit, Périgueux, et Clause jardin, Brétigny-sur-Orge, 1996

Guide pratique des fleurs de jardin : Sélection du Reader's Digest, Paris, 1994

1001 trucs et astuces pour le jardin : Sélection du Reader's Digest, Paris, 1995

Mon jardin en pots : **Berry,** Susan, et **Bradley** Steve, Sélection du Reader's Digest, Paris, 1996

Plantes potagères, album Vilmorin (les) : **Barreau,** Jacques, Bibliothèque de l'image, Paris, 1996

Savoir tout faire au jardin : Sélection du Reader's Digest, Paris, 1983

Traité pratique du jardinage, guide Clause : **Graines d'élite Clause,** Sadem, Brétigny-sur-Orge, 1990

Truffaut, encyclopédie pratique illustrée du jardin (le) : Bordas, Paris, 1996

Votre jardin, 1000 questions, 1000 réponses : Sélection du Reader's Digest, Paris, 1988

Adresses utiles

Quelques jardins particulièrement intéressants pour leurs agencements de légumes et de fruits sont cités ci-dessous, ainsi que divers fournisseurs de semences ou de plantes, et les adresses des associations ou organismes spécialisés. Pensez à téléphoner avant de visiter un jardin ; certains d'entre eux sont en effet des propriétés privées.

Jardins

Barnsley House
Barnsley, Cirencester
Gloucestershire GL7 5EE
Un des premiers potagers de Grande-Bretagne

Bourton House Garden
Bourton-on-the-Hill
Gloucestershire GL 56 9AE
Un jardin de salades

Château de Villandry
Villandry
Le potager « à la française », un grand classique

Kinoith, Shannagary
Midleton
Comté de Cork
Irlande
Un potager exubérant

Miromesnil
Tourville-sur-Arques
76550 Offranville
Arbres fruitiers et pivoines, carottes et fleurs

Musée du Revermont
01370 Treffort-Cuisiat
Potager et verger conservatoires

Prieuré Saint-Cosme
37520 La Riche
Pommiers, abricotiers et pruniers décorent le potager

Prieuré Saint-Michel
Crouttes
61120 Vimoutiers
Un potager monastique rempli de délicieux légumes

Domaine de Saint-Jean-de Beauregard
91940 Saint-Jean-de-Beauregard
Un superbe potager du XVIIe siècle récemment restauré

Fournisseurs de semences

Biau germe
47360 Montpezat d'Agenais

Clause Jardin
91226 Brétigny-sur-Orge

Graines Baumaux
11, rue des Quatre-Églises
54062 Nancy

Potager d'un curieux
La Molière
Saignon 84400 Apt

Vilmorin/Oxadis
38290 La Verpillière

Willemse France
59984 Tourcoing

Pépiniéristes spécialisés

Pépinière Éric Dumont
42, avenue des Martyrs du-24-Août
10800 Buchère

Pépinière Rhône-Alpes : fruitiers formés, variétés anciennes
Les Greffets 01440 Viriat

Pépinière « Un jardin de cottage » (plantes de type « jardin de curé »)
Monique Hego
Berchigranges
88640 Granges/Vologne

Organisations

Association pour l'art des paysages et des jardins
« Le potager du roy »
6, rue Hardy
78000 Versailles

Conservatoire national des plantes médicinales aromatiques et industrielles
Route de Nemours
91490 Milly-la-Forêt

Croqueurs de pommes
59, rue Lepic
75018 Paris

et localement :
Croqueurs de pommes
Maison des associations
90020 Belfort Cedex

Fruits oubliés
« Sauve qui pomme »
30270 Saint-Jean-du-Gard

Ligue française du coin de terre et du foyer
Fédération nationale des jardins familiaux
11, rue Saint-Romain
75006 Paris

Le Jardin du cheminot
23, rue Yves Toudic
75481 Paris cedex 10

SNHF (Société nationale d'horticulture de France)
Centre de documentation et d'information
84, rue de Grenelle 75007 Paris

Remerciements

Sans l'amabilité des propriétaires de jardins, ce livre ne serait pas ce qu'il est. Je voudrais tout particulièrement remercier Tim et Darina Allen, de Kinoith ; D^r^ et Mme A.-J. Cox, de Woodpeckers ; Christine Forecast, de Congham Hall ; Rupert Golby et le magazine *Country Living* pour les photographies de leur jardin au Chelsea Flower Show ; John et Caryl Hubbard, de Chilcombe ; Stewart et Jill Macphie, de Glenbervie ; M^r^ et Mme R. Paice et leur jardinier Paul Williams, de Bourton House ; Nori et Sandra Pope, de Hadspen Garden ; Malcolm Seal et Anna Jamieson, de Hill Cottage ; lord et lady Vestey et leur jardinier Neil Hewertson, de Stowell Park, qui ont tous accepté que leurs jardins soient photographiés. Le plan du jardin d'aromatiques des pages 48-49 s'inspire de celui de Coton Manor, avec l'aimable autorisation de M^r^ et Mme Ian Pasley-Turner. J'aimerais aussi exprimer ma reconnaissance à Rosemary Verey, de Barnsley House, une pionnière des potagers, et à Joy Larkcom, dont les écrits ont tant fait pour accroître notre connaissance des végétaux peu familiers, notamment ceux qui nous viennent d'Orient. Enfin, je remercie l'équipe de Dorling Kindersley, et particulièrement Thomas Keenes, pour la clarté de sa maquette, et Pamela Brown, dont la détermination, le sens de l'humour et le métier sont ceux d'une éditrice exemplaire.

Dorling Kindersley remercie Serena Dilnot, Nell Graville et Heather Jones pour leur assistance éditoriale ; Claire Naylor, Joanne Long et laura Owen pour leur assistance graphique ; Dorothy Frame pour l'index ; Sarah Ashun pour son assistance à la photographie ; Suttons Seeds et Hyams et Cockerton, qui ont fourni plantes, fruits et légumes pour les photographies.

Crédits photographiques

h = en haut ; b = en bas ; g = à gauche ; d = à droite ; c = au centre.
Photographies de Steve Gorton : 4-5, 52-53, 59hg, 61, 63 bg, 65 hd, 81 cg, hc, 85, 89 cg, hd, bc, 101 hd, 103 bd, 104 hd, 116-117, 137 hd, 157 hc, 157 hd, 159, 162, 196 bc, hg, hd ; et Andy Crawford : 7, 83 cg, 87 cg, bg, 88 bd.
Autres photographies : Peter Anderson, Andy Crawford, Geoff Dann, Philip Dowell, Andreas Einsiedel, Neil Fletcher, Frank Greenaway, Dave King, David Murray, Tim Ridley, Karl Shone et Clive Streeter.
Dorling Kindersley remercie pour leur aimable autorisation à reproduire leurs photographies : Bruce Coleman Ltd : Dr Frieder Sauer 195 bc/Kim Taylor 195 cdb ; Elsoms Seeds : 21 hd, 40 bg, 54 bg ; Eric Crichton : 79 bd ; Mary Evans Picture Library : 34 bg, 46 bg ; Garden Picture Library : Gillian McCalmont 135 hd/Howard Rice 118-119 c/ Gary Rogers 44 bd, 119 hd/ Juliette Wade 109 hc ; John Glover : 182 b ; Holt Studios International : 192 bg, 193 g, cg, hc, cd, cg, bc ; Jacqui Hurst : 68 bg, 122, 141, 143 hc, 184, 186 bd, 189 cd ; National Institute of Agricultural Botany : 103 bg, hd ; Oxford Scientific Films : J.-A.-L. Cooke 195 hd/ Mark Hamblin 197 bd ; Photos Horticultural : 26 hd, 27 h, 166 bg ; Harry Smith Horticultural Collection : 71 bc, 83 hc, 136 bg, 140 bd ; Suttons Seeds Ltd : 67 hg ; Steven Wooster : 42 bd, 153 hd.
Recherche iconographique : Lorna Ainger.

INDEX

Les numéros de page qui apparaissent en *italique (25)* renvoient aux dessins ou aux photographies et à leur légende.

A

B

C

Q R

S

T

U V

W Z

MON JARDIN POTAGER ET FRUITIER
Publié par Sélection du Reader's Digest
Photogravure : Euroscan, Nottingham, Grande-Bretagne
Impression et reliure : Butler & Tanner, Frome, Grande-Bretagne

PREMIÈRE ÉDITION
Achevé d'imprimer : février 1997
Dépôt légal en France : mars 1997
Dépôt légal en Belgique : D.1997.0621.16
Imprimé en Grande-Bretagne
Printed in Great Britain